문학 속의 부산
부산학과 부산지역 문학

우리시대
질문총서
18

문학 속의 부산

부산학과 부산지역 문학

구모룡 저

부산대학교출판문화원

차 례

발간사

우리는 지금까지와는 다른 '격변'의 시대를 살고 있다. '변화'는 시간의 흐름에 따르는 자연스러운 결과지만, 이 시대의 '변화'는 과거와는 전혀 다른 양상을 보이고 있다. 과거의 변화가 기존의 패러다임 내에서 일어나는 크고 작은 변화들이었다면, 지금의 변화는 가히 '패러다임의 전환'이라고 일컬을 만하다. 기존의 패러다임은 인간 중심적 인식의 틀 속에서 과학기술 문명의 발전과 자본주의적 체제의 구축, 명확히 경계 지어진 세계 속에서 전문성을 강조한다는 점에서, 어쩌면 여전히 근대성의 틀을 벗어나지 못했다고 할 수 있다.

지금 이런 패러다임으로 우리 시대를 판단하고 예견하는 데는 한계가 있다. 우리 시대는 지나간 시대로부터의 위기와 예측할 수 없는 미래에 대한 불안감, 그리고 도래할 시대에 대한 희망이 공존한다는 데 그 독특함이 있다. 새로운 패러다임은 기존의 패러다임에서 잉태된 위기로부터의 출구를 모색하는 과정이자 다가올 시대의 새로운 지향과도 관련되어 있다. 그래서 우리 앞의 복잡다기한 상황에 맞서, <우리시대 질문총서>는 '환경 변화와 인류의 미래', '신자유주의의 팽창과 연대', '휴머니즘에 대한 재성찰과 대안적 삶', '첨단기술혁명과 융복합', '글로벌/로컬의 관계 속에서 인간 삶의 변화'라는 주제를 통해 지금 이 시대를 성찰하고자 한다.

인간이 세계를 지배하는 시대, 인간이 환경의 전반적 흐름에 영향을 행사하는 이른바 인류세의 시대는 역설적이게도 인간의 무력함과 한계를 절감하게 한다. 인간이 누린 풍요의 대가가 되어버린 기후 변화와 생태계 변화는 우리 시대 초미의 관심사이지만 이런 변화는 사람들을 삶의 '지속 가능함'을 확신하기 어려운 상황으로 내몰고 있다. 그럼에도 불구하고 이런 불확실한 상황은 그동안 우리의 삶 자체를 성찰하는 한편 진정한 대안들을 새롭게 모색할 것을 촉구하고 있다.

4차 산업혁명으로 인한 자본주의의 급변과 인간과 기술의 포스트휴먼적 융합 시대의 도래는 인간의 존재적 위기와 함께 전통적인 인간상의 유효성에 의문을 제기하고 있다. 기계는 인간에게 어떤 영향을 끼칠 것인가, 인간은 기계의 문제에서 주도적일 수 있는가, 혹은 이런 변화는 인간과 기계의 대립을 넘어 새로운 가능성을 제시해줄 수 있는가. 최근 포스트휴먼의 가능성은 이런 질문들과 연결되어 있다. 포스트휴먼 시대에 인간의 자리를 묻고 기술의 변화가 인간과 사회에 어떤 변화를 줄지 성찰하는 노력들이 필요하다.

한편 우리 시대는 근대 국민국가의 경계를 뛰어넘는 문화적 현상을 수없이 목격하고 있다. 국민과 난민의 경계가 모호해지면서 수많은 이질적인 문화들이 접촉하고 갈등하고 섞이는 혼종의 시대, 바로 이 시대에 우리는 민족문화의 중심성을 넘어서 글로벌과 로컬이 보다 긴밀해지는 문화적 관계 속으로 편입되고 있다. 그 결과 그동안 민족문화의 틀과 프리즘 밖에 존재하던 문화들이 새로운 관심사로 부각되고 있으며, 근대, 자본, 민족의 구조를 넘어서는 대안적 사고들이 곳곳에서 출현하고 있다. 전지구화와 함께 등장한 전 지구적 자본과 문화의 압도적 힘 앞에서 무기

력해진 개인, 신자유주의의 팽창으로 인한 경쟁의 격화와 인간 소외는 '관계 맺는 존재로서의 인간'의 가능성에 대해 되묻고 다양한 방식의 '소통과 연대'를 제안하고 있다.

이러한 변화들은 우리의 기존 사고로 담아낼 수 없는 우리 시대의 현상들이다. 이런 현상들 앞에서 우리는 '왜?', '어떻게?'라는 질문을 던지고, 그 답을 찾아가는 비판적 사유의 여정을 시작하고자 한다. 이러한 비판적 사유의 여정은 분과학문으로 나누어져 전문성만을 강조해온 기존의 학문구조의 틀을 벗어나, 각 학문의 내적 융합뿐만 아니라 인문학, 사회과학, 자연과학 같은 학문 간의 융합을 전제로 한다.

<우리시대 질문총서>는 우리 앞에 놓인 이러한 현상들에 대한 성찰을 제공하고 대안을 모색하는 데에 그 취지가 있다. 이 총서는 우리 세계의 변화를 미시적이고 거시적으로 살펴볼 수 있는 학문적 시각을 제공하는 한편, 도래할 세계(the world to come)와 지나간 미래(future past)의 쌍방향적 대화와 성찰을 통해 우리 시대를 비판적으로 반성하고 예견하는 우리 시대의 문제적 활동들을 기획, 소개하고자 한다. <우리시대 질문총서>를 통한 사유와 성찰이 우리시대의 성숙한 집단 지성을 형성하는 마중물이 되었으면 한다.

그리고 <우리시대 질문총서>의 출판을 위해 도움을 주신 많은 분들께 감사드린다.

우리시대 질문총서 제작위원회

저자의 말

나는 처음 국문학을 전공하였다. 나라를 잃고 이를 다시 만드는 과정의 힘든 장면이 항상 눈앞에 펼쳐졌다. 분단체제라는 현대적 상황도 민족을 최종심급에 두는 일을 당연지사로 받아들이게 하였다. 하지만 이와 같은 인식틀이 한국문학의 시야를 좁히고 지체시키는 요인이라는 생각도 거듭하였다. 물론 세계문학이라는 보편의 환상을 염두에 둔 일은 아니며 복안(複眼)의 시각으로 교차로를 만들 필요가 있다는 자각이었다.

내가 1990년대 중반에 동아시아학에 주목한 일은 냉전체제의 와해라는 세계의 변동과 더불어 지역주의(regionalism)가 발흥하는 시기와 맞물려 있다. 다행히도 1997년 단일학과로는 국내 최초로 재직하는 한국해양대학교에서 동아시아학과를 창립하였다. 이로부터 국문학의 유서 깊은 성채를 나와 동아시아라는 미답의 공간을 배회하였으나 방황은 여전하기만 하다. 세계와 동아시아 지역의 격변과 요동이 끊이지 않는 탓도 있고 주어진 과제에 비할 때에 재능이 모자라고 턱없이 게으른 나의 성정이 원인이 되었다.

그나마 구체에 눈을 돌린 망외의 소득이 지역학인 부산학이라 생각한다. 그러니까 국가의 이편인 로컬과 저편인 지역을 교차하는 보폭을 갖게 되었다는 말이다. 학생들과 로컬의 사실을 통하여 한국과 동아시아를 이해하는 방법적 연습을 반복하면서 지역학을 고민하고, 교과를 벗어나 그 외부에 두루 개입할 수 있었다. 내가 참여한 문학 매체(《지평》, 《오늘의 문예비평》, 《신생》, 《문학/사상》 등)가 지속적인 계기였다면 부산연구원의 부산학센터와 같은 공적 기구가 소환한 이력도 큰 동력이 되었다. 이러한 가운데 문학에서 문화연구로 관심의 지평이 확장되었으나 고향을 잃은 나그네처럼 허전한 마음은 지울길이 없었다. 문학과 문화라는 양가성의 지평에서 헤맨 날도 어언 30년이 지났다. 그나마 놓치지 않은 지점이 있다면 문학을 매개로 비판적 로컬주의(critical localism)를 실천한 사실이 아닌가 하며 이제 다시 문학으로 귀환하려는 마음의 다잡음을 위안으로 삼는다.

책의 표제를 '문학 속의 부산'이라고 했으나 결락이 많은 의욕과잉일 뿐이어서 이를 상쇄하기 위하여 '부산학과 부산지역 문학'을 부제로 달았다. 문학을 통하여 로컬을 살피는 일은 나에게 장기 지속의 과제이다. 이 책에서 20세기 후반의 여러 작가와 작품에 대한 논급은 후속으로 남겨졌다. 그러니까 이번 저술은 '부산학'에 방점이 놓이며 문학은 그에 비하여 부수적이다. 책의 마지막 장으로 '로컬의 위상학'이라는 방법적 담론을 제출한 까닭도 문제 제기라는 필자의 의도를 함축한다. 이로써 반복 누적의 과정을 정리하여 체계를 만들려 한 작업으로 너그럽게 받아주기를 바란다. 이 일은 또한 '우리시대 질문총서'를 기획한 부산대 출판문화원이 추동하지 않았다면 불가능했다. 산만하기만 한 나의 부족한 공부를 돌아볼 기회를 준 공이 더할 수 없이 크다.

부산대가 모교이긴 하지만 전임 출판문화원 원장 차윤정 교수의 격려가 없었다면 선뜻 이번 출간은 엄두를 내지 못하였을 터이다. 돌이켜 볼 때 부산연구원에서 부산학센터를 맡았던 김형균, 오재환 박사의 지원도 감사하지 않을 수 없다. 여러 번 보고서를 쓰면서 부산학과 문학을 더 고민할 수 있었다. 아울러 한국해양대 국제해양문제연구소의 해항도시문화교섭학은 해역으로 나의 시야를 넓히는 기회를 주었다. 오랫동안 변함없이 도움을 준 정문수 소장에게 이 자리를 빌려 고마움의 인사를 전한다. 이와 같은 경과가 이 책의 기반이다. 한국해양대 동아시아학과의 김정하, 김태만, 류교열, 하세봉, 손성준 교수와 함께 알게 모르게 영향을 주고받은 동아시아학도 나의 글 속에 여러 형태의 흔적으로 남아 있어 여기 적어서 기억하고자 한다. 앞서 말했듯이 나는 본디 게으른 사람이라 자력이 아니라 타력에 의하여 오늘 이만큼 왔다고 늘 생각하며 겸애하는 마음을 갖는다.

제대로 정돈되지 않은 원고를 깔끔하게 디자인해 준 부산대 출판문화원의 노고에 깊이 감사한다. 이 책으로써 하나의 매듭이 만들어졌다면 나로서 행운이다. 앞으로 시민과 공감하며 읽을 수 있는 글쓰기를 통하여 '문학 속의 부산'이라는 작업을 이어가고자 한다. 부산은 단지 내가 사는 도시여서가 아니라 동아시아 지중해와 해역의 네트워크 도시라는 점에서 큰 가능성을 지녔다고 생각한다. 이를 살리고 나아가는 벡터를 형성하는 일에 미력하나마 더 노력할 계획이다. 로컬은 우리의 진지이자 회생의 거점이다. 이러한 동어반복의 둔사로써 저술이 지녔을 미흡함을 대신한다.

2022년 겨울

구모룡

제 1 장

부산학과 문학

부산학의 개념과 방법

부산학(Busan Studies, Busanology)이란 무엇인가? 막스 베버(Max Weber)는 "다양한 학문의 범위를 정하는 것은 '사물들'의 '현실적' 상호관계가 아니라 문제들의 개념적 상호관계"라고 하였다. 새로운 학문의 출현은 새로운 질문이 새로운 방법으로 제기될 때 가능하다는 의미이다. '부산학'도 이와 같아서 새로운 질문과 방법을 요청한다. 하지만 아직 부산학에 관한 자명한 개념과 방법은 부족하다. 토론의 과정에 있다고 하겠는데, 먼저 부산학이 어떠한 경로를 거쳐 구성되고 있는가를 알아보는 일이 필요하다. 아울러 부산학의 이름으로 연구되어온 저간의 성과를 제시하고 이로써 과제를 도출하며 전망을 말하고자 한다.

주지하듯이 지역학과 지역연구(Area Studies)를 구분해야 한다. 지역연구는 타자의 삶과 그 사회를 연구하는 학문으로 주로 세계단위에서 이루어져 왔다. 이는 에드워드 사이드가 "추악한 신조어"라고 비판한 바 있듯이, 제국주의 국가의 정책학에 가깝다. 이와 달리 지역학은 연구 주체가 생활하는 로컬에 관한 자기의 방법적 접근이다. 따라서 지역의 특수성 혹은 특이성 규명을 우선 목표로 삼는다. 지역학인 부산학의 대상은 먼저 로컬이다. 지리학의 네 가지 스케일—국지적 영역(local), 국가(nation), 지역(region), 세계(global)—을 따를 때 부산학은 로컬학(local studies)이 된다. 그런데 서울/지방, 수도권/비수도권이 말하는 '지방'은 우리 사회에서 오도된 관습적 명명이다. 국가 중심의 시각일 뿐만 아니라 로컬의 바른 이해를 차단한다. 지역학은 국가 스케일이 아니라 로컬 스케일의 학문이다. 로컬은 몸, 가족 그리고 사회로 구성된다. 쉽게 말하면 각자 자기가 사는 장소와 공간이 로컬이라는 의미이다. 영도에 사는 사람에게 영도가 로컬이듯이 강남에 사는 사람에게 강남은 로컬이다. 그런데 오늘날 모든 로컬은 국가(nation)와 지역(region)과 세계(global)의 영향을 주고받는다는 사실을 주목해야 한다. 그래서 부산학은 로컬학이지만 국가와 지역과 세계와의 연관관계도 규명해야 한다. 지역학인 부산학은 부산이라는 자기의 눈으로 자기를 연구하는 학문이자 방법인데 논의된 쟁점을 따라서 정리하면 다음과 같다.

① 부산학은 외부를 향한 지역연구의 정책 과학적 편향과 차별화된다.

② 지역조사연구의 분과 학문적, 실증적, 통계학적 경향 또한 부산학의 의미를 해석하고 설명하는 단계가 못 된다.

③ 자료학(실증학, 고증학)은 모든 지역학의 바탕이 되어야

한다. 그러함에도 자료 그 자체로써 지역학을 대신할 수 없다.

④ 문화인류학의 민족지(ethnography)에 기반한 민속학은 잔존문화 연구에 한정된 시야에서 벗어날 필요가 있다. 도시의 현실문화에 대한 민족지학적 기술(도시 민속학과 대중문화의 민족지학 등)로 이어질 때 지역학으로의 수용이 가능하다.

⑤ 잔존문화 연구는 자주 향토사 연구의 지방주의(localism)와 결합하기도 한다. 지방주의의 한계는 주체 중심으로 환원되는 시각에 있다. 기억의 복원을 지향하는 마을 연구 등은 한계(상실과 향수의 패턴)를 지닌다. 타자와의 교섭 과정, 변화에 관한 연구가 필요하다.

⑥ 기왕에 전개된 부산학은 연구 자체가 주목하는 분야들—정치, 경제, 사회, 문화, 공간, 장소, 시간, 정체성 등등—에 초점을 맞추면서 각기 개별 분과에 집중되어 한계를 지닌다.

⑦ 부산학은 역사학, 민속학, 문학, 사회학, 정치학, 경제학 등의 하위 학문이 아니다. 사실의 제시만으로 부산학이라고 할 수 없다. 부산학은 여러 개별 학문의 도움을 받으면서 독자적이고 학제적인 체계와 방법을 지닌다.

현단계에서 부문 연구가 우세하다는 점에서 연구 영역 간의 연계를 고려할 필요가 있다. 어떤 의미에서 다양한 시각을 지닌 연구자들이 부산학을 이해하는 방식에 대한 소통과 만남이 요긴하다는 생각도 든다. 다채로운 접근과 더불어 각각의 시각에 제한된 관점을 통합하는 부산학의 방법을 모색하는 일이 요긴하다. 하지만 부분으로 전체를 대신하려는 분과의 오해는 여전하다. 이를 넘어서 새로운 방법과 체계를 지닌 학문으로 자리매김하는 일이 종요롭다.

부산을 설명하기 위한 새로운 설명틀은 부산의 역사적 경험을 해석하면서 부산의 현재와 미래를 조망할 수 있는 방식을 만드는 일과 다르지 않다. 이는 21세기 부산학이라는 문제의식에 상응한다. 20세기 말에 진행된 세계화 혹은 전 지구적 자본주의는 제국과 식민, 국민국가 내의 중앙과 지방 등 이항 대립을 넘어 보다 큰 틀에서 지역과 도시를 바라보는 시야를 요구한다. 이러한 점에서 식민지 수탈론과 지역불균등 발전론 등은 민족 혹은 국가 일방의 편향을 지닌다. 부산이라는 로컬 공간이 형성되고 발전하는 과정에는 국가적, 지역적(regional), 세계적 문제가 중첩적으로 개입해 왔는데 이와 같은 중층적 두께와 주름을 이해하는 일이 중요하다.

부산학은 기원의 식민도시(colonial city)에서 근대도시(modern city)로 성장하는 경로들을 추적해야 하고 식민적 근대화와 국가 주도의 근대화를 통하여 형성되고 발전해 온 과정을 서술해야 한다. 또한 근대도시를 넘어서려는 21세기 현재의 시점에서 정치, 경제, 문화의 층위가 상호 연동된 부산의 도시적 성격을 따져야 한다. 특히 문화와 공간은 21세기 새로운 탈근대도시(post-modern city)를 창안하는 일에 가장 중요한 개념들이다.

<부산의 변화 양상>

부산학은 ①문화인류학의 자국인류학으로의 전회(도시민속학, 민족지적 방법의 지역연구) ②문화연구의 통합적(학제적) 경향 ③도시 연구의 진전 ④세계체계론의 지역문화론적 변용 등을 수용할 필요가 있다. 이러한 방법들을 통하여 부산학은 오늘의 시점에서 역사적으로 형성되고 변화되어온 부산의 의미를 다층적으로 규명하면서 내일의 도시로 나아가는 전망을 제시하여야 한다. 부산의 미래상은 과거와 현재와 단절을 의미하지 않는다. 이는 공간에 새겨진 과거의 기억들과 살아온 사람들의 경험을 새롭게 재해석하는 과정에서 그려질 수밖에 없다.

넓은 의미에서의 부산 연구가 학문적 위상을 지닌 부산학으로 자리매김한 일은 그리 오래되지 않았다. "부산학"이라는 용어가 지역 학계에 출현하기는 1990년대 초반이나 본격적으로 학문적인 가능성이 검토되고 관심이 증대한 시기는 2000년대 이후이다.[1] 물론 1990년대의 전사를 간과할 수는 없다. 지방자치제 시작과 더불어 지역의 정체성을 찾고 지역의 가능성을 모색하는 학문적 시도들이 많아졌기 때문이다.

1990년대 이후의 경향은 크게 네 가지 흐름을 보인다.

① 1980년대 말부터 진전된 "지역사회연구"라는 맥락.

② 신라대학교와 부산연구원의 부산학센터의 사업.

③ 비평전문계간지 《오늘의 문예비평》이 2000년대 중반 주도한 공간의 문화정치학.

④ 부산대 한국민족문화연구소의 로컬리티 연구와 한국해양대 국제해양문제연구소의 해항도시문화교섭학.

①에 의하여 '지역학으로서의 부산학'이라는 문제설정이 제기되는데, 김성국은 부산학을 "부산의 역사적 형성과정과 현재적 과제를 분석하여, 부산의 특성과 정체성을 발굴하며, 나아가 미래의 부산 발전의 방향을 제시함으로써 부산이 당면한 시대적 상황에 대처할 수 있는 이론적·실천적 논리를 공급하는 학문"이라 규정하면서 부산학의 필요성을 역설한다.[2] 그런데 이러한 문제 제기는 구체적인 성과로 발전하지 못하고 다시 2000년대에 이르러 좀 더 진전된 형태의 문제 제기로 반복된다. 특히 김석준이 2000년 학술 세미나에서 제안한 '부산학 연구센터'[3]가 신라대학교와 부산발전연구원에 설립되면서 보다 체계적이고 활발한 연구사업들이 진행되었다. ②신라대학교 부산학 연구센터는 부산의 정체성 발굴과 확립, 부산학 연구의 거점화, 지역학의 활성화를 목표로 부산학총서를 출간하고 연구저널 부산연구를 발간하며 학술심포지엄과 콜로퀴엄을 개최하여 부산연구의 저변을 확대해 왔다. 부산연구원의 부산학센터는 "부산학의 연구를 통하여 부산의 정체성을 확립하는 데 기틀을 마련하고 부산 사람으로서의 자긍심과 애향심을 고취시키며 궁극적으로 부산시민들의 삶의 질 향상에 기여하고 나아가 지금의 부산에 대한 심화된 성찰을 통해 보다 나은 부산의 미래를 만들어 나가는 데" 목적을 두고 있다. 이러한 목적을 수행하기 위해 부산연구원의 부산학센터는 지역학 연구 방법론 구축, 부산학 연구 발간 사업, 부산학 연구 조성사업, 부산학 연구 지원 사업, 부산학 정보자료실 운영, 학제간 협력 네트워크 구축사업, 부산문화정책연구, 지역향토문화의 창달과 예술진흥, 부산학 대시민 홍보 사업 등의 일들을 전개하고 부산학 교양총서, 부산학 연구논총, 부산학 기

획연구 등의 형태로 연구 결과물들을 축적해 왔다.

부산학 연구센터가 신라대학교와 부산연구원에 설립된 이후 부산학에 대한 관심과 연구 활동이 공적 수준에서 고조되었다. 부산의 시간과 공간 연구를 통하여 지역 정체성을 찾으려는 노력이 이들 센터 안팎에서 꾸준하게 이어지고 있다.[4] 여기서 괄목할 사실은 부산학이 사회과학과 정책과학의 한계를 넘어 문화연구의 경향을 보이는 현상이다. 지역적 삶의 일상성을 해부하거나 지역의 이미지를 서술하고 지역의 대중문화를 기술하며[5] 지역 공간의 문화정치학을 시도하는[6] 사례가 늘었다. 일상의 사회학과 민족지학 그리고 문화주의의 방법론들이 부산학 안으로 심도 있게 진입하고 있음을 알게 된다. 따라서 사회과학이 지니는 한계를 사회학적 상상력으로 극복하자는 김석준의 제안[7]을 넘어 부산학은 '문화론적 전회'라는 새 단계로 진입하였다.

③《오늘의 문예비평》이 전개한 공간의 문화정치학은 지역의 공간과 표상에 주목하면서 앙리 르페브르 등을 원용하여 근대적 공간생산의 모순에 대한 비판에 집중한다. 부산은 식민적 근대화와 국가 주도의 근대화 과정에서 자본과 권력에 의하여 공간이 재편되었다. 《오늘의 문예비평》은 부산의 공간생산에 개입된 이데올로기를 분석하면서 국민국가를 표상하는 기념비와 동상 등이 배치되는 과정을 고찰하였다. 어떤 의미에서 《오늘의 문예비평》의 비평 활동을 통하여 부산학의 '공간적 전회'가 시동되었다고 할 수 있다. 이는 그동안 부산학이 시간의 측면 즉 역사연구에 치중되었던 사실과 차이를 만든다.

부산학이라고 뚜렷하게 명시하지는 않았지만 부경역사연구소와 대학의 역사학자들이 전개한 지역사 연구는 부산학이라는 넓은 범주를 벗어나지 않는다. 이 가운데 ④한국민족문화연구소는 2000년대 중반부터 로컬의 시점으로 장소와 공간을 이해하고 이를 통해 우리 삶을 해석하는 이론틀을 모색하고 있다. 세계체계의 반주변부에 위치한 한국의 주변인 부산의 입장에서 적합한 시야를 확보한 일로 평가할 수 있다. 저널(『로컬리티 인문학』과 연구결과물("로컬리티 연구총서"- 『로컬리티, 인문학의 새로운 지평』, 『탈근대 탈중심의 로컬리티』, 『장소성의 형성과 재현』, 『로컬의 문화지형』 등) 그리고 번역서("로컬리티 번역총서"- 『모빌리티와 장소』, 『한일 내셔널리즘의 해체』, 『공간, 장소, 경계』, 『토폴로지』, 『공간의 창조』, 『인간과 공간』 등)를 발간하였고 그 성과를 지역사회와 환류하였다. 국민국가 중심의 근대적인 시각에서 탈피하되 부산이라는 장소와 공간의 구체성으로부터 삶의 무늬를 그리려 했다는 점에서 한국민족문화연구소의 로컬리티 인문학은 21세기 부산학의 중요한 모색으로 받아들여져도 좋겠다. 아울러 한국해양대학교의 해항도시문화교섭학이 해항도시 부산 연구에 새로운 방법과 이론을 구축하였다. 이는 해역을 시좌에 담음으로써 부산학의 전망을 크게 확장하였는데, 이는 현재 진행형으로 지속한다.

지역학이 곧 문화연구는 아니다. 지역학은 인문학, 역사학, 지리학, 문화인류학, 사회학, 경제학, 정치학 그리고 자연과학에 이르는 많은 분과학문을 포함하면서 독자적인 개념과 이론을 지닌 학문이다. 지역학의 본연은 어디까지나 지역의 삶에 대한 이해에 있다는 사실을 간과할 수 없다. 따라서 현상으로 분리된 경제나 정치 그리고 사회의 분석—지역조사연구가 지역학의 주요 대상이 될 수 없다. 이보다 이들 모두가 상호 관련되는 양상을 배경으로 지역을 이해하는 것이 지역학이라 할 때[8] 이것은 자연스럽게 현대의 문화연구 주제와 만나게 된다. 아울러 구체적인 장소와 공간을 대상으로 한다는 점에서 공간과 도시 연구, 국민국가에 한정된 시야를 극복하는 이론의 도입이 필요하다.

부산학의 방향과 내용

우리가 사는 지역에 대한 인식과 이해를 제대로 하자는 뜻에서 출발한 학문이 부산학이다. 1980년대 후반 민주화의 열기와 더불어 지역의 불균등 발전에 대한 비판적 입장에 선 일군의 사회학자들에 의해 촉발된 부산학은 이제 한 세대의 역사를 지니게 되었다. 그동안 부산연구원과 같은 정책연구기관에 부속된 부산학센터와 역내 유수 대학의 연구소에서 숱한 성과를 축적하였다. 또한 중등학교에서 자유 교과로 채택되고 대학에서도 교양교과로 개설한 경우가 많다. 지역 정부도 지원 조례를 만들어 부산학을 지원하는 한편, 한국연구재단이 공인하는 부산학 관련 등재 학술지 '항도부산'을 꾸준하게 발간해 오고 있다.

민간의 독립 연구자와 대학 소속 연구자가 지닌 부산학에 대한 관심과 열의는 여전히 높은 편이다. 시민의 부산 이해력을 더하고 도시재생이나 마을만들기 등에 정책적인 활용도도 높여왔다. 무엇보다 도시정책에 부산학의 성과를 반영하는 일이 많아지고 있음을 주목하게 된다. 근대 문화유산 조사와 보존, 산복도로 르네상스, 감천문화 마을 재생, 피란수도 문화유산 확립 등등. 16개 구군에서도 이런저런 규모의 부산학을 다채롭게 진행하고 있는 것으로 안다. 이쯤이면 이제 부산학이 어느 정도 제자리를 잡았다고 생각한다. 이러한 지점에서 부산학의 도약을 위한 토론이 있으면 좋겠다. 물론 부산학의 선구자들에 대한 정리가 없었던 바 아니다. 하지만 보다 적극적이고 가능한 부산학을 위한 새로운 모색이 필요하지 않나 생각한다.

바다가 나온다고 모두 해양문학이 아니듯이 부산을 말한다고 무조건 부산학이 되진 않는다. 적어도 그에 상응하는 이론과 방법이 있어야 한다. 역사학, 문학, 민속학, 사회학 등의 분과학문이 부산에 관한 사실을 연구의 대상으로 삼을 수 있다. 그렇지만 각 분과의 고증과 발견을 부산학이라 말하기엔 미흡하다. 적어도 과거를 말하면서 현재를 진단하고 미래를 구상하는 방법이 되어야 한다. 그동안 과거를 소환하는 일에 매달린 느낌이 크다. 다시 말해서 기억에 치우쳤다고 할 수 있다. 이러한 과거 지향에는 어떤 상실감과 미래에 대한 두려움이 개입하는 경우가 많다. 다분히 심정적인 편향이 있을 수 있는데 이는 오히려 부산의 실체를 이해하는 데 방해 요인으로 작용하기도 한다. 의도하지 않게 부산학의 시야를 좁히고 그 처지를 애처롭게 만든다. 현금의 부산에 대한 구체적이고 객관적인 접근이 먼저인데 현재를 상실의 감각으로 대하다 보니 기원에 대한 노스탤지어만 비대하다.

부산학이 연약한 기억에 매달리는 데서 벗어나야 할 때가 되었다. 과거와 현재, 기억과 상실, 가능성과 불가능성, 내부와 외부의 이분법이 아니라 이들 사이를 횡단하는 힘을 길러야 한다. 훼손되기 이전의 원형이라는 관념은 현실에서 쓸모가 없다. 지금-여기의 짜증스럽고 비루하며 거친 국면조차 껴안아야 할 과제이다. 부정적인 양상으로 보이는 현상조차 부산학의 대상이 되어야 한다. 다시 말해서 '남은 게 별로 없어, 가치 있는 장소가 거의 사라졌어, 더 이상 희망이 보이지 않아'라고 말하면서 부산학을 위장하지 않아야 한다는 말이다. 그러니까 가능성과 불가능성을 모두 포함하는 변증법적 생성으로서의 부산학이 필요한 시점이다. 부산 사람의 좋고 뒤틀린 심사와 욕망은 물론, 날로 망가지는 공간도 부산학의 대상이라 하겠다.

본디 있었던 장소나 사실에 대한 그동안의 편향은 어쩌면 현재를 직시하고 미래를 전망하려는 의지의 회피와 연관될 수 있다. 상실과 향수 사이에서 요동하는 부산학은 이제 접어두어야 할 때가 되었다. 가령 피란수도에 대한 과도한 집착을 상기하면 비록 임시로 부여된 지위이지만 '수도'라는 중심성의 상실이라는 의식이 자리하고 있음을 알게 한다. 이처럼 동질적이나 공허한 여백이 있다. 부산 정신에 대한 논의나 정체성에 대한 동어반복도 마찬가지다. 마치 부산 정신이 어디엔가 있는 것처럼 호도하는데 사실 그와 같은 게 있을 수 없다. 기억의 누적과 축적, 틈과 주름으로 가득한 형국이 부산의 실상이다. 그러니 정체성을 애써 찾을 필요가 없다. 이는 우리 안의 또 다른 중심주의를 만들 공산이 크다. 서울 중심의 일극 체제를 비판하면서 역내 중심을 세우려는 모순된 의식이다.

하나이면서 여럿인 부산은 다층적이며 역동적이다. 이를 혼란으로 바라보는 이들이 정신과 정체성으로 획일화하려 한다. 기억상실증 환자쯤으로 취급하면서 기억이 필요하다고 강박한다. 부산학의 적이 된 부산학은 끊임없이 기억을 소환하고 유일한 관념을 구축하려 한다. 부산을 하나의 전체로 상상하는 것도 문제이지만 형태가 없는 무질서로 보는 것도 문제이다. 우리 안의 중심주의를 해체하면서 부산을 여러 겹으로 인식하는 방법적 접근을 경주해야 하겠다. 이럴 때 부산학은 국가 중심 시야를 넘어설 수 있고, 기장학, 서면학, 동래학, 영도학, 낙동강 유역학 등과 같은 단위들의 포괄도 가능하다.

부산이라는 토포스

기원 담론은 신화가 되어 현재의 삶에 영향을 끼친다. 그런데 과거의 역사는 대개 현재의 욕망에 투영된 의미라 할 수 있다. 부산의 기원 담론 또한 과거를 통하여 현재를 말하려는 다양한 욕망의 산물이자 의미들의 생산이다. 어원학은 자주 기원의 신화를 만드는 데 기여한다. 증산(甑山)과 부산의 관련성을 말함으로써 애써 부산이 일제가 만든 식민도시라는 사실을 회피하려는 경향은 자주 목도되는 현상이다. 하지만 어원이 식민도시라는 공간생산의 실제를 대신하지는 않는다. 공간적 차원에서 식민도시를 우회하려는 시도는 대부분 동래기원론과 동래해체론으로 집약된다. 동래가 부산의 기원이라고 말하거나 일제가 동래를 해체하기 위해 부산을 건설하였다고 함으로써 식민도시적 유산을 거부하고 민족적 주체를 획득하려 한다. 그러나 이러한 담론이 지니는 이데올로기적 한계 또한 분명하다. 부산이라는 도시는 일제에 의해 건설된 식민도시에서 출발한 것이 엄연한 사실이기 때문이다. 근대 이전에 '부산'은 존재하지 않는다. 다만 부산포라는 포구가 있었을 뿐이다. 이 지역의 중심은 단연 동래이다. 이와 함께 군사적 요충지이기도 한 기장과 수영과 다대포가 배치되어 있었다. 그렇지만 부산의 기원이 동래는 아니다. 그러함에도 부산의 기원을 동래라고 말하거나 그렇게 믿으려 하는 경향이 적지 않다.

이는 조일7년전쟁(임진왜란)의 아픈 역사와도 연관된다. 이러한 역사적 기억과 주장에 민족주의 이데올로기가 틈입하는 것은 피할 수 없다. 여기서 '왜관'의 존재를 동래와 함께 부산의 전사(prehistory)를 살피는 과정에 기입하는 일이 요긴하다. 물론 왜관을 부산의 기원이라 규정하기보다 부산의 전사라는 맥락에서 이해하려는 것인데, 왜관을 부산의 전사로 보려는 것은 세 가지 차원에서 의미를 가진다. 먼저 부산의 탄생을 '일본전관거류지'에서 발전한 식민도시에 한정하는 데서 탈피할 수 있고 다음으로 민족주의가 투영된 동래기원론의 편향을 넘어설 수 있다. 아울러 부산의 미래도시 비전을 재구성하는 방법으로 이를 활용할 수 있다. 이를 통해 제국과 식민의 이분법으로 부산을 이해하는 관점을 벗어나는 한편 21세기 세계로 열린 도시 개념을 창안하는 계기를 만들 수 있다. 아시아의 여러 해항도시—광저우, 나가사키, 마드라스— 등이 17세기 이래 아시아 해양경제의 주역이 되어 활동해온 반면, 조선은 왜관의 활동을 제외하고 이러한 경제활동에 참여하고 있는 해항도시(seaport city)를 갖지 못했다. 그나마 왜관의 중요성이 부각되는 까닭이 여기에 있으며 개항 이후 식민지 해항도시 부산과 왜관을 상관적으로 바라보는 시야가 요청된다. 개항에 대한 시각 또한 긍정/부정을 넘어서 '동아시아 역내의 상호관계로부터 보는 지역적(regional) 시야'가 요긴한데 식민도시를 일반화하기 어렵다고 하더라도 외부의 권력에 의한 지배라는 변수가 도입되어 이종적이고 다원적인 문화 혼종화 경향이 나타난 지역임을 알 수 있다. 그런데 이러한 문화적 연구가 지나치게 탈맥락화하는 점은 경계해야 한다. 정치·경제사 중심의 협소한 일국사적 담론을 넘어서기 위해서 문화연구를 도입하는 일은 필수적이지만 그렇다 하더라도 식민지 해항도시가 지니는 '복합성'을 견지하는 과정이 요긴하다.

끓는 가마솥

그 기원에서 부산은 식민도시로 출발하였다고 볼 수 있다. 그러나 조금 더 거슬러 올라가 왜관의 존재 방식을 생각하면 식민도시론은 상당 부분 보충될 내용을 가진다. 왜관이 전근대 동아시아 교역의 장이었다는 점에서 부산은 벌써 동아시아 지역적 네트워크의 한 결절점(nodal point)임에 틀림이 없다. 이러한 역사적 경험은 식민경험에 대한 과도한 부정에 기반하여 제기되는 동래기원론의 한계를 뒷받침한다. 현재 부산에서 일제시대 문화유산 가운데 기념비적인 조형물은 거의 사라지고 없다. 부산부 건물인 구 부산시청이 롯데로 넘어가 해체될 때 시민사회의 저항은 거의 없었던 사실로 기억된다. 문민정부가 역사바로잡기 차원에서 조선총독부 건물인 중앙청을 허문 일의 지방 복사판이라 하여도 과언이 아니다. 식민 유산은 싫든 좋든 부산을 채우는 내용이다. 그것은 해체되어야 할 잔재가 아니라 보존하면서 활용해야 할 유산이다. 확실히 부산은 식민 기억에 대한 완강한 거부 의식을 보인다. 지역 정부가 일본인 거리 조성에 대한 계획을 발표하였다 곤욕을 치르고 철회한 적이 있었다. 시민들의 비판이 거세었다. 일찌감치 조성된 상해 거리와 비교된다. 민중의 이야기가 서려 있는 영도다리가 보존되는 한편 동래읍성이 복원되는 등 과거의 기억에 대한 시민의 양가적 태도는 여전하다. 이 대목에서 조선후기 260년 동안 유지되어온 왜관을 떠올리는 일은 하나의 방법이다. 일본인 마을을 허용한 바 있는 과거와 일본인 거리조차 만들 수 없는 현실의 거리는 무엇일까? 아울러 이러한 거리를 극복할 수 있는 길은 없을까? 부산을 위한 부산학 또는 방법으로서의 부산학은 부산의 시각에서 부산을 재구성하는 일과 연관된다.

식민지 도시의 유산을 마땅히 청산해야 할 잔재라고 규정하는 민족주의는 그 당위성에도 불구하고 21세기 부산의 미래 구성에 활력이 되지 못한다. 식민도시 이래 근대화 과정에서 기형적으로 팽창을 거듭한 부산을 재정비하면서 내발적인 에너지를 지닌 동아시아 네트워크 도시로 끌어내는 일이 긴요하다. 이중도시의 불균등 발전 구조가 온존하거나 확대 재생산된 국면은 수정되어야 하지만 식민도시 이래 여러 계기에 의해 진행된 문화 혼종화는 부산을 다문화 네트워크 도시로 만드는 바탕이 된다. 식민 시기의 범월과 이산, 해방공간과 한국전쟁기의 귀환과 피란, 근대화 시기의 내국 이민 등 다양한 역사적 경험들은 부산을 동아시아의 문화적 허브이자 세계로 열린 해항도시의 위상을 품게 한다. 이러한 점에서 제2 도시 이데올로기나 세계도시 등 부산의 도시 목표와 연관된 다양한 이념들이 재검토되어야 한다. 중심부 서울에 비친 일국적 시각과 세계체제 중심부의 관점이 투영된 개념들은 타자 지향적이어서 주체적인 부산 창생이라는 과제와 어긋난 측면이 많다. 부산을 통하여 부산을 보고 있지 못하다.

부산을 한마디로 요약하는 일은 어렵다. 하지만 부산의 유래와 역사를 되새겨 볼 때 한국사회의 끓는 가마솥(melting pot)임에 틀림이 없다. 정부가 우리 사회를 다문화사회로 규정한 일은 비교적 최근이다. 그런데 다른 지역에 비하여 부산은 일찍이 다문화사회였다. 화교와 일본인 그리고 러시아인이 거주하거나 왕래하고 있으며 지금은 많은 아시아인이 거주하고 있다. 교역과 상업의 도시, 인종과 문화가 교류하고 융합되는 도시가 될 수 있다.

동아시아지중해의 결절지

아시아 여러 해항도시와 차별되는 위상 탓에 부산의 역사에서 가능성을 찾는 일이 쉽지 않다. 식민 상황이지만 문화교섭의 다양한 양상을 추적하여 오늘의 관점에서 그 의미를 새롭게 하는 방법적 노력이 필요하다. 이는 변전의 공간, 접촉지대, 번역지대인 해항도시를 민족지학적으로 접근하는 입장과 연관된다. 해항도시가 형성되고 산업구조가 재편되면서 재생되는 일련의 역사적 과정을 민족지학적으로 서술하는 일의 중요성을 지적하는데 민족지학이 '지구적 변동의 국지적 결과들'을 면밀하게 연구하는 데 유익하다. 식민도시에서 근대도시로 나아가 탈근대 네트워크 도시로 변화하려는 도정에 있는 부산의 처지에서 그 기원에 내재한 지역성과 세계성, 식민성과 근대성을 함께 읽어내는 일이 가지는 의의가 적지 않다.

조지 린치(George Lynch)는 일본 고베에서 모스크바로 이어지는 긴 여정의 첫 관문에서 부산을 만난다.[9] 마침 북빈 매축공사가 막 시작되는 시점인데, 항로와 철로를 잇는 부산항의 미래를 인식한다. 그는 철도를 '제국의 통로'라고 규정한다. 철도는 먼저 제국과 식민의 시공간을 통합한다. 그렇기에 철도를 둘러싼 제국의 각축은 심각하다. 조지 린치는 먼저 동아시아에서 철도부설권을 차지하려는 일본과 러시아의 경쟁에 주목한다. 여기서 먼저 시베리아 철도의 세계사적 의의를 생각할 필요가 있다. 당시 세계의 제해권은 영국이 장악하고 있었고 유럽에서 아시아에 이르는 해상교통은 영국해군의 수중에 있었다. 이러한 상황에서 러시아가 유일하게 육로를 통해 유럽과 아시아에 이르는 가능성을 가지고 있어서 영국 주도의 국제정치에 도전할 수 있는 잠재적인 조건을 갖추게 된다. 이는 영국이 중국에서 보유해 온 통상적 권익이나 외교적 우위성을 위협할 뿐만 아니라 국경을 인접한 중국과 일본에 심대한 위협이 되었다. 일본의 입장에서 러시아는 위협의 대상이지만, 시베리아철도가 만들어짐과 더불어 일본이 해역과 육역의 결절지가 될 것이라는 구상을 하게 된다. 이래서 조선 반도를 가운데 두고 러시아와 일본의 대결이라는 피할 수 없는 상황이 연출된다. 조지 린치가 본 사실 또한 이러한 상황이며 일본인 거주지를 중심으로 도시를 만들어가는 과정을 보면서 일본의 지배를 간파해낸다. 그의 눈에 부산은 일본의 대륙 침략의 기지이다. 청일전쟁의 승리 이후 전통적인 중화체제를 뒤집은 일본은 조선에 대한 법적, 제도적 지배를 강화하는 한편 자국민을 조선에 이주시킴으로써 보호국으로 만드는 과정을 착실히 진행시킨다. 조지 린치는 러시아와 일본이 경쟁하는 장소(topos)로서의 부산을 설명한다. 부산이라는 국지적 영역(local)을 동아시아 지역(regional)과 세계체제(global)와 연관시키는 다층적인 스케일을 통해 부산을 인식한다.

조지 린치가 바라본 부산은 오늘의 시점에서도 중요한 의미를 지닌다. 열강의 침략기지가 아니라 동아시아의 교역과 교류의 결절지라는 적극적인 해석이 가능하다. '네트워크 도시'는 하마시타 다케시가 홍콩을 규정한 개념이다. 부산은 일본과 러시아와 중국을 잇는 네트워크임에 틀림이 없다. 따라서 부산으로 스며드는 동아시아를 받아들이고 동아시아 문화가 다양한 장소와 공간에서 자리잡을 수 있도록 해야 한다. 이러한 점에서 차이나타운의 건립은 물론 러시아 등 외국인 이주자들이 활동할 수 있는 다문화공간을 구성하고 나아가 한일 간의 교역의 상징인 왜관을 복원하는 일도 가능하다. 부산에는 벌써 여러 가지 양상으로 다문화 지대(ethnic spot)가 형성되어 있다. 부산역 앞이 대표적인데, 가게의 간판이나 거리에 있는 미디어들이 여러 국적 사람의 활동을 반영하고 있다. 중국, 일본, 러시아 그리고 동남아에서 온 이주자들의 독자적인 생활세계는 지역적 삶의 변동을 가져오고 있으며 미디어를 통하여 지역에 번역 회로를 형성함으로써 우리가 사는 도시를 변용한다. 이들의 시야는 몸은 로컬 영역인 부산에 있지만 그들의 국가와 지역을 향한 더 넓은 세계와 네트워크가 이루어지고 있다.

교역과 상업

도시주의와 식민주의는 필연적인 연관성을 지닌다. 통제와 잉여 추출의 기능을 수행하고 시장, 소비의 중심, 축적의 무대로 식민지가 존재한다는 점에서 식민주의는 도시적 성격을 지닌다. 식민주의의 현시 방식이 도시적이라는 앤서니 킹의 지적처럼 식민주의가 식민지 국가의 공간조직과 도시체계에 미친 영향은 전세계적이다. 이러한 점에서 일본인 전관거류지가 도시로 바뀐 사건은 제국 일본의 형성과 맞물리게 된다. 실제 일본 정부는 개항 초부터 일본 거류민 증가를 예상하여 도로망을 계획하고 가옥의 구조를 규제함으로써 식민도시를 형성해 갔다. 왜관이 전관거류지로 바뀌자 돌벽과 성문 등을 헐어버리고 영사관 건물을 중심에 두는 한편 그 둘레에 경찰서, 상공장려관, 전신국, 은행, 병원

등 공공건물을 차례로 배치하여 일본화된 시가지를 만들어 갔다. 이리하여 외국인이 보는 부산이란 일본인 거주지를 의미하게 되었다.

앤서니 킹(Anthony King)에 의하면 식민주의가 식민지에 건설한 도시의 유형은 크게 두 가지이다. 첫째는 외부지향형 항구도시로 이 도시들을 통해 상품이 중심부로 수출되었고 식민주의의 후기단계에서는 제조품이 주변부로 수입되었다. 둘째는 식민사회의 도시 계층의 재조직화와 식민수도를 포함한 정치, 행정, 군사 중심지의 구축이다.[10] 식민도시 부산은 단연 첫째 유형을 대표한다. 부산은 일본과 대륙을 잇는 관문이다. 철도와 철도연락선으로 일본열도와 대륙을 통합하는 구상의 결절지로서 중심부 대도시와 주변부 조선의 노동 분업을 가능하게 하는 항구도시로 대단히 중요한 위치에 놓이게 된다. 따라서 일제는 근대화된 일본의 위용을 드러내기에 족한 건축물들을 부산에 세워 도시 스펙터클을 형성함으로써 식민지민들을 압도한다.[11]

청일전쟁이 동아시아 구질서의 몰락을 의미한다면 러일전쟁은 새로운 질서의 형성을 뜻한다. 러일전쟁 이후 일본 거류민의 활동은 더욱 활발해진다. 중화적 동아시아 지역질서의 붕괴는 한편으로 서양의 조약체제의 도전에 의한 일이기도 하지만 이보다 먼저 중국의 중심성을 부정해온 일본에 의해 추진되어온 측면이 크다. 물론 일본의 근대화도 결코 순탄한 것만은 아니다. 일일이 이를 예거하긴 어려우나 무엇보다 일본이 세계사적 행운을 거머쥔 것은 분명하다. 영국 패권이 쇠퇴하는 과정에 유럽에 보불전쟁이 일어나고 미국이 근대 자본주의 국가로 재편되는 과정에서 내전을 겪게 됨으로써 '시간의 경쟁'에서 일본은 기회를 얻었다

할 수 있다. 이러한 기회를 적극적으로 활용해 세계자본주의 체제의 반주변부에서 중심부로 도약을 시작하였다. 실제 아편전쟁과 청일전쟁이 일본인에게 끼친 영향은 페리 내항만큼이나 컸다고 한다. 페리 내항 이후 전술적 전환이 빨랐다면 청일전쟁 이후 새 질서의 주역이 되려는 의지가 확고해지게 되었다.

서구 열강을 모방하고 있던 일본이 조선에 개항을 요구하여 1876년 부산을 시발로 1879년 원산, 1883년 인천 등이 차례로 개항된다. 1876년 개항과 더불어 일본 정부는 나가사키, 고토(五島), 쓰시마, 부산을 잇는 항로 개설을 지원하고 조선 도항과 무역을 장려한다. 이후 일본 상선은 한 달에 한 번씩 나가사키와 부산을 왕복하게 된다. 특히 1877년 '부산항 일본인 거류지조차조약'이 체결되어 왜관 부지 11만 평이 모두 일본의 전관거류지가 되면서 에도시대 이후 쓰시마와의 무역이 이루어졌던 왜관이 복원된다. 1905년 취항하는 관부연락선은 일본의 식민정책의 산물이다. 특히 청일전쟁 이후 지속되어온 일본 정부의 이민 장려 정책이 한 획을 그은 것으로 볼 수 있다. 1910년대에 이르러 부산의 일본거류민 수는 크게 증가한다. 이는 일본이 근대화에 따라 해체된 농촌 인구를 조선으로 다량 유입시키고 상인과 기업 등 일본 자본가들을 대량 조선으로 유입하게 함으로써 자국의 생산력을 확대하려 한 정책의 소산이다.[12]

식민도시 부산의 발전과정은 개항과 더불어 몇 단계의 과정을 거친다. 전관거류지가 확대되면서 1901년에 시가지가 형성되고 1902년에 이르러 본격적인 도시 계획이 시작된다. 1905년 이사청 설치 이후 1906년에는 시구 개정 8개년 사업에 착수한다. 식민도시 부산의 면모가 일신되는 때는 1914년 부산부제 실시 이후라 할 수 있다. 1930년대에 이르러 서면 일대 부산진 공업지대가 형성되고 1940년대에는 동래지역까지 부산부에 포함된다. 1937년 조선총독부 고시 <부산시가지 계획령>이라는 부산 최초의 도시 종합계획이 수립되며, 목표 연도를 1965년으로 설정하고 있다.

다층적 공간과 혼종 문화

부산을 이해하는 데 있어 두 가지 관점이 필수적이다. 그것은 1) 도시 공간의 변화와 2) 문화 경험에 대한 고찰이다. 모든 도시는 공통성뿐만 아니라 개별성을 지닌다. 다른 대도시와 마찬가지로 부산은 사회적, 문화적으로 다양한 지역, 계층, 양상의 복합체로 존재한다. 상업지구, 소비 환락가, 공업지구, 퇴락한 주거지, 농업과 어업 지역, 미래도시처럼 보이는 새로운 지구 등 다층적이다. 이처럼 다층적인 공간인 부산은 그 근저에 이중도시라는 맥락이 놓여 있다. 이중도시(dual city)는 식민도시 형성 단계에서 시작된 현상으로 다양한 양상으로 현대에 이르기까지 젠트리피케이션(gentrification)과 슬럼의 대비라는 양상으로 지속한다. 젠트리피케이션은 도심의 고급화, 주택의 고급화, 건물의 고층화 등을 의미하며 도시 재개발은 이러한 공간 구성을 지속한다. 부산은 식민도시 형성에서 일본인 거주지 중심의 젠트리피케이션과 근대화 과정에서의 도심, 그리고 새로운 도심의 형성과 신도시 개발 등을 통하여 다층적인 형태의 이중 도시성을 계속해 왔다.

일제시대의 부산을 염상섭은 '식민지의 축도'로 보았고 김열규는 '식민지의 식민지'라고 의미를 부여한 바 있다. 부산은 그만큼 큰 지정학적인 위상을 지니고 있었다. 일본에 한반도는 대륙을 잇는 통로이기도 하지만 동아 나아가 대동아를 구상하는 병참기지였다. 이러한 가운데 부산은 군사 기지적 성격을 지니게 되었다. 군사적 목적으로 구축된 김해공항과 수영공항 그리고 도시 곳곳의 군사시설은 냉전체제가 와해되는 시기까지 부산의 많은 공간을 점령하고 있었다. 그러나 한편으로 이러한 군사적 공간이 존재함으로써 부산의 공간적 재편이 쉽게 이루어진 측면이 없지 않다. 많은 경우 대단지 아파트가 들어서기도 했지만, 부산시청의 이동이나 센텀시티와 문현금융단지 등의 조성이 가능하였다. 또한 하얄리아부대 자리에 시민공원이 조성되었고 군사적 공간들이 사라지면서 부산이라는 도시가 제 모습을 찾아가고 있다고 보아도 과언이 아니다.

부산이 고밀도, 무계획, 이종 혼재의 장기존속으로 급격히 가속화되고 있는 엔트로피 증가를 국지적인 개입과 수정으로 조절하고 있는 '누적도시'(건축가 봉일범의 기념)의 성격이 크다. 이는 여러 번의 급격한 인구이동과 정착 과정과 연관된다. 먼저 해방과 더불어 일본인 거주지가 해체되고 귀환 인구가 정착하는 과정을 들 수 있다. 국제시장 형성사가 말하듯이 패전으로 귀국하는 일본인이 내다놓거나 남겨둔 물품으로 시장이 만들어지고 미군정하에 밀무역의 중요거점이 되기도 한다. 한국전쟁으로 부산의 인구는 엄청나게 팽창하며 피난민들이 만든 판자촌으로 대규모 주변부가 형성된다. 여러 차례의 대규모 화재가 불러온 집단이주는 도시를 확장하는 계기가 된다. 한국전쟁기에 부산은 명실상부한 제2 도시의 지위를 획득한다. 이러한 사정에는 임시수도의 지위를 획득한 일도 포함되지만 이보다 일제시대에 구축된 항만을 통해 전쟁물자와 원조물자들이 수송될 수 있었던 탓이 크다. 이러한 항만은 냉전체제로 섬이 된 한국이 수출주도형 근대화를 이루는 발판이 된다. 1960년대 후반 이후 부산항은 지속적인 확장을 이루며 부산의 해양도시적 면모를 주도한다. 1963년의 직할시 승격은 근대도시 부산의 위상을 상징한다. 인근 농촌지역에서 대량의 인구가 근대화 과정에서 유입되면서 부산은 동과 서로 확대를 거듭한다. 1995년 광역시 승격으로 부산은 거대도시가 되었다. 이러한 과정에서 부산은 중심과 주변이라는 이중성이 마치 프랙털(fractal)과 같은 형상으로 중첩되고 중층화되었다.

부산의 도시공간과 문화지형을 모순으로 이해할 것인가 아니면 중첩과 혼종으로 이해할 것인가? 도시민 사이의 격차가 공간적으로 표출되고 있는 현상에 대하여 '모순'을 말하지 않는 이 없다. 센텀시티와 같이 사무실과 주거동, 대형 쇼핑몰, 레스토랑, 영화관과 미술관, 방송국과 학교 등 다양하고 복합적인 시설들이 사람을 유인하고 흡수하는 공간은 부산의 문화지형을 바꾸어 놓고 있다. 부산이라는 공간 안에 다시 글로벌 도시가 들어선 형국이다. 세계화의 도전에 직면하면서 극도의 이중도시화가 진행된 현상이 센텀시티라 할 수 있겠는데 이러한 양상은 향후 북항 재개발에서도 반복될 수 있는 일이라 짐작한다. 도시 속에 또 다른 도시가 존재하면서 도시의 안과 밖, 고급과 저급과 같은 비대칭성이 존재하는 공간의 이중도시화 현상은 부산이 안고 있는 공간 모순의 핵심에 해당한다. 추상화되고 있는 도시 공간을 구체적인 경험 공간으로 변화시키는 일은 이중화가 중첩된 누적도시의 엔트로피를 해소하는 길이다. 이러한 점에서 부산의 공간을 다양한 문화적 혼종화의 양상으로 이해하고 이러한 혼종화가 일어나는 접경을 살려내는 방안을 강구할 필요가 있다. 혼종화와 이중도시화는 상호연관성을 지니면서 다른 맥락을 지닌다. 이중도시화라는 외적 공간 분할과 달리 혼종화는 문화와 경험의 양상을 의미한다. 문화가 삶의 전체적인 과정이라는 점에서 개발로 인한 추상화를 넘어서 장소와 공간의 다층적인 관계와 사람들의 감정의 구조에 가닿은 접근이 요구된다. 이러한 접근을 통하여 부산은 다양한 문화적 혼종화가 이루어지고 있는 복합적인 공간임이 드러날 수 있다.

부산은 식민지의 식민지였지만 오늘날은 동아시아의 허브 도시로 그 잠재력을 보인다. 허브는 국경을 초월하는 거점으로 국내와 국외를 네트워크한다. 이러한 공간에서 모방과 창조가 동시에 일어나는 현상은 당연하다. 하지만 로컬리티가 중요한 가치로 대두하고 있는 세계화 시대라는 관점에서 부산이 지닌 개성을 살리는 작업이 글로벌 도시 공간을 모방하는 일 못지않게 중요하게 되었다.

제 2 장

식민도시 부산과 타자의 시선

병자수호조약(1876) 이후 해방되기까지 식민지 조선을 가장 잘 나타내는 공간을 들라 하면 부산이라고 할 수 있다. 염상섭이 「만세전」에서 '식민지의 축도'라고 한 바 있듯이 부산은 개항과 더불어 식민도시(colonial city)로 성장한다. 초량 왜관을 일본인 전관거류지로 설정한 뒤에 일제는 이를 바탕으로 일본인을 유입시켜 새로운 도시를 형성한다. 그런데 왜관의 면모에 대한 기록과 서술에 비할 때[13] 전관거류지 이후의 식민도시가 발전하는 양상에 대한 자료는 매우 부족하다. 신소설에 등장하는 부산도 일한병합 전후의 국면이다. 그렇다면 19세기 말 부산의 면모를 아는 방법은 없는가?

19세기 말 미국, 프랑스, 일본, 오스트리아, 영국, 러시아 등 여러 나라는 개항지 부산에 관심을 기울여 자국민을 파견하고 다양한 형태의 여행기(travel writing)[14]를 서술한다. 미국인 퍼시벌 노웰(1883)[15], 프랑스인 샤를 바라(1888), 일본인 사쿠라이 군노스케(1894), 오스트리아인 헤세 바르텍(1894), 영국인 이사벨라 비숍(1894-1897), 러시아인 카르네프(1895) 등의 여행기[16]를 들 수 있다. 대체로 1894년 전후 10년 사이에 쓴 여행기들인데 당시 조선의 지정학적 상황을 반영한다. 이들의 여행기에는 조선과 부산을 향한 여러 나라의 시선이 투영되어 있다. 해항도시 부산은 비대칭적인 관계 속에서 이종문화들이 만나고 부딪히고 서로 맞붙어 싸우는 접촉지대(contact zone)이다. 여행기들은 접촉지대인 해항도시 부산에 이르는 다양한 항로를 드러내고, 결절지(nodal point)로서 부산을 부각한다. 부산의 도시와 자연경관에 개입하는 이들의 시선 권력이 선연하다. 경관을 서술하는 위계의 미학은 인종차별로 반복된다. 이같이 접촉지대에서 제국의 시선(imperial eye)이 잘 드러난다.[17] 여행기를 서술하는 주체에 따라 미묘한 시선의 차이도 없지 않다. 소위 '조망적 관점' 혹은 '세계관'이 개입한 탓이다.[18] 타자든 주체든 인식의 한계가 있기 마련이다. 지각의 한계는 환경과 학습으로 형성되며 세계관의 차이가 이해의 차이를 만든다. 19세기 말 조선과 부산을 보는 타자의 시선이 서로 달리 굴절되는 일은 당연하다. 제국의 시선과 앎의 식민지화에 의한 차별적 이미지 형성이 만연한다. 여행기를 통하여 제국은 식민지 경관을 소유하는 감각을 형성하며 이를 통해 제국의 내부주체를 생산한다.[19]

서로 엇갈리는 타자들의 시선 속에서 초기 식민도시 부산의 면모를 추출하는 일은 의미가 있다. 이는 한편으로 도시 형성과정에서 여백으로 남은 부분을 채우는 일이 되고 다른 한편으로 우리의 세계인식을 돌아보는 계기가 된다. 아울러 '공간적 전회' 이후에 전개되는 지역학의 외연을 확장하는 과정으로 받아들일 수 있다. 그동안의 연구가 일국주의에 한정되었다면 여행기에 재현된 접촉지대 분석은 지역적(regional)이고 세계적인(global) 스케일을 견지한다. 이는 로컬을 이해하는 방법의 혁신과 무연하지 않다. 타자들의 여행기는 그 역상(逆像)을 통하여 현재를 재해석하는 방법으로 전유될 수 있다. 지역학 나아가서 부산학의 한 양상으로 발전하는 계기가 된다.

항로와 여행기

철도가 부설되고 열도와 반도를 잇는 연락선이 설치되는 과정에 대한 논의는 빈번하다. 부산과 시모노세키를 연결하는 관부연락선의 역사는 어느 정도 고증된 셈이다.[20] 하지만 이 이전에 동아시아 해역의 이동성을 담보하는 항로들에 대한 정리는 부족하다. 외국인 여행기들이 19세기 말의 항로들을 기술하고 있다. 이들을 통하여 부산에 닿는 항로로 세 가지 정도를 들 수 있다. 그 하나는 상하이에 거점을 둔 영국계 저다인 메디슨회사가 운영하는 항로이고 다른 하나는 나가사키에 거점을 둔 일본 미쓰비시 기선회사의 항로이다. 전자는 상하이-나가사키-부산-제물포의 노선을 운항하였고 후자는 나사사키-부산-원산-블라디보스톡/나가사키-부산-제물포 등의 항로를 운항하였다. 1885년 미쓰비시 기선회사와 공동운수회사가 합병하여 일본우선(주식)회사가 된다. 1885년 10월 이후 조선을 왕래한 외국인들이 승선한 배는 대다수 일본우선회사 소속이라 할 수 있다. 세 번째 항로는 러시아가 운영한 항로로 블라디보스토크를 거점항으로 삼는다.

부산과 나가사키 등을 운항하였으나 일본이 운용하는 항로에 비할 때 빈약하다.

퍼시벌 로웰(Percival Lowell)이 조선에 온 때는 1883년 12월이다. 그는 주일 외교대표로 있으면서 1883년 조미수교에 따라 조선의 특별사절단을 안내하는 역할을 맡는다. 미국으로 갔다 요코하마로 돌아와 12월에 조선을 향한다. 그에 의하면 부산은 "조선에 가 닿으려는 사람들이 처음으로 도착하는 육지"로 "높은 언덕 아래에 위치한 곳"이다. 용두산과 용미산을 사이에 둔 지역을 일컫는다. "기선들은 상해에서 오건 요코하마에서 오건, 우선 나가사키를 그들의 출발점으로 한다"라고 진술하고 있어서 상해-나가사키-부산, 요코하마-나가사키-부산이 기본 항로이고 나가사키가 부산으로 가는 기선의 출항지임을 알 수 있다. 나가사키에서 부산까지 항해는 13시간에서 15시간 정도였다고 한다.[21] 미국에서 요코하마에 왔다 다시 나가사키로 가서 부산에 이른 여행 경로이다. 프랑스인 샤를 바라는 1888년 마르세유에서 요코하마에 이르는 긴 항해 뒤에 다시 상하이에서 톈진을 경유하고 베이징을 들렀다가 옌타이에서 제물포로 들어온다. 그는 육로를 통해 부산에 당도하며, 나가사키에서 출발하여 부산을 거쳐 원산과 블라디보스토크를 경유하는 배를 통해 시베리아로 향한다. 이 당시 부산을 지나는 배편은 중국과 일본 그리고 러시아 세 방향이다. 중국행은 나가사키에서 부산과 제물포, 옌타이를 거쳐 톈진이나 상하이를 향한다. 샤를 바라는 러시아를 가기 위하여 제3의 항로를 찾아 나가사키에서 출항하여 부산과 원산을 경유하고 블라디보스토크로 향하는 배를 탄다.[22] 이러한 사실을 통하여 동아시아 해역의 거점 해항이 나가사키임을 알 수 있다. 나가사키에서 중국과 조선 그리고 러시아로 가는 배들이 출항한다. 일본인 사쿠라이 군노스케(桜井軍之介)가 부산에 온 때는 이 한창인 1894년 중반인 6월이다. 도쿄에서 오사카로 가서 며칠 머물다 고베를 떠나는 아사히가와마루(旭川丸)를 타고 6월 12일 나가사키로 향한다. 14일 새벽에 고베에서 출발하는 히고마루(日向丸)가 나가사키에 도착하기를 기다렸다가 승선한다. 히고마루는 시모노세키와 하카타를 지나 현해탄을 건너 쓰시마의 이즈하라를 경유하여 부산에 이른다.[23] 오스트리아인 헤세 바르텍은 부산을 경유하는 항로를 다음처럼 서술하고 있다.

> 세계에서 가장 큰 선박회사 중 하나인 니폰 유센 가이샤에 속한 증기선은 14일마다 부산에 들어온다. 러시아인들도 블라디보스토크-상하이 노선의 증기선을 한 달에 한 번꼴로 부산에 기항시킨다. 그밖에 일본의 범선과 정크선이 부산에 들어온다. 하지만 올봄 일본 전함이 그렇게 빨리 부산에 침략부대를 상륙시키리라고는 아무도 예상하지 못했을 것이다. 6월 말, 내가 나가사키에서 출발해 난생처음 조선 영토인 부산에 도착했을 때, 일본인 '거주지'는 군비로 무장하고 있었다.[24]

그는 청일전쟁 전야의 부산을 잘 말하고 있다. 증기선, 범선, 정크선 그리고 전함이 일본에서 부산으로 왕래하는 형국이다. 청일전쟁의 와중에서 일본에서 부산, 제물포를 경유하고 한양에 이르는 여행기 가운데 헤세 바르텍만큼 밀도를 지닌 서술을 찾긴 힘들다. 나가사키에서 부산으로 오는 과정을 한 장(chapter)에 할애하여 기술한 그는, 부산(2장)과 주변 도시(3장)를 각기 한 장으로 서술한다. 항로와 선박의 크로노토프, 인종 구성과 경관에 대한 다채로운 서술은 그가 여행기의 전문작가라는 사실을 반영한다. 하지만 그는 조선을 "최악의 야만국가"라고 인식하는 선지식을 지니고 있다. 이미 유럽에 소개된 클로드 샤를 달레(Claude-Charles Dallet, 1892-1878)의 『조선교회사』(1874)의 영향으로 보이는 천주교 박해사건이 각인되어 있다.[25] 그의 여행기를 제국의 시선과 제국의 수사학이 통어한다. 그는 "황량하다 못해 슬픈 느낌이 드는 해안"에서 "형언할 수 없는 슬픈 인상"을 받는다. 일본의 내해를 "동아시아의 파이아케스인이 살고 있는 고전적인 이상적 풍경"과 비교하는 그의 시선에 비친 부산의 해안은 황량하고 살벌하다. 경관을 보는 시선에 반문명 국가라는 인식이 겹쳐지고 있다.

> 수천 명이 끔찍하게 처형되고 학살되었으며, 갈가리 찢어진 그들의 육신은 가톨릭 신부들의 유해와 함께 경고의 표시로 여러 지방에서 효수되었다! 문명의 숨결이 저 멀리 있는 중국에까지 이미 스쳐간 지금, 바로 그 문명과 외부 세계로부터 철저하게 차단된 채 조선의 왕들은 우리의 중세와 같은 비극적 상황에 자신의 나라를 묶어두기 위해 애쓰고 있으며, 백성들이 해안에 정착하는 것조차 금지했다. 이웃나라와의 교류가 금지되자, 해안가에 건설되었던 도시와 촌락들은 파괴되었고, 거주민들은 내륙으로 이주해야 했다. 이것이 바로 오늘날 조선의 해안에서 사람이 사는 흔적을 볼 수 없는 이유이다.[26]

이처럼 헤세 바르텍은 풍경의 발견과 더불어 현지에서 착복한 지식을 철저하게 유럽적인 시각과 지식으로 전환하여 해석하고 설명하는 태도를 보인다. 유럽중심주의의 시선과 오리엔탈리즘의 표상이 발견의 서사를 통해 한데 엉겨 있다. 헤세 바르텍의 여행기는 풍경이 심미화하면서 담고자 하는 의미의 밀도가 높아지는 사례를 잘 보여준다. 이는 보는 자와 보이는 자 사이의 지배 관계를 내포한다. 그는 미와 추를 오가는 범주의 양끝에 조선과 일본(유럽)을 배치하면서 이를 황량하고 살벌함/경이롭고 사랑스러움, 반문명/문명이라는 의미들을 기입한다.[27] 그의 이러한 서술 태도는 다른 사람들의 여행기에서도 정도의 차이가 있을망정 유사하게 반복된다.

이사벨라 버드 비숍(Isabella Bird Bishop)이 처음 부산에 온 시기는 1894년 겨울 무렵이다. 그녀도 일본우선회사 소속의 히고마루를 타고 온다. 항로와 관련하여 그녀는 다음과 같이 서술하고 있다.

> 1885년 상반기만 해도 일본우편선박회사는 5주마다 한 번씩 부산을 들러 블라디보스토크로 가는 증기선 한 척과 한 달에 한 번 부산을 들러 제물포로 가는 작은 보트 한 척만을 운행하고 있었다. 이제는 하루도 거루지 않고 크고 작은 증기선들이 부산항에 도착한다. 고베와 블라디보스토크, 고베와 텐진, 고베와 옌타이, 고베와 잉커우 사이를 운항하는 도중 모두 부산을 들르는 일본우편선박회사의 훌륭한 배들이 있다. 그 밖에도 오사카로부터 부산 직항 항로, 상하이와 블라디보스토크 사이를 운행하는 러시아의 우편 항로 등 세 가지 서로 다른 항로들이 부산을 기항지로 삼고 있다.[28]

이처럼 청일전쟁을 경과하면서 동아시아에서 일본의 지배가 커짐과 더불어 부산의 지정학적 위상이 높아진다. 러시아는 1885년에서 1896년에 이르기까지 관리 한 명과 참모 본부의 군인 등 엘리트 다섯 명을 중심으로 조선 탐험대를 파견하였고 그 가운데 한 사람인 카르네프는 조선의 남부지역을 서술한다. 그는 1895년 11월 8일, 블라디보스토크에서 나가사키를 경유하여 12월 7일 이세마루호를 타고 부산에 이른다. 12월 7일 저녁 여덟 시에 "오른쪽으로 난 절벽 세 군데를 지나서 헐벗은 산들 사이에 위치한 부산항으로 진입하였다. 배는 부산세관의 작은 방파제에서 40사센(약 85미터) 정도 떨어진 곳에 닻을 내렸다."[29] 그는 부산에서 육로로 조선의 남부지역을 탐험한다. 이는, 대규모 탐험대를 공식적으로 파견하였다는 점에서 조선에 대한 러시아의 관심을 반영하는 한편 이들 탐험을 조선 정부가 허용하고 협력하였다는 점에서 당시 러시아에 대한 조선의 입장을 이해하는 데 도움을 준다. 또한 카르네프가 가능한 객관서술에 치중하는 바, 이는 그의 글이 탐험보고서에 가깝다는 사실을 말한다.

경관과 인종의 위계

퍼시벌 로웰의 눈에 비친 부산의 첫 인상은 '황량함'이다. 이는 바위 해안과 민둥산이 가져다준 느낌이다. 산에 나무가 없는 이유를 그는 토질이 비옥하지 못한데다 땔감으로 벌목하기 때문이라고 한다. 바위가 많은 해안 지역의 특성과 당시 생활상에 근거한 타당한 분석이다. 그러함에도 경관을 대하는 '발견의 수사'

에 편향이 없지 않다.

> 그곳은 멀리서 볼 때에는 삭막하기 짝이 없어 보인다. 파아란 섬처럼 보이는 그곳은 오직 가파른 산과 울퉁불퉁한 바위만 있는 아무도 살지 않는 곳처럼 보인다. 이 산 하나를 돌면 언덕으로 둘러싸인 만이 나온다. 입구에는 세 개의 바위로 이루어진 높은 봉우리가 있는데 그것들은 하단부에서 부딪치는 파도처럼 거세고 딱딱해 보인다. 바다 쪽 조망이 삭막한 것 못지않게 만의 풍경 역시 황량하다. 그곳에는 바위만으로 된 수직의 가파른 산이 있을 뿐 인간의 흔적도, 인간이 살고 있음을 암시하는 나무 한 그루조차 없다. 부산을 통해 본 조선의 첫인상은 말 그대로 황량함뿐이었다.[30]

이처럼 로웰은 '황량함'이라는 하나의 범주로 부산의 풍경에 대한 미적 판단을 내리고 있다. "파아란 섬"으로 보이던 인상은 시선의 밀도를 더하면서 삭막함, 무인 상태, 황량함 등으로 의미가 전환된다. 원경에서 시작된 풍경은 언덕과 만, 봉우리와 파도와 바위로 더욱 풍부한 실체로 재현되지만, 보는 이의 공감을 자아내지 못한다. 보는 자와 바라보이는 대상 사이의 비대칭적인 지배의 관계가 작동하는데 메리 루이스 프랫(Mary Louise Pratt)은 이를 '회화적 글쓰기'와 연관시킨다.[31] 풍경이 회화라면 로웰은 그 회화를 감상하고 심사하기 위해 개관하는 위치에 있다. 풍경에 대한 노웰의 시각은 인종 담론으로 연장된다. "조선인 거주지는 만을 돌아 약 2마일 떨어진 곳에 있다. 그곳에는 우선 눈에 띄는 것은 초가지붕을 덮은 갈색 볏짚들이다. 바닷가 언덕을 지나는 도로가 후산에서 부산까지 뻗어 있다. 여기저기 길을 따라

걷는 흰옷 입은 유령 같은 사람들이 보이자 비로소 조선에 당도했음을 알 수 있었다." '흰옷 입은 유령 같은 사람들'이라는 표현에서 타자를 대상화하는 시선의 권력이 뚜렷하다.

노웰보다 5년 이후인 1888년에 제물포로 입항하여 한양에서 육로로 부산에 당도한 샤를 바라의 시각은 다르다. 로웰이 경관에 치우쳤다면 샤를 바라(Charles Varat)는 사람들의 생활양식에 더 많은 관심을 기울인다. 이는 사람과 만나 대화적 관계를 유지해야 하는 내지 여행의 소산이기도 하지만 무엇보다 타자를 이해하려는 인류학적 태도가 선행한 데서 비롯한다. 육로를 따라 산을 넘으면서 바라본 부산의 바다 풍경을 그는 '압권'[32]이라고 요약한다. 이국 풍경의 차이를 공감하는 정동의 반영이다. 지리학자이자 민속학자인 샤를 바라는 전문여행가이다. 그에게 지정학적인 관심보다 문화인류학적인 탐구가 우선이다. 이러한 점에서 샤를 바라의 여행기가 차지하는 위상이 있으며 이에 대한 문화인류학적 분석이 요청된다. 1884년 청일전쟁을 취재하러 온 사쿠라이 군노스케의 자연경관을 향한 관심은 크지 않다. "부산은 조선의 개항장 중에서 가장 큰 항구이다. 경상도 동남쪽에 위치하고 뒤에는 노송이 울창한 용미산이 있고 앞에는 절영도가 있어 하나의 큰 만의 형상을 이루고 있다. 큰 선박과 함선들이 항상 모여들어 돛대가 숲을 이루고 있다. 특히 천진, 인천, 원산, 염포 등으로 항해하는 배들은 갈 때나 올 때나 이 항구에 닻을 내린다. 부산 거리의 번창함은 시모노세키나 미스미항에 비교할 수 없다. 다만 우려할 만한 것은 이 항구의 상업, 무역은 아직 조선무역이라고 하기보다 오히려 일본 거류지 내에 한정된 미미한 상거래라고 평하는 편이 타당할 것이다."[33]라는 서술로 나타난다. 그는 아직 미흡한 '조선무역'에 대하여 우려를 표명하거나 재류 일본인들의 행태를 비판하기("대개 재류인들은 요란스럽게 놀려고 하는 것처럼 보인다")도 한다. 아울러 이어지는 서술에서 조선인을 비하하는 표현이 등장한다.

> 조선인은 서기만 하면 꼭 머리를 찧게 되는 불결하고 좁은 집안에서도 늘 검고 높다란 모자를 쓰고서 괴로움이나 근심, 고통 등이 옆에 있는 줄도 모르는 무신경함을 드러낸다. 삼삼오오 모여 3척 남짓한 담뱃대를 쥐고서 연기를 고리 모양으로 내뿜으며 먹는 것도 잊고 이야기에 몰두한다. 그리고 그들은 친척이나 친구들 앞에서 마구 방구를 뀌고서도 태연자약하여 다른 사람의 기색을 살피지 않을 정도로 예의를 모른다. 더욱이 남들도 이것에 대해 타박하지도 않고 이상하게 생각하지도 않는다. 그렇기 때문에 그들과 함께 어디 가는 일이 생기면 그들이 거리낌 없이 방귀를 뀌어 냄새가 온통 옷에 배어서 쉽게 없어지지 않는다. 사정이 이러하기 때문에 조선에 오는 사람은 향수 같은 것을 휴대할 필요가 있다는 것은 두말할 필요도 없다.[34]

위생 담론은 식민지 정책학에 포섭되어 있다. 깨끗함과 더러움, 문명과 야만의 이분법을 타자 지배의 전략으로 기획한다. 이처럼 일본의 오리엔탈리즘은 조선인을 향한 인종적 편견으로 드러난다. 사쿠라이 군노스케의 시선은 이미 이해의 실패를 전제하고 있다. 이해가 전혀 예상하지 못한 복잡성으로 들어가는 통로라면 그는 이러한 이해의 통로를 차단한다.[35] 조선인의 정체성을 오직 한 가지 특성으로 축소하고 있기 때문이다. 오스트리아인 헤세 바르텍은 부산을 다음과 같이 서술한다.

> 항구에서 보면 부산은 생각했던 것보다 아주 괜찮고 더 예쁘며 친근하게 보인다. 하지만 그 이유는 간단하다. 여행자가 보게 되는 부산은 조선이 아니라 철저하게 일본의 항구이기 때문이다. 이곳에는 이웃 쓰시마와 규슈에서 건너온 5천 명가량의 갸름한 눈을 가진 작은 키의 남자와 여자들이 거주하고 있다. 깔끔한 목조 가옥이 들어선 거리는 항구를 따라 층층이 위쪽으로 이어지며, 사이사이에 작은 정원과 나무가 무성한 작은 언덕이 자리잡고 있다. 일본에 대해 아는 사람이라면, 이 언덕의 높은 나무 그늘 아래에 신사의 붉은 문과 석등이 배치된 일본 사원이 잠자고 있다고 생각할 것이다. 보이는 것이 죄다 일본풍이지만 자연만은 그렇지 않다. 거주지의 뒤편과 양옆에는 초목이 불에 타 민둥산이 된 산줄기가 솟아 있는데, 들판도 없고 숲도 없어 황량하기 짝이 없고 사람도 살지 않는 것 같다. 일본의 항구에서는 중국에서 맹위를 떨치고 있는 흑사병 때문에 툭하면 항구 감독관과 의사가 방문하곤 했는데, 여기서는 아무도 우리에게 신경쓰지 않았다. 몇 척 안 되는 조선 나룻배만이 일본인 승객을 육지로 데려가기 위해 다가왔다. 배 안의 무리들은 가운과 비슷한 하얀 면직 웃옷과 바지를 입고 있었고, 수염 난 음울한 얼굴에 거칠어 보였으며, 힘이 세 보이는 외모와 큰 덩치가 일본의 작고 친절한 소인들과 기묘한 대조를 이루었다. 마치 그들이 사는 나라가 낙원 같은 섬나라인 일본과 확연히 대비되는 것처럼 말이다. 마침내 증기선 회사 직원과 함께 중국 세관원이 배 위로 올라왔다. 그제야 선장은 우리에게 이곳에서 하루를 체류해야 할 것 같으니 육지

에 가도 좋다는 말을 했다. 중국 세관원은 독일인이었다. 조선의 모든 세관 업무는 중국의 통제를 받는다. 따리서 부산 역시 베이징에서 관리하며, 관세청장을 비롯한 공무원은 모든 유럽인으로, 대부분이 영국인과 독일인, 덴마크인이다. 이들 중 일부가 조선에 파견된 것인데, 부산의 세관 감독은 영국인이며, 부하 직원들은 독일인과 덴마크인이다. 이들은 바깥 세상에 대한 정보를 얻기 위해, 바다에 떠 있는 유럽 문명의 일부분인 우리의 증기선에 올라왔다. 불쌍한 사람들 같으니! 이들은 부산이 아주 편한 체류지라고 장담했지만, 나는 그들과 이야기를 나누면서 이곳에 묻혀 지내는 다섯 명의 유럽인이 애처로운 주거지에서 얼마나 지루해하고 있는지 곧바로 알아챌 수 있었다.[36]

헤세 바르텍(Hesse Wartegg)이 접한 부산은 "일본의 항구"에 다를 바 없다. 전관거류지를 중심으로 그 일대가 일본식 도시로 조성되어 있었고 이미 그가 일본에서 접한 도시경관과 흡사한 탓이다. 자연경관에 대한 인식은 다른 여행자와 마찬가지로 '황량함'이다. 도시와 자연의 대비는 곧 인종담론으로 이어지면서 위계를 형성한다. 조선인이 문명화된 일본인에 비하여 야만에 더 가깝다는 인식이다. 이러한 인식은 유럽중심적인 문명화 논리에 근거한다. "증기선"을 "바깥 세상에 대한 정보를 얻기 위해, 바다에 떠 있는 유럽 문명의 일부분"으로 비유하면서 부산에 체류하고 있는 유럽인의 "애처로운 주거지"를 생각한다. 바르텍의 서술 태도는 유럽인으로서 제국의 질서를 만들고 이를 전파하려는 의도를 내포한다. 그는 '제국적 상상' 속에서 부산의 경관을 배치하고 그것을 소유하려 한다. 이사벨라 비숍의 시선에 비친 부산의 경관도 "헐벗은 고동색 언덕"으로 그려진다. 그녀 또한 "붉어져 가는 단풍나무와 꽃피는 자두나무, 꼭대기에 절이 앉아 있던 고지, 숲속에 모셔진 신사에 이르는 장중한 돌층계, 청록색 소나무 숲, 대나무의 그 깃털 같은 금빛 이파리들이 부산에 닿을 때까지도 손에 잡힐 듯 생생하게 기억에 남아" 있던 쓰시마 경관을 "섬뜩하고 험악하게만" 보이는 부산과 비교한다. 보는 자의 특권적 위치에서 비대칭적인 비교를 부가한다. 이럴 때 비교는 중층화한 오리엔탈리즘과 구별되지 않는다. 경관은 문명과 인종의 논리와 손쉽게 접합한다.

카르네프가 본 부산도 "헐벗은 산들 사이에 위치"하고 있다. 하지만 그는 이러한 경관을 문명과 인종의 담론으로 증폭하지 않는다. 비교적 객관적인 관찰자 시점을 견지한 탓인데 이는 조선을 향한 러시아의 입장과 무관하지 않다. 그는 일본인 구역의 외국인 거류지에 위치한 세관장 헌트의 집을 방문하는 한편 동래 관찰사인 주석윤(지석영의 오류)을 방문한다. 조선 탐험을 위한 협조를 얻어내기 위함이다. 통역을 대동한 만남으로 충실한 소통과 신뢰를 보인다. 이는 구미 여행자들과 다른 면모인데, 공적 탐험을 수행한다는 측면과 더불어 조선과 러시아의 우호 관계를 나타내는 표지로 이해된다.

일본인 사회와 부산

퍼시벌 노웰이 부산에 온 1883년은 병자수호조규로 부산이 개항한 지 7년여 지난 후이다. 그에게 '일본인 전관거류지'는 "조선이 아니라 일본 같아 보인다." 용미산이 있는 항구에서 좌우로 시가지가 형성되어 있는데 먼저 항구에서 보이는 경관은 오른편이다. 용두산 아래 시가지는 아직 눈에 들어오지 않는다. 이러한 지점에서 그는 부산을 다음과 같이 서술한다.

> 후산은 중간 지점에서 오른쪽으로 구부러지는 하나의 긴 거리로 이루어져 있다. 마을은 한 개 또는 두 개의 만을 가진 사각 모양을 하고 있는데 만들이 바다와 경계를 이루면서 사각의 내부 각으로 표시되는 가파른 언덕을 통해 내륙을 형성시키고 있기 때문이다. 이 후산의 주요 도로 한복판을 따라서 판자로 다리를 놓은 몇 피터 넓이의 운하가 펼쳐져 있다. 운하 양편에는 나무가 줄지어 섰고, 사각의 바깥쪽 구석에는 작은 산이 있는데 후산이라는 지명은 여기서 유래되었다. 후산은 솥 모양의 산을 의미하는데, 이 산의 생김새가 거꾸로 뒤집은 솥 같기 때문이다. 이 산 꼭대기에는 일본 절이 자리잡고 있다. 주위에는 나무가 우거져 있다. 후산은 이제까지 일본이 소유한 유일한 해외 거류지이다. 몇 세기 동안 그곳은 조선 속의 일본이었다. 1592년 한반도를 침략한 이래 일본은 계속해서 그곳을 차지하고 있었다. 일본에게 후산은 하나의 요새였다. 매우 오랫동안 조선의 예의나 습속 속에 있었으나 전혀 그 영향을 받지 않았고, 또 조선에 영향을 끼치지도 않았다. 약간의 교역을 필요로 하거나 외국에 대한 호기심이 있는

이웃 주민들에게 낮에 그곳을 방문했다가 밤이면 돌아가곤 했을 뿐이다. 오늘날 조선어를 일본어로 통역할 수 있는 사람은 후산 부근에서 온 사람이거나 일본에서 돌아온 피난민들뿐이다.[37]

여기서 퍼시벌 노웰은 전관거류지를 '후산'이라고 명명한다. 부산 속에 후산이 있다고 생각하였다. 이는 부산(釜山)이 부산(富山)으로도 표기되면서 일본식으로 읽힌 데 연유한다. 가마솥 형상에서 지명이 유래하였다는 진술은 틀림이 없으나 노웰은 이를 용두산과 결부한다. 동본원사 별원이 자리한 장소도 용두산 꼭대기가 아니라 아래쪽이었던 만큼 노웰의 진술에서 말한 '절'은 신사이다. 더군다나 왜관에 대한 언급은 매우 왜곡되었다. 왜관으로부터 전관전류지로 전환된 과정의 역사적 사실을 제대로 인식하지 못한다. 이는 부산에 대한 그의 앎이 일본인에 의해 주어졌거나 제국의 시선에 의한 오인에서 비롯한 것으로 보인다. 노웰의 시선이 지닌 비대칭성은 식민도시의 외부인 "조선인 거주지"를 묘사하는 데 이르러 반복된다. 이처럼 노웰은 일본인 전관거류지를 '후산'이라는 명명과 더불어 특권화한다. 다음은 사를 바라가 서술한 전관거류지의 풍경이다.

이 도시는 조선에서 제일 중요한 항구임에 틀림없다. 비록 제물포보다는 덜 화려하지만, 그 큰 항만 주변을 에두르고 늘어선 질푸른 산 위에서 내려다보면 제법 근사한 장관이 펼쳐진다. 도시를 굽어보는 산자락마다, 전날 우리가 지나온 서양 삼나무 숲이 빼곡하고, 산꼭대기에는 일본식 사찰이 언뜻 보인다. 기복이 심한 돌계단들과 꼬불꼬불한 오솔길을 한참 걸어올라 그 사찰에 이르면 화려하게 장식된 수많은 봉납물들이 방문객을 반긴다. 그것들 하나하나 속에는 숱한 조난사고에서 기적적으로 살아남은 일본인들이 신들께 드리는 감사와 기원의 마음이 묻어 있는 셈이다. 그곳에 그려진 그림들은 마치 가톨릭 성당의 그림들을 연상시키는데, 눈에 띌 만한 걸작이랄 순 없지만 제법 실감나게 묘사된 난파한 사람들의 얼굴 표정과 몸짓들이 신들을 향한 믿음과 감사의 뜻을 호소력 있게 드러내고 있다. 사찰이 있는 산자락에는 외국인 거류지가 넓게 자라잡고 있다. 최근에 와서 일본인들에 의해 조성된 이곳은 그들 나라의 도시 면모를 그대로 옮겨다 놓은 듯하다.[38]

샤를 바라의 서술에 퍼시벌 노웰과 같은 왜곡은 없다. 그러함에도 풍경을 바라보는 위치는 우월하다. 낮은 장소에서 높은 장소로 이동하여 내려다보는 행위는 시선의 권력을 내포한다. "산 위에서 내려다보는 제법 근사한 장관"은 세세하고 구체적인 디테일을 소거한 미적 거리에 의해 얻어진다. 이는 앞서 말한 퍼시벌 노웰이 어두워지는 과정에서 풍경의 소실을 경험하는 의식("바다는 색깔을 잃고, 흰 물거품이 황량함을 더하며 모든 것이 깊은 밤 속으로 빠져들었다"[39])과 비교된다. 샤를 바라는 신사가 있는 산정에서 조감의 시점을 획득한다. 이를 통해 그의 시점은 문명화의 이데올로기를 드러낸다. 눈앞의 일본신사를 부각하고 이를 가톨릭 성당과 병치함으로써 현지 풍경의 발견을 유럽의 양식과 연계한다. 이는 '유럽-일본-조선'이라는 권력관계의 계서를 확인하는 일과 다르지 않다. 샤를 바라는 일본인 전관거류지를 내지여행자의 시점으로 구체적인 면모들을 서술하는 일을 피하면서 신사와 외국인 거류지를 전경화하는 방식으로 요약한다. 이는 곧 "사실상 이 항구의 모든 상거래는 일본인들에 의해 독점되어 있는 것이나 다름없다"[40]는 진술로 이어진다. 조감의 시점을 통한 미적 인식은 '압권'으로 경탄하는 바다의 풍경과 대비되는 조선인 주거지를 서술하는 과정에서 특권적 위치를 다시 확인하게 한다. "한편, 내가 조선쪽 부산이라고 부르는 구역은 항구로부터 거의 십 리 이상 떨어져 있다. 그곳으로 가려면 해안선을 따라 늘어선 낮은 언덕길을 가야 하는데, 거기서 내려다보이는 바다 풍경은 압권이다. 이 일대 토착민이 거주하고 있는 그곳은 무척 남루한 편인 데다, 일부에는 지역 어부들이 살고 있다."라고 진술하면서 조선의 어부들이 일본으로 수출할 "다량의 정어리 비료"를 저장하고 연안 해역을 중심으로 고기잡이를 하는 생활양식("얕은 바닷가에 오로지 한쪽 입구를 통해서만 바닷물이 들고나도록 거대한 목조틀을 설치한 다음, 그 속으로 어선들이 물고기를 몰아넣어 한꺼번에 잡는 것")을 덧붙인다. 일본인 거류지와 조선인 주거지의 명확한 공간 분할로 샤를 바라의 여행기에서 식민도시가 지닌 이중도시적인 양상은 보이지 않는다.[41]

청일전쟁에 직면한 1894년 6월 18일 부산에 온 사쿠라이 군노스케는 취재의 목적을 지녔다. 조선의 사정에 대한 정확한 진술은 그에게 부여된 임무이다. 이러한 그의 입장은 당시 전관거류지의 상황을 일본의 관점에서 바라보게 한다.

> 인천, 서울, 원산 등의 무역이 발달함에 따라 부산의 상업은 점차로 부진해졌다. 해가 거듭될수록 시장이 활기를 잃어가는 모습이 눈에 띄고 그 결과 거류민들도 늘어나지 않아 작년과 그다지 차

이가 없다. 조금 상인 근성이 있는 사람은 인천, 서울, 염포는 쳐도 부산은 빼놓는 경우가 있다. 참고로 5월 하순에 조사한 부산에 거류하는 외국인의 수는 다음과 같다. 일본인 거류인 호수 957호 인구 4,582명(남 2,495명, 여 2,087명) 그 외 외국 거류인 129명(청국인 108명, 영국인 9명, 미국인 2명, 러시아인 2명, 독일인 2명) 부산의 일본 거류지에는 이같이 호수도 많고 인구도 많다. 그래서 살아가는 데 필요한 기관은 모두 갖추어져 있다. 제국총영사관, 경찰서, 동아무역신문사, 우편전신국, 공립공원 등이 있고, 일본우선회사, 오사카 상선회사, 제일국립은행, 제백국립은행 등의 지점이 있다. 조선어학교, 공립소학교, 혼간지(本願社) 별원도 있다. 이러한 기관들은 완전하다고까지는 할 수 없지만, 또한 불완전하다고도 말할 수 없다. 숙박시설도 비교적 갖추어져 있다. 오이케(大池), 도요다(豊田), 쓰요시(津吉), 고시마(小島), 마쓰노(松野), 후쿠시마(福島) 등이 모두 깔끔히 정돈되어 여행자가 편히 쉴 만하다. 숙박료는 매우 싼데도 일본 국내의 숙박시설과 별다른 차이점이 눈에 띄지 않는다. 음식점은 도쿄로(東京樓)와 게이항데이(京阪亭)를 최상으로 친다. 일반 손님이 가득 들어차서 가무와 악기 소리로 밤새 시끌벅적하다.[42]

사쿠라이 군노스케는 외적으로 특파원의 객관적 시선을 전제한다. 사실의 전달이라는 기자의 입장에서 서술하고 있다. 그의 글을 통하여 전관거류지의 주요 시설과 인구를 가늠할 수 있다. "완전하다고까지는 할 수 없지만, 또한 불완전하다고도 말할 수 없다"는 인상에 상응하는 시설과 기관이 들어와 있다. 식민도시의 요건이 갖추어진 셈이다. 아울러 "일본과 청나라 양 거류지의 중간에 산재해 있는 조선인 촌락"[43]을 들고 있어 이중도시의 양상이 전개되고 있음도 알 수 있다. 아직 북빈 매축이 되기 이전이므로 전관거류지와 조선인 주거지의 대비가 확연하다. 앞서 인종 담론에서도 보았듯이 그의 이중도시적 시각은 문명/야만, 건강/질병, 깨끗함/더러움이라는 이분법적 표상을 드러낸다. "부산 부사의 청사라고 하는 불결한 가옥"이라는 진술에서 보듯이 사쿠라이는 제국의 눈이라는 특권화된 시각으로 부산을 바라본다. 그 실제에 있어 이중도시의 상호연관성이 지적되기도 한다.[44] 물론 사쿠라이 군노스케의 시선에 이러한 경관의 혼종성은 제대로 포착되지 못한다.

> 조선인은 대부분 일본인을 싫어하는 경향이 있고 때로 그러한 감정을 드러내는 사람도 많지만, 부산의 일본인 거류지 부근에 사는 사람들은 대체로 일본인을 자상한 아버지처럼 여기고 순순히 존경의 뜻을 표한다. 그들은 조선이 무슨 일을 당하게 되는 경우 일본의 보호와 은혜에 힘입어 험악한 운명을 피하기를 바라는 마음으로 살고 있다. 그리고 약간만 말을 나누어 보면 대부분의 조선인들은 일상적인 일본어를 이해한다. 일본인에게 감화와 교훈을 받아 사물의 이치를 조금 이해하는 사람 또한 없지 않다. 다만 정부 당국의 횡포가 심하기 때문에 그들은 재물을 저축하는 일도, 집을 꾸미는 일도, 또 생활을 향상시키는 일도 생각하지 못하고 모두 하루하루를 연명해 나가는데 급급할 뿐이다. 장래를 계획할 수 없는 어려운 형편을 볼 때 사뭇 동정의 눈물이 흐르는 것을 금할 길이 없다.[45]

전관거류지를 서술할 당시의 관찰자 시선은 사라지고 일인칭 주인공이 되어 주관의 서술을 휘두르는 대목이다. 조선인의 일본관을 왜곡할뿐더러 조선의 현실을 매우 부정적인 시각으로 서술한다. 관리의 부패와 착취라는 견해는 일본인에만 한정되지 않고 대다수 서구인의 여행기에서 재생산된다. 조선에 대한 광범한 선이해가 이러한 입장의 근거가 되었을 것으로 보인다. 인용문에 나타난 사쿠라이 군노스케의 진술은 조선이 식민지가 되는 과정을 역사적 순리로 인식하게 한다. 그가 당시 일본에서 유행한 조선식민론에 호응하고 있음을 반증한다.[46]

헤세 바르텍에게 일본인 전관거류지의 첫 인상은 "하얀 가옥들"로 표상된다. 이는 '황량하고 살벌한 바위 해안'과 대비되며 "증기선"과 더불어 "편안하게 여행을 즐길 수 있다는 것"을 의미한다. 그에게 증기선은 앞서 말한 대로 유럽문명의 표상이다. 유럽에 의해 세계가 계몽되고 해방된다는 시각으로 식민도시에 가까운 부산의 여러 제도를 서술한다. 중국이 관할하는 세관에서 일하는 유럽인들("부산의 세관 감독은 영국인이며, 부하 직원들은 독일인과 덴마크인")에 연민의 눈길을 보내면서 그들이 거주하는 "도시 남부에 있는" "선교사 힐"의 존재를 부각한다. "그곳에는 미국 선교사와 캐나다 선교사 몇이 힘을 모아 지은 제대로 된 아름다운 집이 있었다"라고 서술한다. 세관을 거쳐 "일본인 거주지"에 이른 그는 다음과 같이 전관거류지를 재현하고 있다.

> 일본인 거주지는 철저하게 일본식이다. 종이창과 미닫이 종이 벽이 설치된 목조 건물들, 문을 활짝 열고 유명한 일본식 잡동사니를 판매하고 있는 가게들, 조그만 체구에 깜찍하고 사랑스러운

아가씨가 샤미센을 연주하며 친절한 미소로 손님을 유혹하는 찻집들, 우체국도 일본식이고, 도시 행정 역시 마찬가지다. 도시 행정을 쥐고 있는 사람은 도시 뒤편의 숲이 있는 언덕에 위치한 아름다운 유럽풍의 건물을 소유하고 있는 일본 영사다. 그는 영사직 외에도 시장과 판사, 경찰직을 겸하고 있다. 마치 아서 설리반의 오페레타 <미카도>에 나오는 대신처럼 말이다. 그의 거주지에서는 그 외에는 누구도 발언권이 없다. 다만 경찰관의 수행을 받는 조선의 시청 관리가 하루에 한 번씩 '감시'를 위해 거리를 오갈 뿐이다. 이 시청 관리는 서울에 있는 조선 정부가 임명한 인물로, 대부분의 그의 동료가 조선 전역에서 행하고 있는 것과 비슷한 방식으로 부하 직원을 착취한다.[47]

유럽적 근대를 받아들인 일본에 대한 우호적인 시선은 일본인 거주지 서술에서 잘 나타난다. 일본식 건물과 가게 그리고 거리에 대한 예찬과 더불어 유럽풍의 영사관과 영사에 대한 찬사가 두드러진다. 반면 조선의 관리는 부하를 착취하는 인물로 폄하된다. 유럽-일본-조선이라는 오리엔탈리즘의 위계가 작동하고 있다. 풍경과 경관에 대한 시선은 그 속에 사는 사람에 대한 인식과 분리될 수 없다. 조선인 관리의 사례를 들어 비판적 진술(국기 구입 건)을 기입하면서 "일본 영사의 통제를 받는 일본인들은 그나마 상황이 나았다"라고 차별의 시선을 이어간다. 이는 일본인 거주지의 매력을 부가하는 형식을 빈다. 일본인(유럽인)/조선인, 일본인 거주지/조선인 거주지, 일본인 생활/조선인 생활을 격자 양식으로 반복하면서 헤세 바르텍은 식민도시의 경관과 생활양식을 문명화 미달 상태로 서술한다. 상어 이야기와 해삼 이야기

등에서도 많은 왜곡이 일어나고 있다. 부산만에 상어가 "우글대고" 있다는 진술이 그렇다. 사실의 왜곡과 더불어 반문명 담론은 야생의 발견으로도 나타난다. "노출된 풍만한 가슴과 옆이 터진 짧은 치마를 입은 모습이 강렬하고 색다른 매력을" 발산하고 있다고 "해녀"를 묘사하거나 "조선인은 아주 딱딱한 조개를 날 것으로" 먹는다거나 부산 어부들이 돌고래와 고래를 잡고 그 고기를 먹는다는 진술들이 예이다. 이주한 일본인 해녀와 어민과, 조선인 해녀와 어민에 대한 세심한 구별이 없다. 그러함에도 전관거류지가 이중도시로 구성되고 있음을 말하고 있다. 이는 세관 주변의 조선인 짐꾼들의 일상을 자세하게 서술하면서 보충된다. 이중도시는 혼종화를 통해 그 경계가 해체된다. 헤세 바르텍은 전관거류지와 외부를 명료하게 구분하면서 동시에 혼종화 양상을 놓치지 않는다. 가령 화폐의 유통이 한 사례가 된다. "일본인 거주지에서도 가장 많이 유통되는 주화가 조선의 동전"이라는 사실인데 이는 조선인 노동자를 고용하는 데 이용되고 있다. "부산과 그 주변에 살고 있는 조선인의 비참한 생활"에 대한 바르텍의 서술은 매우 구체적이다. 하지만 이들의 삶을 강제하는 조선의 상황에 대한 그의 시선은 편향되다. 바로 민중의 비참과 지배층의 부패라는 인식틀을 고수함으로써 조선의 식민화를 피할 수 없는 과정으로 생각하게 만든다.

헤세 바르텍의 여행기는 가장 밀도 높은 내용을 담고 있다는 사실에서 다른 이들과 차별된다. 특히 전관거류지로 형성되고 있는 식민도시의 이중성과 혼종성에 대한 진술은 주관적 시점에 의한 왜곡이 없지 않으나 유익하다. 전관거류지에서 활동하는 조선인과 중국인이 있지만 "중국식 주택이나 조선식 주택을 단한 채도 보지 못했다"라고 함으로써 전관거류지가 철저한 일본식 도시임을 말한다. 아울러 이중도시의 외부를 5개 지구로 설명하고 있다. 일본인 거류지, 부민동, 초량, 고관, 영도를 순차적으로 서술한다. 이를 통해 그는 내부와 외부를 매우 선연하게 대비한다. 외부는 "높고 가파른 민둥산", "산과 색깔이 비슷한 초라한 흙벽과, 마찬가지로 산과 거의 분간할 수 없는 초가지붕", "불규칙적으로 빽빽하게 들어선 진흙집들의 혼돈", "폐허가 된 요새", "중국이나 일본에서는 볼 수 없었던 초라한 흙집들" 등으로 그린다. 선교사 힐과 중국인 거주지가 양각된 반면, 조선인 거주지는 대부분 음각으로 처리하고 있다. 이와 같은 회화적 글쓰기로 그는 조선이 명암의 한쪽인 어둠 속에 존재하고 있음을 과장한다. 그래서 "부산을 형성하고 있는 이 다섯 지역의 총 거주 인구는 대략 3만 명에 이르며, 이들은 대부분 고기잡이나 보잘것없는 무역에 의존해서 살아가고 있다. 이곳이 조선에서 두 번째로 큰 항구이자 최근에 그토록 자주 사람들의 입에 오르내린 부산인 것이다!"[48]라고 요약한다.

헤세 바르텍의 여행기가 말하듯이 전관거류지는 철저한 일본 도시로 조성되었다. 나가사키를 경유하여 일본의 도시경관에 익숙한 여행자들이 부산에서 일본식 도시를 발견하였을 때 충격은 컸으리라 생각한다. 이사벨라 비숍의 부산 인식도 헤세 바르텍과 큰 거리를 보이지 않는다. "부산의 외국인 거주지는 1592년 일본 점령 기간에 심어진 많은 수의 삼나무에 가리어진 불교 사원이 있는, 가파른 곳이 내려다보이는 장소"라고 쓴 대목에서 보듯이 비숍의 조선에 대한 선이해도 뒤틀려 있다. 그녀의 부산 서술은 청일전쟁 이후 1897년의 시점이다.

그곳은 중요한 영사관들, 은행들, 많은 일본식 상점들과 다양한 영국식–일본식 주택이 있는 넓은 거리를 갖추고 언덕과 바다 사이에 빽빽이 들어찬 꽤 아름다운 마을이다. 거기엔 견고한 옹벽과 제방이 있으며, 자치 당국의 비용으로 배수 시설과 점등 시설, 도로 건설 등이 수행되어 있다. 전쟁 이래 개별 가구당 현금 1백 푼씩의 할당으로 징수된 돈으로 상수도가 가설되었다. 사람들은 이제 깨끗한 물의 풍부한 공급으로 빈번했던 유행성 콜레라가 끝나기를 바라고 있다. 특히 눈에 띄는 것은 도시 위쪽에 급속히 채워지고 있는 일본군의 군인 묘지였다.[49]

어느 면으로 보나 부산의 거주지는 일본풍이다. 5,508명의 일본 인구 이외에도, 8천 명에 달하는 일본인 어부들의 유동 인구가 존재한다. 일본 총영사관은 세련된 유럽식 가옥에 기거하고 있다. 은행 기관들은 도쿄의 일본제일은행에 의해 설립되었으며, 우편 전신 업무 또한 일본인들에 의해 갖추어졌다. 일본인들은 거주지를 청결하게 할 뿐만 아니라 한국에 알려지지 않았던 산업들을 소개하기도 했는데, 그 산업들은 기계에 의한 탈곡과 정미, 고래잡이, 상어지느러미와 광삼의 요리, 어분 비료 제조업 등이다. 특히 고약한 냄새가 나는 마지막의 산업은 엄청난 양이 일본으로 수출되고 있다.[50]

비숍의 시선에 비친 전관거류지는 근대 도시의 면모를 지녔다. 영국식 주택과 일본식 주택의 혼재 속에 도시기반시설이 구비되었다. 상하수도가 정비되어 유행성 전염병인 콜레라를 예방한다. 도시는 아름다울뿐더러 깨끗하다. 일본 어부들의 존재나 정어리로 만든 어분 비료 제조업 등을 통하여 어느 정도 전관거류지의 외부를 소개하고 있다. 그녀는 조선인이 사는 식민도시의 외부를 선상의 시점으로 그려본다. "배에서 보니 바다 위로 일정한 높이를 유지하며 오르내리는 좁은 길이 부산으로부터 4.8킬로미터가량 떨어진 언덕의 가장자리를 따라 나아가고 있었다. 길은, 3세기 전의 공학 개념에 따라 일본인들이 만든 매우 오래된 성곽을 바깥에 둘러친 부산 고유의 토속 마을에 이르러 끝나고 있다. 그 길 옆 바닷가를 따라 늘어선 바윗돌 위에 사다새(펠리칸)나 펭귄을 닮은 하얀 물체들이 얹혀져 있었다. 그 하얀 물체들은 사람의 보폭으로 부산 구시가지와 신시가지 사이를 이리저리 끊임없이 움직이고 있었으므로, 나는 그 얹혀 있는 물체들이 한국인들일 것이라고 생각했다. 나의 짐작이 틀리지 않았다."[51] 이처럼 일본인 거류지를 답사하던 시점은 조선인 거주지를 관찰하면서 원근법으로 바뀌고 역사적 사실(부산진성 증축)도 왜곡된다. 물론 한국인의 인상에 대한 우호적인 보충 서술[52]을 이어가지만, 식민도시 공간의 구체적 면모인 혼종화에 관한 서술은 기대하기 힘들다. 이는 부산을 신시가지와 구시가지의 이중도시로 확정하여 인식하는 그녀의 태도와 무관하지 않으며 신시가지와 구시가지를 따로 조사하는 행위로 나타난다. 구시가지는 그녀에게 "비참한 장소"[53]이다. 이곳의 조사에서 그녀는 세 명의 오스트레일리아 여성 선교사들의 활동을 부각한다. 헤세 바르텍이 말한 바 있는 "선교사 힐"의 면모도 구체적으로 드러난다. 일본인 거류지와 조선인 거주지 사이에 "아주 작은 로마 카톨릭 선교소가 있는데 거의 사람이 거주하지 않는 곳"이다. 반면 호주 여성 선교사들은 조선인 마을에서 조선인들과 함께 살며 활동한다.

헤세 바르텍과 이사벨라 비숍보다 카르네프의 시선은 부산의 경관에 대하여 세심하다. 조선과 조선인에 대한 구체적인 조사라는 입장을 반영한다. “자국을 비호하는 일본 영사”와 “조선과 일본이 혼재한 부산”이라는 소제목이 말하듯이 그의 서술 태도는 균형을 유지하면서 미시적이다.

일본인 거리는 부산의 작은 만 서쪽 해안에 있었다. 그곳에는 창고들이 이어져 있는 작은 세관 건물이 들어서 있었고, 그 옆으로는 일본 우선 회사 사무소가 나란히 서 있었다. 세관소에서 서쪽으로 가면 보도에 나무를 깔아놓은 큰 거리가 있었다. 그곳에는 일본 미용소, 여관, 일본과 유럽에서 생산된 여러 가지 상품들을 파는 2층짜리 상점들이 죽 들어서 있었다. 이 상점들에서는 등불, 식기, 부채, 지갑, 일본산 직물, 가위, 칼, 신발 등등을 팔았다. 거리 끝에는 일본 우체국과 전화국이 있었다. 서북쪽으로는 돌로 포장된 다른 큰 거리가 뻗어 있었다. 그 길을 따라가면 조선과 일본 상점들이 있었는데, 그 상점들에서는 소금에 절여 말린 명태, 조선산 목면천, 점토와 무쇠 그릇들, 반짝거리는 금속 파이프, 긴 담뱃대용 갈대줄기 등을 팔고 있었다. 그 길을 따라가면 일본 다다미 제작소 등이 들어서 있었다. 이곳의 노점에는 표범과 호랑이 가죽들이 걸려 있었고, 일본인 사진관의 간판도 보였으며, 2층으로 된 흰색 일본 은행 건물도 있었다. 서쪽으로 조금 가면 골목이 하나 나오는데, 이곳에 일본 병영과 붉은색으로 칠해진 일본 영사관이 들어서 있었다.[54]

인용은 일본인 거리 서쪽에 대한 서술이다. 카르네프는 전관거류지 내부를 지나 서쪽에서 남쪽으로 이동하며 서술한다. 내부의 일본식 도시를 구성하는 여러 기관과 상점 그리고 거리와 건축물들을 열거하고서 조선과 일본 상점들이 혼재하는 경계에 이른다. 전관거류지의 건축물들이 일본식과 유럽식이 혼재하는 만큼 상점들도 일본과 유럽의 상품들이 함께 진열되어 팔린다. 이러한 혼종성이 일본적 근대를 표상한다면 전관거류지의 서쪽 경계는 조선과 일본 상점의 혼종을 드러낸다. 거리에서 만나는 일본인과 조선인들도 이 지역의 일상을 말하는데 조선인들은 주로 일거리를 찾아든 짐꾼이거나 "무거운 봇짐"을 이고서 물품을 나르는 여성들이다. 경계 지역의 안에 "영사관"이 있고 그 뒤에 "일본 신사"와 "100여 명의 학생들이 다니는 일본 학교"가 있다. 카르네프는 1895년 당시의 인구학적 현황을 다음처럼 기록한다. "부산에 사는 일본인 주민 수는 1895년 말 현재 4,953명이고, 임시 체류자 수는 126명이라고 하였다. 그 외에 해안 기슭에 자기 소유의 배로 항해하는 일본인 어부들 7,600명과 남녀 선교사를 포함한 외국인이 32명이 더 있었다."[55] 그러니까 일본인과 서구 유럽인 등이 대략 13,000명 정도가 거주하고 있다고 파악한다. 카르네프 역시 근대 도시에 필수적인 "상수도"를 언급한 뒤 남쪽 바닷가 어시장으로 시선을 이동한다. 상어와 상어잡이는 많은 이들이 거론하였다. 카르네프 또한 "조선의 남부 해안"에서 행해진 상어잡이에 대한 민속학적 서술을 덧붙인다. "먼저 먹이를 던지면서 상어를 좁은 만으로 유인"한 뒤 "바다로 나가는 출구 쪽을 무거운 물건이 달린 단단한 망으로 막고, 상어가 걸려들면 해안 쪽으로 망을 끌어당겨서 잡는"[56] 방식이다. 남쪽의 서술에서 카르네프는 영도에 대한 언급을 부가한다. 여기에서 "1887년에 일본인들이 지은 석탄 창고용 건물 두 채가 서 있었으며, 그곳에서 서쪽으로는 조선 세관소가 설립한 콜레라 병원이 있었다"라는 진술을 주목하게 된다. 하지만 "헌트 씨의 말에 따르면 10년 전인 1886년에만 해도 이 섬은 울창한 숲으로 덮여 있었다고 한다. 그러나 지금은 부산 근처의 산들이 모두 그러하듯이 이곳에서도 단 한 그루의 나무조차 찾아볼 수 없었다. 조선인들이 이 섬을 일본인들에게 넘겨주고 싶지 않아서 나무를 모두 베어버렸기 때문"[57]이라는 진술은 논란이 있다. 많은 이들이 진술하였듯이 부산의 산이 헐벗은 민둥산이 된 까닭이 나무를 땔감으로 사용한 탓이기 때문이다. 카르네프의 진술은 대개 영국인 해관장 J. H. 헌트에 의존한다. 부산의 역사와 현재 상황 그리고 무역 현황 등에 대한 기록들이 대부분 헌트의 진술과 해관에서 나온 자료에 따르고 있다.[58]

식민도시와 주변부 동래

퍼시벌 노웰의 여행기는 부산을 경유하여 제물포로 향한다. 수도인 한양이 목적지이다. 부산에 대한 그의 서술이 부산항과 그 주변에 한정될 수밖에 없다. 샤를 바라 또한 부산을 거쳐 블라디보스토크로 향하는 여정이다. 그의 시야 속에 들어온 풍경은 부산포가 전부이다. "타카치호 호"를 타고 중간 기항지인 원산항으로 향한다. 사쿠라이 군노스케는 제물포항으로 향한다. 그는 "부산에서 출발하던 날 용미산 아래 고요한 해면이 멀리까지 펼쳐있고 뱃전을 치는 파도도 없어서 즐겁게 사방을 바라보는 가운데 항해할 수 있었다. 때마침 머리를 들어 동래의 들판을 바라보니 한때 웅장했던 성터가 이제는 황폐해져서 다만 고니시 유키나가를 생각나게 할 뿐"[59]이라고 진술하지만 정작 그가 "동래"를 제대로 볼 수 있었는지 의문이다. 남해로 항해하는 배에서 보이는 '동래'란 지금의 남구 해안 지역 일부에 지나지 않기 때문이다.

일본인 전관거류지인 식민도시 부산에서 동래에 이르는 본격적인 여행을 시도한 이는 헤세 바르텍이다. 그가 동래를 살펴보기로 한 것은 계획한 일이 아니다. "우편선"이 "저녁 늦게야 제물포와 텐진으로 출항할 예정이었기에" "부산 주변에 있는 조선 지역을 돌아보기로"한다. 접촉지대는 또한 번역지대(translation zone)이다.[60] 그는 조선인들과 소통하기 위하여 "조선어를 할 줄 아는 일본인을 찾아냈지만, 그와의 의사소통을 위해" "중국인 승무원을 또 다른 통역자로 대동해야" 한다. "중국인 승무원에게 이야기하면 그는 일본인에게 전달했고, 일본인은 다시 큰 나룻배의 두 조선인에게 지시를 내렸다." "일본인은 영어를 모르고, 중국인은 조선어를 모른다." 이러한 사정을 감안한 동행이다. 헤세 바르텍은 증기선에서 나룻배를 통해 "중국인 거주지인 자울린을 지나, 부산에 있는 조선마을인 구관으로" 가서 말을 구해 타고 동래로 향한다. 이러한 과정에서 그는 인종학적 시선으로 조선인과 풍속을 바라보고 조선인 관리에 대한 편견을 드러낸다. 바라보이는 사람과 풍경을 대상화하는 그의 시선은 그가 사용하는 "쌍안경"만큼 우월한 위치에 있다. 그는 풍경을 '개관하는 권력'을 지녔다.

호기심에 가득 찬 조선인들이 구관의 부두에 우르르 몰려들었는데, 특이하게 생긴 순백색 의상을 걸친 성인 남성과 아이들이 전부였다. 여자는 없었다. 도시 여성들보다 시골 여성들이 남성과 마주치는 것을 더 회피하는 것처럼 보였다. 게다가 그 상대가 유럽인이라면 말할 나위가 없다. 이곳에서는 물론 말을 타고 동래로 가는 동안에도 길거리나 정원에 있던 여성들은 멀리서 나를 보기만 해도 얼른 집 안으로 들어가 얼굴을 숨겼다. 이는 참으로 유감스러운 일이었는데, 내 쌍안경에 정말로 아름다운 여인이 잡혔기 때문이다. 그 여인은 너무나도 뚜렷한 만주족의 체형, 아니 내 생각에는 거의 퉁구스족의 체형을 지니고 있었다. 넓적한 머리와 낮은 이마, 두드러진 광대뼈 그리고 비스듬히 자리잡은 눈으로 볼 때 말이다. 하지만 젊은 데다 미모를 갖춘 여인네라면 이와 같은 인종적 결함을 쉽게 망각하게 만든다.[61]

해세 바르텍의 발견의 수사학은 이처럼 "노골적으로 현지의 지식을 유럽적인 양식이라든지 권력 관계들과 연결되어 있는 유럽적이고 대륙적인 지식들로 전환하는 방식으로 완성"[62]되고 있다. 원근법의 주체인 바르텍은 남성의 시선으로 조선인과 조선의 풍경을 바라본다. 이처럼 유럽중심의 남성 중심적 시선이 극대화되는 지점은 여성을 향할 때이다. '인종적 결함'을 망각하게 하는 젊은 여성의 미모라는 담론은 심미적인 변형을 통하여 지배를 강화하는 전략을 지녔다. 이러한 심미안은 촌락과 거리의 무질서와 더러움을 부각하고 남성의 게으름을 드러내는 담론으로 연장된다. "나라마다 풍속도 제각각인 셈"이라는 말에도 불구하고 헤세 바르텍의 차별적 시선은 거두어지지 않는다. 이는 부산진성 담당자인 관료를 대하는 과정에서도 재연되는데 말을 빌리는 과정에서 은화를 흔드는 자신의 모습을 "조선어도 중국어도 아닌 국제 볼라퓌크어를 구사"한다고 표현하는 대목에서 두드러진다.

> 중국인 통역이 말 한 필이 필요하다는 내 요구를 필담으로 전하려 하자 조선 관리는 중국어로 말을 건네며 필담을 막았다. 중국어를 구사할 줄 아는 교양을 갖춘 사람은 조선에서는 아주 보기 드물다. 이제 협상이 시작되었다. 그러나 내가 조선 관리의 표정에서 눈치챌 수 있었듯이, 그는 우리를 골탕 먹이려는 것처럼 보였다. 대부분의 이방인이 그렇듯, 유럽인은 조선사회에서 그다지 환영받는 존재가 아니며, 조선 정부는 최근 몇 년 전까지 유럽인의 왕래를 필사적으로 막아왔다. 중국인 통역이 조선 관리에게서 여행에 필요한 도움을 이끌어내지 못할 것 같아 보였기 때문에, 내가 그들의 대화에 끼어들었다. 나는 조선어도 중국어도 아닌 국제 볼라퓌크어를 구사했고, 아름다운 이 언어의 울림은 조선에서도 잘 통했다. 나는 오른손에 은화 2달러를 들고 소리나게 흔들었다. 그러자 조선 관리는 조금 전보다 친절한 얼굴로 필요한 말이 한 마리인지 두 마리인지 되물었다. 나는 은화를 한 닢 더 꺼내 보이며 손가락으로 '둘'을 표시했다. 몇 분 후 말 두 필이 준비되었고, 조선 관리는 조선 병사 한 명까지 우리의 여행길에 붙여주었다.[63]

이처럼 동래로 가는 과정에서 헤세 바르텍은 많은 경험적인 서술을 기입하고 있다. 중국인 통역을 통하여 여행에 협조를 구하려는 그의 의도를 차단하는 사람은 그 자신이다. 은화로 소통을 대신함으로써 문화적 교섭을 중단하는 한편 조선 관료의 부패와 유럽의 문명화된 경제의 지위를 확인한다. 갈등을 인정하는 쌍방향적이고 대칭적인 소통은 보이지 않는다. 그는 이항대립적인 논리의 차원으로 조선인들을 불변의 정체성을 지닌 존재로 환원한다.[64] 식민도시의 주변부를 향하는 그의 여로는 결국 풍경을 소유하면서 조선인을 타자화하는 방식으로 지배의 당위를 높여간다. 두 시간에 걸쳐 말을 타고 동래를 향한 이들은 당시의 정세를 고려하고 증기선 출항 시간을 따져 먼발치에서 동래를 바라보다 돌아간다. "비록 너무나 맑고 깨끗한 대기 덕분에 도시와 그곳의 훌륭한 건물들이 우리 시야에 분명하게 들어왔음에도 불구하고" "큰 사원처럼 보이는 건물과 기둥이 열 지어 서 있는 현관, 그리고 한때 이 나라 역사에서 중요한 역할을 수행했으나 지금은 폐허가 된 요새"인 동래 관헌을 서술하는 데 그친다. 그의 시선에 비친 동래는 "폐허"라는 말이 의미하듯이 지배의 대상으로 전락하고 있다. 임박한 청일전쟁을 예고하고 있듯이 조선의 운명을 가늠하는 지표로 활용한다.[65] 일본인 전관거류지인 식민도시와 대비되는 형국이다.

부산에서 제물포로 향한 이사벨라 비숍도 이중도시 부산을 서술하는 데서 멈추고 동래를 찾지 않는다. 하지만 러시아인 카르네프 일행은 말 14마리를 임대하여 조사를 떠나는데 그 첫 여정이 동래다.[66] 해관장 헌트를 매개로 관찰사와 협의하여 6개조의 계약조건으로 말을 임대한다. 이러한 과정에서 당시 환율과 유통되는 화폐를 알 수 있다. "1달러나 엔화당 500냥"이 환율이고 "환전은 일본인 관리들이 하였는데 이들이 매점한 돈은 500냥이나, 1,000냥씩 묶어서 거래되었으며, 100냥짜리는 다른 다발과는 달리 매듭을 지어 구분"한다. 카르네프가 동래로 향하던 1885년 당시 부산에서 동래까지는 "차륜이 굴러가기 편한 길"로 되어 있었다고 한다. 동래의 서술은 주로 "조선의 가옥들과 생활 양식"을 대상으로 한다. 부산과 달리 "고을에 있는 집들의 상당수가 기와지붕인 데 비하여 농가들은 대부분 초가지붕"인 외형을 지닌 공간이 동래이다. 생활양식에 대한 카르네프의 서술은 농가의 구조, 관리가 사는 기와집의 구조, 부엌과 음식 등 세심하다.[67] 1883년 퍼시벌 노웰부터 1888년의 샤를 바라, 1894년 청일전쟁 전후의 사쿠라이 군노스케, 헤세 바르텍, 이사벨라 비숍 등과 마찬가지로 카르네프의 여행기도 부산과 동래를 엄연히 다른 지역으로 인식한다. 이는 19세기 말 식민도시 부산의 형성 과정에 대한 중요한 인식지도를 제공한다. 식민도시 부산과 동래는 서로 다른 인식지도 위에 배치되고 있다.

제 3 장

접촉지대와 해항도시 부산

19세기 말과 20세기 전반의 일제시대에 해항도시 부산을 거쳐 간 외국인과 일본인 그리고 조선인의 경험적 서사를 통하여 해항도시의 문화 경험 양상을 분석하면, 해항도시 부산에 대한 시선과 경험의 다양성이 드러난다. 해항도시 부산은 접촉지대(contact zone)로 타자와 주체의 시선이 교차하는 공간이다. 접촉지대는 식민지 경계와 동일한 의미를 지닌다. 그런데 후자가 식민자의 관점이라면 전자는 상호 교차하는 문화교섭 지대라는 의미를 환기한다. 접촉지대는 식민자와 피식민자, 지배와 복종 등 비대칭적인 관계 속에서 이종문화가 만나고 부딪히고 서로 맞붙어 싸우는 사회적 공간이다.[68] 접촉지대는 비단 해항도시에 한정되지만 않는다. 제국의 기획이 미치는 모든 영역이 모두 포함될 수 있으나 특히 해항도시는 접촉지대의 특성을 가장 잘 드러내는 공간이라 할 수 있다. 여기에서 문화접변, 문화교섭, 문화횡단이 두루 확인할 수 있다.

먼저 주축 항로인 관부연락선이 배치되기 이전의 여러 항로를 다양한 여행기를 통하여 두루 살피고자 한다. 접촉공간인 부산에 이르는 다양한 경로들을 이해하기 위함이다. 공간은 점들의 집합이 아니다. 또한 점을 잇는 선으로 추상화할 수도 없다. 항로를 살피는 데 있어 점묘주의를 탈피하는 것이 요긴하다. 여러 여행기에 나타난 항로들을 통하여 타자와 주체의 시선을 서술하려는 까닭이 여기에 있다.

식민지와 피식민지를 잇는 배라는 미디어가 차지하는 비중은 매우 크다. 선박은 살아 움직이는 미시 문화적이고 미시 정치적인 시스템이다.[69] 해양을 가로지르는 개별적 이동에 의해 형성된 공간과 정체성 사이의 관련성, 선박 자체의 혼종적 공동체, 식민자와 피식민자 사이의 비대칭적 대화 등을 보여주는 공간이다. 가령 선박을 움직이는 발화로 생각한다면 바흐친이 말한 크로노토프에 상응한다. 선박의 크로노토프는 여행자의 다중적 정체성과 항구 간의 불연속적인 역사적 접합을 탐구할 수 있게 한다.[70] 해항도시 부산에 이르는 유럽인과 일본인 그리고 조선인에게 배는 서로 다른 크로노토프라 할 수 있다. 그런데 유럽인들과 일본인(다카하마 교시)에게 있어서 선박의 크로노토프가 소거되거나 추상적이라면, 조선인인 염상섭은 매우 구체적으로 지각하는 특징을 보인다. 육로 여행과 달리 해로 여행이 주체의 시선 혹은 제국의 시선이 더욱 강화될 수 있음을 반영한다.[71]

항로와 접촉지대

관부연락선 개설 이전에 어떠한 항로들이 있었을까? 1876년 강화도 조약으로 부산이 개항한 데 이어서 1883년 원산과 제물포가 개항하면서 일본의 미쓰비시 기선회사는 3개 항에 기선을 운행하게 된다. 아울러 영국계 저다인 메디슨회사(Jardine, Matheson & Company)가 상하이-나가사키-부산-제물포 항로에 기선을 취항한다. 1884년 9월 14일에 쓴 알렌의 일기는 다음처럼 쓰고 있다.

> 나는 단신으로 상해를 떠나 난징(南京, S. S. Nanzing)호로 조선을 향해 출항했다. 멀미약 브롬화물을 복용하지 아니해서 나는 뱃멀미를 몹시 앓았다. 長崎와 부산 중간 해상에서 태풍을 만났다. 많은 소선박이 태풍에 휩쓸려 유실되었지만, 우리가 탄 난징호는 무사했다. 부산은 완전히 왜색도시이다. 도시 변두리로 가지 않고는 조선사람이라곤 거의 찾아볼 수 없을 정도이다. 일본인은 아주 우아한 백색건물을 영사관으로 사용하고 있었다. 서양사람으로는 부산세관장 로바트, 항무관 파스튜니우스, 레이놀즈, 저지씨, 크로브스씨와 그의 이탈리아인 보조원 등이다. 부산은 북로전선과 연결되어 있다. 부산은 훌륭한 항구이다. 그러나 전기가 없고 편의시설이 없었다.[72]

H. N. 알렌이 제물포에 도착한 것은 그의 일기에 의하면 9월 20일이다. 그는 제물포를 "슬래브 판자집, 진흙 오두막집, 헛간, 토담, 술집 등으로 구성된 잡다한 도시"라고 서술하고 "이곳

에서도 일본인이 우세했고 가장 좋은 요지를 차지하고 있었다" 라고 말한다.[73] 알렌이 탄 난징호는 저다인 메디슨회사의 소속이다. 그는 이 배를 타고 상하이를 출발하여 나가사키와 부산을 거쳐 제물포에 이른다. 그리고 9월 22일 서울에 당도한다. 알렌의 일기에 등장하는 로바트(William Nelson Lovatt)가 초대 부산해관장으로 부임한 것은 1883년 11월이다. 그의 가족이 미국 최북단 도시 레이크랜드에서 육로로 시카고와 샌프란시스코를 경유하여 태평양횡단 증기선편으로 요코하마에 도착한 뒤에 일본 증기선으로 갈아타고 부산에 상륙한 것은 1884년 7월이다. 이 이전에 부산항과 연결되는 항로는 여럿이다. 1881년 2월부터 일본 우편기선 미쓰비시회사 소속의 증기선이 월 1회 나가사키를 출발하여 부산항과 원산항을 거쳐 러시아 블라디보스톡으로 정기 운항하였다. 1880년 9월에는 스미토모사 소속 신조선 안네이마루(安寧丸)가 부정기선으로 부산항에 취항한 바 있다. 그러나 정기선이라고 하더라도 정기적으로 부산항에 입항한 경우는 거의 없었다고 한다. 1883년 2월부터 나가사키에서 출항하여 부산항을 거쳐 제물포를 다니던 미쓰비시회사의 증기선 한 척이 정기적으로 월 1회 입항하였고 앞에서 알렌이 이용한 영국계 난징호가 11월에 출항하였다. 1884년부터 미쓰비시 소속의 츠루가마루(敦賀丸)가 부산항에 입항하였는데 로바트 해관장 부인과 딸이 타고 온 배라 하겠다. 1889년의 3월 부산항을 둘러본 한 일본인의 기록은 "부산 선박교통은 지금 크게 번성을 하여 시모노세키로부터 매월 3-4회, 나가사키로부터는 5-6회, 때로는 하카타나 대마도로부터 대개 격일 정도 일본의 우편물을 받아 볼 수가 있다"[74]고 쓰고 있다.

오스트리아 출신의 작가이자 여행가인 헤세-바르텍은 1894년 6월 말 일본을 떠나 조선으로 여행을 시도한다. 그리피스의 『코리아: 은둔의 나라』와 달레의 『조선천주교회사』를 통해 조선에 대한 흥미를 갖게 된 그는 일본 유센가이샤(郵船會社) 소속의 겐카이마루(玄海丸)를 타고 부산으로 입항한다. 1885년 10월 미쓰비시기선회사와 공동운수회사가 합병한 것이 일본우선(주식)회사이다. 헤세-바르텍이 타고 온 겐카이마루는 나가사키를 출발하여 쓰시마 이즈하라 연안을 지나 부산에 이른다.

> 배는 여섯 시간가량이나 끔찍하게 요동친 뒤에야, 조선 해협의 중간에 있는 두 개의 커다란 쓰시마섬에 안전하게 도착했다. 이 섬을 경계로 크루젠슈테른 해로와 보로턴 해로가 나뉜다. 증기선은 이 아름다운 일본령 섬에 있는 주요 항구인 이즈하라에 정박하지 않고 계속 항해했다. 다음 날 아침, 우리 눈앞에 세계에서 가장 폐쇄적인 나라, 조선의 해안 풍경이 펼쳐져 있었다. 하지만 얼마나 실망스러웠는지 모른다! 멋지고 푸르고 풍요롭게 개간된 일본의 해안가와 달리 이곳 조선에는 마치 이방인의 접근을 막기 위해 세워진 거대한 장벽처럼 황량하고 풀 한 포기 없는 단단한 암석만 치솟아 있었다. 황량하다 못해 슬픈 느낌이 드는 해안을 따라 수 킬로미터 거슬러 올라가는 동안 작은 마을은 물론 어부의 오두막 한 채 보이지 않았다. 낙원과 같은 일본과 비교할 때 너무나 대조적인 풍경이었다! 조선과 일본은 작은 해협을 사이에 두고 있을 뿐이다. 조선의 정남향 해안은 일본의 내해와 동일한 위도에 위치한다. 하지만 나는 지금 쿠릴 열도나 알류샨 열도의 가파른 돌투성이 해안 어디쯤에 있는 것 같다! 아마 다른 승객

들도 나처럼 세계에서 가장 아름다운 바다라는 일본의 내해를 고베에서 나가사키까지 항해한 기억을 떠올리고 있었을 테니, 세상의 그 어떤 곳에서도 조선의 이곳처럼 형언할 수 없는 슬픈 인상을 받지는 않았을 것이다![75]

비록 선상에서 바라본 풍경의 비교라 할 수 있지만 헤세-바르텍이 보인 발견의 수사에서 제국의 시선을 찾기 어렵지 않을 것이다. 그의 시선은 유럽적인 것이라는 필터를 통하여 일본과 조선을 대조하고 있다. 일본의 해안 풍경이 심미화된 것에 비하여 조선의 해안은 매우 황량하게 그려진다. 낙원처럼 아름다운 일본과 세상에서 가장 슬픈 조선이라는 대비로 조선의 현실을 착복한다. 이와 같은 발견의 서사는 프랫이 지적한 세 가지 특징이 모두 드러난다. 첫째 풍경은 심미화된다. 둘째, 의미의 밀도가 높아진다. 셋째 보는 자와 보이는 자 사이에서 지배의 관계가 성립한다.[76] 이사벨라 버드 비숍도 1894년 겨울 조선을 찾는다. 그는 1897년 봄 사이 네 차례에 걸쳐 한국을 답사한다. 그는 증기선 히고마루(日向丸)호를 타고 나가사키항에서 부산항으로 열다섯 시간을 항해하여 도착한다. 그가 만난 부산은 헤세-바르텍의 그것과 그리 다르지 않다.

히고마루호가 기항했던 쓰시마섬은 일본에서 내가 마지막으로 본 곳이었다. 쓰시마섬의 붉어져가는 단풍나무와 꽃피는 자두나무, 꼭대기에 절이 앉아 있는 고지, 숲속에 모셔진 신사에 이르는 장중한 돌층계, 청록색 소나무 숲, 대나무의 그 깃털 같은 금빛 이파리들이 부산에 닿을 때까지도 손에 잡힐 듯 생생하게 기억에 남아 있었다. 그런 쓰시마섬의 기억들은 여름에는 즐거울 수도 있겠지만 볕도 없는 2월에는 섬뜩하고 험악하게만 보일 뿐인 부산의 헐벗은 고동색 언덕이 내뿜는 인상을 더욱 증폭시켰다. 동강난 그림자의 섬이라는 뜻의 절영도(사슴섬)는 부산항을 보위하고 있는 섬이다. 높고 풀이 무성한 그 섬에 일본인들은 선탁 공급지와 검역 병원을 세워 놓았다.[77]

이처럼 발견의 서사는 회화적인 서술로 대비된다. 보는 자의 타자에 대한 지배 관계가 선연하다. 그런데 한일 정기 항로는 강화도조약이 체결된 이듬해 일본인 실업가 시부사와 에이이치에(Shibusawa Eiichi, 渋沢 栄一)에 의해 청원서가 제출되면서 논의된다. 부산에서 일본인 최초의 무역회사인 오쿠라구미상회를 설립하고 운영하던 오쿠라 기하치로(大倉喜八郎)가 이 청원서에 연명한 것으로 알려져 있다. 이들은 메이지 정부의 대장성에 조선과의 무역을 확장하기 위해 자금 10만 엔을 대부하고 매월 2회 내지 3회의 정기 항로를 열 것을 건의했다. 하지만 당시 규슈 지역에 전개된 세이난 전쟁으로 운항허가가 늦어졌다. 한일 간의 정기 항로는 1893년 일본의 민간 회사에 의해 오사카와 모지와 인천을 연결하는 기소가와마루(木曾川丸, 645톤급)가 취항하고 1902년 오사카와 모지와 원산을 잇는 스미다가와마루(隅田川丸, 746톤급)가 취항함으로써 본격화된다.[78]

영국의 언론인이자 기행작가인 조지 린치는 1903년 고베를 떠나 부산, 제물포, 서울, 여순, 대련, 북경, 천진, 산해관, 우장, 영구, 봉천, 하얼빈, 몽골, 이르쿠츠크, 바이칼, 톰스크, 크라스노야르스크, 모스크바에 이르는 대장정을 펼친다. 그가 특히 주목한 것은

'제국의 길'인 철도이다. 두 달간 일본에 머물면서 그는 먼저 대한해협을 건너기로 한다. 일본이 "아시아의 보스포루스로 꿈꾸는 곳"이기 때문이다. 고베를 떠나 내해를 거쳐 모지항에 당도한 그는 "이 세상에서는 일찍이 겪어보지 못한 항해"라고 찬탄한다.

> 고베를 떠난 우리는 내해를 지나 모지항으로 향했다. 이 세상에서는 일찍이 겪어보지 못한 멋진 항해였다.
>
> 항구의 맞은편은 시모노세키로, 그 유명한 조약을 체결한 곳이다. 이 항구를 에워싼 가파른 구릉 위로는 요새들이 자리잡고 있었다. 그중 한 곳에 들어가 보았다. 거기에 거대한 대포가 설치된 기지를 건설하려면 대단한 역량이 필요할 것 같았다. 일본군 병사들은 항시적으로 훈련과 기동과 행군을 하고 있는 듯했다. 다른 어떤 나라의 군대도 이런 식으로 활동하지는 못할 것이다.
>
> 이튿날 우리는 나가사키에 도착했다. 언제나 그렇듯이 이번에도 러시아 전함 두 척을 포함해 함선들이 줄지어 있고, 해군조선소에서는 순양함 두 척을 건조하고 있었다. 나가사키에는 거대한 석탄 보급창이 있다. 여자들도 남자들처럼 거룻배로 큰 선박들을 오가면서 놀라운 속도로 석탄 바구니를 옮겼다. 전에도 흥미로운 장면을 목격한 적이 있었다. 남녀 할 것 없이 사람들 앞에서 벌거숭이로 물속에 뛰어들곤 했던 것이다. 하지만 이제는 그런 일이 없다.
>
> 나가사키에서도 해수욕을 하려면 수영복을 입어야 한다는 규정이 생겼다. 어떤 일본인은 물에서 나오면서 수영복을 벗어버리고 몇 백 미터 떨어진 집으로 향했다. 아마도 그런 규정에 저항한다는 순진한 생각에서 그랬을 것이다.
>
> 우리가 탄 배에는 한국으로 가는 일본인들이 많았다. 한국으로서

의 이주를 권장하는 정부의 노력을 엿볼 수 있었다. 한 법령은 일본에서 한국으로 가는 모든 증기선은 남자 70인, 여자 30인을 의무적으로 수송하도록 규정했다. 우리 배의 승객 중에도 이주 세대가 여럿 있었다. 먼저 정착한 남편을 찾아가는 부인들, 기술자 두 명, 그리고 한국 정부에 군함 판매대금 1만 5000파운드를 받으러가는 미쓰이 상사원 한 사람도 있었다. 승선한 모든 일본인은 어떤 식으로든 한국을 일본제국으로 조용하게 흡수하려 드는 은밀한 침략과 점령을 위한 거대한 군대의 일원이었다![79]

1903년 오사카에서 개최된 제5회 내국권업박람회가 열리기 직전 고베항에서 전개된 "전함 취역식"에 참석한 경험을 지닌 조지 린치는 강대해지는 일본의 국력과 서구화되는 일본 도시의 현실을 깊이 인식한다. 또한 조선을 식민화하려는 일본의 정책을 세심하게 살핀다. 나가사키에서 출항한 배는 그 이튿날 부산에 도착한다. 나가사키 항에 대한 조지 린치의 서술에서 유럽중심적이고 제국주의적 시선을 읽는 일은 어렵지 않다. 해수욕이라는 행위를 예를 들어 그는 일본의 문명화 과정을 포착하고 있다. 또한 일본과 한국을 제국과 식민의 관계에 준하여 재현한다.

러일전쟁을 취재하러 온 스웨덴 기자 아손 크랩스트(A:son Grepst)는 "나가사키에서 출발하여 대한해협을 건너 부산으로 가는 니폰-유센(郵船) 소속의 증기선 니토마루"를 타고 1904년 12월 24일 나가사키에서 부산으로 출항한다. 당시 전시여서 열두 시간 이상 걸리지 않는 항로는 하루하고도 반나절 이상을 항해했으나 아직 절반에 미치지 못하는 속도를 유지하였다. 대한해협에 떠다니는 수뢰로 가득차 있다는 보고 때문이다. 선상에서 그는 해협의 풍경을 다음처럼 서술한다.

> 지금까지는 만사가 순조롭다. 날씨는 평온하고 해협도 잠잠하여 거울처럼 맑다. 바람 한 점 없고 파도도 고요히 잠들어 있다. 짐을 가득 실은 몇 척의 중국 범선들이 축 처진 돛을 달고 물살에 밀려 북쪽으로 느린 속도로 흘러가고 있다. 높은 고물 갑판에는 선원들이 난로 주위에 쭈그리고 앉아 몸을 녹이고 있다. 일본 해안선 근방으로는 증기선이 내뿜는 두 줄기의 연기가 피어오르고 있다. 멀리 북쪽으로 쓰시마섬 끄트머리에는 모습을 반쯤 가린 한 척의 우중충한 군함이 웅크린 채 잠복해 있다.[80]

아손은 요코하마에서 배를 타고 나가사키에 당도하여 부산으로 가는 증기선을 탄다. 이 배는 화물을 취급하는 우편선으로 가끔 여행객을 태우기도 하지만 전시인 만큼 "런던에 있는 울색회사의 대표"로 가장하여 승선하게 된다. 크리스마스 이브였고 이튿날 크리스마스를 맞아 항해하는 그의 시야에 중국 범선과 일본의 증기선과 군함이 모두 배치되고 있다.

안드레 에카르트(Andre Eckardt)가 한국에 온 것은 1909년이다. 그는 한국으로 올 때 시모노세키와 부산을 왕래하는 연락선과 나가사키와 제물포로 연결하는 연안 여객선 중에 후자를 선택한다. "조선 서해안의 많은 섬을 볼 수 있고, 옛날 조선 왕들이 즐겨 표현했듯이 '일 만개 선들'의 나라를 여유 있게 관찰하며 아름다운 풍경을 감상할 수 있기 때문"이다. 한라산이 보이는 제주도를 지나서 목포 외항에 잠시 정박한 뒤에 제물포 항으로 입항한다.[81] 에카르트가 관부연락선을 타지 않은 것은 순전히 개인적인 관심사에 기인한다. 1905년 관부연락선이 개통된 이후 세모노세키와 부산을 연결하는 연락선의 지위는 모든 항로의 수위에 해당한다. 에카르트가 탄 여객선이 그렇듯이 일본은 단일항로 정책을 고수하지 않는다. 관부 항로 외에도 전남 여수 간의 관여(關麗) 항로, 하카타와 부산을 잇는 박부(博釜) 항로, 1922년부터 노동인력을 태워 오가는 운반선인 기미가요마루(君代丸)의 취항으로 본격화된 오사카-제주 항로 등이 있다. 대동아(태평양) 전쟁 시기에 고안된 야마구치현 유야(油谷)만과 울산을 연결하는 유울 항로를 포함하여 '다항로주의'는 일본제국의 정책이었다.[82]

해항도시 부산과 선박의 크로노토프

선박의 크로노토프가 어느 정도 구체적인 양상으로 서술된 것은 헤세-바르텍의 여행기이다. 청일전쟁이 임박한 1894년 겐카이마루를 타고 나가사키에서 부산으로 오는 선상의 풍경을 비교적 자세하게 서술하고 있다. 그는 이 배의 선장이 독일 홀슈타인 지방 출신의 톰젠이고 선장과 일등, 이등 항해사를 제외한 승무원들은 작고 강인한 체구를 지닌 일본인이라는 사실을 설명한다. 또한 요리사들은 고용된 중국인들이며 이들이 정직하고 믿음직스럽다고 한다. 아울러 조선으로 가는 200명도 넘는 일본인 인부들이 일본 정부가 조선에서 부리기 위하여 고용된 자들이며 이들이 "조선 침략 부대를 위한 짐꾼 역할"을 할 것이라고 짐작한다. 무엇보다 헤세-바르텍이 선상에서 말하고자 하는 내용은 일본인의 이중성과 인종주의적 위계이다.

몸에 걸친 거라곤 허리에 두른 아마포가 전부인 일본인 인부들이 선실을 에워싸고 있는 바람에, 침실로 갈 때마다 이들의 벌거벗은 몸뚱이와 다리를 조심스럽게 넘나들어야 했다. 단순무식한 인부들이 허리에 걸친 천 조각마저 벗어던진 후 씻고, 놀고, 먹고 마셔대며, 밤새 소란을 피우는 통에 잠을 잘 수 없었다. 외교관 전용을 제외하고는 일등 선실에도 화장실이 없었지만 일본인 승객들은 개의치 않았다. 그러니 유럽 여성이라면 몸에 밴 윤리관을 벗어던지지 않고서는 일본 증기선에 승선하는 것은 꿈도 못 꿀 일이다. 일본 신사들은 유럽인에게 개방된 나가사키와 같은 항구에 체류하는 동안은 우리와 똑같이 빳빳한 소매와 높은 옷깃을 단 유럽식 의상을 입었다. 하지만 배가 항구를 벗어나자마자 이들은 유럽식 정장을 벗어던지고 알몸에 전통 의상인 기모노를 걸쳤다. 기모노 차림으로 똑바로 서 있는 모습이 마치 토가를 두른 로마 제국의 원로원 의원처럼 보였다. 하지만 자리에 앉거나 누워 있을 때, 또는 몸을 움직일 때마다 옷자락이 말려 올라가면서 팔과 다리는 물론 은밀한 부분까지 노출되었기 때문에, 유럽인 승객들은 겁을 먹고 불안해질 정도였다. 일본인의 피부색은 비교적 밝았기 때문에 이와 같이 점잖지 못한 모습은 한층 더 혐오스러웠다. 만약 갈색이나 검은색 피부였다면 그렇게까지 거슬리지는 않았을 것이다. 검은 피부는 그 자체가 의상이나 다름없다. 그런 이유로 흑인이 반라의 일본인보다 무례하게 보이지 않는 것이다.[83]

이처럼 헤세-바르텍은 보는 자의 위치에서 선상의 타자들을 관찰한다. 유럽인으로서 자신의 경험과 지식의 필터를 통하여 일본인을 바라보고 이해한다. 타자의 문화에 대한 대화적 관계를 형성하지 못한다는 점에서 그의 시선은 특권화되어 있다. 이러한 사실은 백인-흑인-일본인이라는 인종적 위계에서 잘 드러난다. 특히 중국인 요리사에 대한 우호적인 입장은 경험의 소산이다. "말라카 해협에서 필리핀과 쿠릴 열도에 이르는 동아시아 전체에서 중국인은 믿음직스러운 하인이자 최고의 보모"라는 관점이 개입한다. 이는 흑인에 대한 그의 선이해가 일본인에 대한 편견으로 작동하는 양상과 구별되지 않는다. 의복과 음식에 대한 편향된 시각 또한 뚜렷하다. 그렇지만 헤세-바르텍의 여행기는 선상의 크로노토프를 대화적 국면으로 이끌지 못한다. 제국의 시선과 발견의 수사에 익숙한 탓이다. 따라서 관계의 비대칭성만 비대화할 뿐 호혜성은 결여된다. 이는 나가사키에서 만들어진 분재에 대한 묘사와 비교된다. 이 대목에서 그의 심미적 판단과 의미의 밀도는 강화된다. 이처럼 헤세-바르텍이 모처럼 선상의 일들을 서술하였지만 적합한 수준에서 이루어지는 문화적인 교섭은 부족하다.

그런데 유럽인과 일본인이 도항 과정에서 겪는 어려움은 보이지 않는다. 출항의 지체나 태풍 등 자연현상을 제외하고 대부분 여행 과정이 순조롭다. 다만 앞에서 말한 바 있듯이 아손 그렙스트는, 1904년 나가사키에서 부산으로 올 때 두 가지 사유에서 도항의 절차를 거친다. 그 하나는 그가 타려는 배가 민간 여행자는 특별한 허가 없이는 탈 수 없다는 것이고 다른 하나는 러일전쟁이 임박한 상황이라는 사실이다. 이러한 상황에서도 그는 군부당국의 허락을 쉽게 얻는다. 스웨덴 기자인 그는 "런던에 있는 울색회사"의 동아시아 대표를 위장함으로써 당시의 정세 속에서 영일동맹의 환경을 십분 활용한다. 접촉지대에서 유럽적 특권이 알게 모르게 작동한 것이라 할 수 있다. 일본인 소설가 다카하마 교시(高浜虛子)의 『조선』은 출항 전의 시모노세키의 풍경을 일부 서술한다. 간몬해협의 야경과 1등석과 2등석을 타는 사람들과 3등석을 타는 사람들의 서로 다른 표정들을 그리고 있다. 3등석을 타려는 사람들이 조선으로 이주하려는 일본의 하층민임이 암시되고 있다. 자전적인 소설 속의 주인공 부부는 일등석 승객으로 추측된다. 그래서인지 선상에서의 사람들과 사건의 서술은 대부분 생략되어 있다.

> 우메가카호는 하나의 불야성처럼 튼튼한 선체에 전등불의 꽃을 피웠다. 뱃멀미가 심한 우리 부부는 깔끔한 선실 안에 꼼짝없이 처박혀 잠만 잤으나, 때로는 눈을 떠 보면 배는 크게 흔들리고 둥글고 작은 창밖으로는 현해(玄海)의 별이 빛나고 있었다.

다카하마 교시가 조선을 여행한 것은 1911년 4월과 5월이다. 이들이 탄 우메가카마루는 사쿠라마루와 더불어 1911년 제국해사협회가 국민의 헌금으로 건조한 쾌속선이다. 관부연락선 초기인 1905년에서 1916년까지 조선인 도항자에 대한 기록은 미비하다.[84] 합병과 더불어 유학생을 위시하여 점차 점진적으로 늘어나는 추세가 아니었을까 추측할 수 있다. 1901년 고베에서 사철을 개통한 바 있는 산요(山陽)철도주식회사는 1905년 9월 11일 신조선 이끼마루(壹岐丸)를 투입하여 시모노세키에서 부산까지 격일 운항을 시작한다. 그러다 이 해 11월부터 매일 취항하게 되는데, 1906년 12월 국유화된다. 11월 27일 정부가 매수하여 철도청 물수부가 담당하도록 한 것이다. 이로부터 관부연락선과 항로는 일본 철도청 히로시마철도국에서 관장하며 1945년 6월까지 독점적으로 운영된다. 1906년 국유화 이후 관부연락선은 매일 야간항해 편을 운영하는 한편 격일로 주간항해 편을 운행하였다. 그리고 1911년 12월부터 주간항해 편도 매일 운항하게 되었는데 그때부터 매일 주야 2회 부산과 시모노세키 양지에서 출항하게 된다. 관부연락선 취항 이후 승객 규모가 늘어나고 운송 물동량도 증가하여 1907년 8월 민간선박회사로부터 에게산마루와 사쓰마마루를 차용해 쓰기도 한다. 그러니까 우메가카마루와 사쿠라마루는 이들 민간 선박을 대체한 경우이다.

소설 『조선』의 주인공이 뱃멀미 탓으로 선상의 경험을 서술하지 않은 것은 아쉬운 대목이다. 하지만 당시의 사정이 승객 대부분이 일본인이라는 점에서 계급적 구성을 제외하고 흥미를 유발할 서사적 계기가 많지 않았을 것이라고 생각한다. 정작 주인공 부부의 관심은 접촉지대인 부산항에서 나타난다. "부두를 내려다보니 그곳을 줄줄이 걸어 다니는 키 큰 흰옷의 사람은 모두 조선인"이었다. "저 사람들이 조선사람이야"라는 아내의 발언에 담긴 "조선인"이라는 말은 알튀세르의 호명에 흡사하며 언어학에서 말하는 직시어에 가깝다.[85] 이들은 눈앞의 피식민자를 '조선인'이라고 호명함으로써 주체성을 구성한다. 직시적 호칭의 상호성은 상호주체성을 형성하면서 지배-피지배의 통치구조를 만든다.

> 이윽고 우리는 배를 내려 많은 여객과 함께 해안로라고 해야 할 거리를 줄줄이 걸어서 정거장 쪽으로 갔다. 길바닥에서 물건을 파는 많은 조선인 가운데 여자도 있었다. 그들은 양다리를 벌리고 쪼그려 앉아서 앞에 큰 밥상을 놓고 그 주위로 모여든 많은 조

선인에게 하나하나 무언가 담아 건네고 있었다. 잘 보니 그것은 우동 같은 것이었다.

집들은 모두 일본풍으로 가게에 있는 사람도 모두 일본인이었다. 그것을 보자 일본 내지에 있는 것과 다를 바 없었으나, 단지 노동자 같은 조선인들이 우글우글 그 가게 앞에서 서성대고 있는 것이 자못 식민지다웠다.[86]

직시적 상황을 가장 적절하게 보여주는 사례는 다니엘 디포(Daniel Defoe)의 소설 『로빈슨 크루소』에서 나타나는 로빈슨 크루소와 프라이데이의 조우이다. 조선인과 처음 조우한 주인공 부부는 내지와 식민지, 일본인과 조선인, 식민자와 피식민자의 이분법적 시선으로 부산을 경험한다. 이들은 초량에서 이전한 부산역사에서도 식민자의 자부를 확인한다. "정거장은 일본 내지에서도 드물게 볼 정도의 훌륭한 건물"이라는 진술인데 스펙터클을 만들어 식민 지배를 공고히 하려는 식민건축의 특징이 잘 드러나는 대목이다.

조선인 노동자 같은 이는 여기에도 많이 들락거리고 잇었다. 대부분 소년들이었다. 어느 조선인 소년이 무거운 짐을 지고 들어왔다. 이마에서 흐르는 땀을 그는 더러운 흰 소매로 대충 닦고 짐을 의자 위에 내렸다. 그곳에는 장사꾼 같은 일본인 부부가 앉아 있었다. 남자는 지갑에서 오 전짜리 동전을 꺼내 주었다. 조선인 소년은 정해진 삯에 모자란다는 표정을 짓고 오 전 동전을 얹은 손을 내민 채로 그대로 버티고 있었다. 상인은 그 손을 물리치며 말했다.

"저리 가, 저리 가라고."

"다리마세(모자라요)."

조선인 소년은 일본어로 대답했다. 남자는 다시 손을 밀치며, "없어, 없다니까. 이것밖에 없어"라고 말하며 소년을 밀쳤다. 소년은 계속 이마에서 흐르는 땀을 한쪽 소매로 닦으면서 여전히 내민 손을 들이려고 하지 않았다. 때때로 논을 힐끔거리며 주위에 있는 사람의 안색을 살피는 것은, 일본인에 대한 두려움을 품고 있는 것처럼 보이기는 했지만, 내민 손 위에 하나의 백동전을 얹은 채로 끝내 포기하지 않았다. 그때 남자는 지갑을 열어서 아까 건넨 오 전짜리 동전 외로 십 전 동전도 다른 백동전도 없다는 것을 보여주고 다시 손을 흔들었다. 내 동포의 이런 경멸스런 행동에 나는 내 일처럼 부끄러웠다. 그때 아까부터 이 장면을 웃으면서 보던 서른 아래로 보이는 세련된 부인이 가만히 자기 허리띠 사이에서 지갑을 꺼내, 그 희고 긴 손가락으로 안을 뒤지더니 이윽고 오 전을 꺼내 소년의 손 위에 떨어뜨렸다. 소년은 그제야 손을 집어넣었다. 나는 사람들 속으로 사라지는 조선인 소년의 뒷모습을 지켜보았다. 조선 소년은 머리를 길게 길러서 묶어 뒤로 늘어뜨려서 여자와 구별이 되지 않은 경우가 많고 게다가 얼굴도 여자처럼 고왔다.[87]

다카하마 교시는 이 사건을 식민도시 부산을 지시하는 주요 모티프로 배치한다. 식민지에 이주한 일본인 상인들의 무교양을 탓하려는 것이 아님은 분명하다. 더 고상한 일본인의 존재가 있기 때문이다. 그는 발견과 입회의 절차를 통하여 식민 현실의 당위를 포착한다. "세련된 부인"에 대한 서술의 밀도는 이러한 당위의 증거이다. 정작 비판받아야 할 상인의 존재는 후경으로 물러나고 조선의 가여운 소년과 일본의 세련된 부인이 전경화된다.

염상섭의 『만세전』은 다카하마 교시의 『조선』과 상이한 내용을 서술한다. 우선 서술의 주체가 제국의 지식인에서 피식민 지식인으로 달라진 점을 들 수 있다. 다른 하나는 시대적 맥락의 차이다. 염상섭의 소설이 1919년 3. 1운동 이전의 상황이라는 사실에서 『조선』과 약 10년의 거리가 있다. 관부연락선의 승객과 물동량이 놀랍게 증대하였고 특히 조선인 승객 수가 갈수록 늘어나는 시기이다. 합방과 함께 내무성 치안 당국은 「요시찰 조선인 사찰내규」를 만들어 도항 조선인에 대한 감시와 단속을 전개하였다.[88] 1917년에 이르면 조선인 도항자는 하루에 100명에 가까웠다고 한다. 총독부가 「조선인 여행 단속에 관한 건」을 발령한 것은 3.1운동 직후인 1919년 4월이다.[89] 그러니까 『만세전』은 조선인 노동자 등이 일본으로 이주하는 수가 날로 증대하는 한편 1차 대전의 여파로 제국개조의 바람이 불던 시기를 배경으로 한다. 이 시기의 관부연락선은 고마마루(高麗丸)와 시라기마루(新羅丸)이다.

『만세전』에서 유학생인 이인화가 도쿄에서 시모노세키에 이르는 과정은 매우 순탄하다. 그러나 연락선이라는 경계영역에 이르러 감시의 시선을 피할 수 없어서 정체성을 강요받게 된다.

> 동경서 하관까지 올 동안을 일부러 일본 사람 행세를 하려는 것은 아니라도 또 애를 써서 조선 사람 행세를 할 필요도 없는 고로 그러저럭 마음을 놓고 지낼 수가 있었지마는, 연락선에 들어오기만 하면 웬 셈인지 공기가 험악하여지는 것 같고 어떠한 압력이 덜미를 잡는 것 같은 것이 보통이다. 그러나 이번처럼 휴대품까

지 수색을 당하고 나니 불쾌한 기분이 한층 더하지 않을 수 없었다. 눈을 감고 드러누워서도 분한 생각이 목줄띠까지 치밀어 올라와서 무심코 입술을 악물어 보았다. 그러나 사면을 돌아다보아야 분풀이를 할 데라고는 없다. 설혹 처지가 같고 경우가 같은 동행자를 만난다 하더라도 하소연을 할 수는 없다. 왜 그러냐 하면 여기는 배 속이니까 그렇다는 말이다. 나를 한 손 접고 내려다보는 나보다 훨씬 나은 양반들이 타신 배 속이기 때문이다.(93)[90]

『만세전』 만큼 관부연락선의 크로노토프를 잘 서술한 경우를 찾긴 힘들다. 유학생으로 주인공 이인화는 동경에서 종족적 차별이 지각되지 않는 형편의 생활을 한다. 그러나 제국의 도시에서 식민지 모국으로 향하는 길목에서 감시와 검속을 경험하게 된다. 동경에서 기차를 타고(1장), 고베에 이르고(2장) 고베에서 시모노세키로 가서 관부연락선을 탄다(3장). 이어 관부연락선에서 여러 가지 일을 겪으면서(4장) 부산에 당도한다(5장). 부산을 떠나 김천을 거쳐 서울에 도착하여(6장) 집으로 간다(7장). 그리고 서울에 머물다 다시 일본으로 돌아간다(8, 9장). 여기서 우리의 관심을 좇아 눈여겨볼 대목이 3, 4, 5장이다. 여로 형이나 원점회귀 여로 서술이라는 서사시학적 규정은 매우 추상적이다. 점과 선이 아니라 여러 겹 겹친 주름으로 이 소설의 공간을 이해할 필요가 있다. 특히 4장에서 식민자와 피식민자의 복잡한 관계가 매우 구체적으로 서술된다. 단순한 지배의 관계가 아니라 여러 형태의 비대칭성이 교차하는 가운데 정작 제국과 식민의 현실을 가장 잘 보여주는 공간으로 선박이 활용되고 있다. 이동 공간과 정체성의 문제, 선박 내부의 혼종성, 식민자와 피식민자 간의 비대칭적인 대화 등을 고려할 때 관부연락선이야말로 "움직이는 발화"로 이해할 수 있다. 도쿄와 고베에서 두 여성과의 관계를 중심으로 전개되던 일상의 흐름은 시모노세키에서 승선 전에 행해지는 검문에 의하여 훼손되기 시작한다.

> 어디로 가나, 그 머릿살 아픈 형사 떼의 승강이를 받기가 싫어서 배로 바로 들어가고 싶었으나, 배에는 아직 들이지 않기에, 나는 하는 수 없이 대합실로 들어갔다. 벤또나 살까 하고 매점 앞에 가서 섰으려니까 어느 틈에 벌써 알아차렸는지 인네버스를 입은 낯서툰 친구가 와서 모자를 벗으며 끄덕하고 국적이 어디냐고 묻는다. 나는 암말 아니하고 한참 치어다보다가 명함을 꺼내서 주고 홀쩍 가게로 돌아서 버렸다.
>
> "본적은……?"
>
> 내 명함을 받아들고 내가 흥정을 다 하기까지 기다리고 있던 인네버스는 또 괴롭게 군다. 나는 그래도 역시 잠자코 그 명함을 도로 빼앗아서 주소를 써서 주고는, 사 놓았던 물건을 들고 짐 놓은 자리로 와서 앉았다. 그러나 구러자는 또 쫓아와서,
>
> "나이는? 학교는? 무슨 일로? 어디까지……?"
>
> 하며 짓궂이 승강이를 부린다. 나는 실없이 화가 나서 그까짓건 물어 무엇에 쓰려느냐고 소리를 지르고 싶었으나 꾹 참고 간단간단히 응대를 하여 주고 부리나케 짐을 들고 대합실 밖으로 나와 버렸다.
>
> "미안합니다그려."
>
> 하며 비웃는 듯이 인사를 하는 궐자의 흘겨 뜨는 눈은 부리부리하고 험상궂었으나, 내 뱃속에서도 제게지지 않게 바지가랑대 같은것이 치밀어 오르는 것을 참는 판이었다.(63-64)

연락선은 철도의 연장이므로 시간에 맞춰 승선하면 되지만 대합실에서 기다리는 과정에서 '인네버스'를 입은 형사에 의한 불심검문이 시도된다. 제국의 국가기구에 의한 호명에 이인화는 이를 회피하려 한다. 그를 피하여 관부연락선의 목욕탕으로 직행하는데 가능하면 조선인이라는 그의 정체를 숨기고 싶은 의도를 품는다. 그런데 목욕탕에서 만난 사람들과 오가는 대화는 접촉지대의 여러 국면을 잘 드러낸다. 이곳에서 이인화는 일본인들의 대화를 들으면서 이들이 식민지 조선을 바라보는 시각을 알게 된다.

> 시골자의 형이 헌병대에 있나는 말에, 나하고 마주 앉은 자는 반색을 하면서 금시로 말씨가 달라진다. 나는 그자의 대추씨 같은 얼굴을 또 한 번 치어다보지 않을 수 없었다.
>
> "네, 우리 형님은 아직 군조예요. 니시무라 군조, 혹 형공도 아시는지? 그런데 형공은 조선에 오래 계신가요?"
>
> "네. 난 십여 년래로 그저 내 집같이 드나드니까요."
>
> 하고 궐자는 시골자를 한참 멀뚱멀뚱 치어다보다가,
>
> "암, 대구 헌병대의 그 양반이야 알구 말구요. 그 양반은 나를 모르실지 모르지만……."
>
> 어째 그 말눈치가 안다는 것보다는 모른다는 말 같다.
>
> "어쨌든 십 년이라면 한밑천 잡으셨겠구려."
>
> 이번에는 상인 비슷한 자가 입을 벌렸다.
>
> "웬걸요. 이젠 조선도 밝아져서 좀처럼 한밑천 잡기는 어렵지만……."
>
> "그러나 조선 사람들은 어때요?"

> "요보 말씀요? 젊은 놈들은 그래도 제법들이지마는, 촌에 들어가면 대만의 생번보다는 낫다면 나을까, 인제 가서 보슈……. 하하하."(67)

"대만의 생번"에 빗대거나 조선인을 "요보"라 지칭하는 것은 지시적이고 상징적인 기호를 통하여 피식민자를 규정하는 방식이다. 이는 조선인 노동자를 "조선 쿨리"라고 하는 데서도 확인된다. 주인공 이인화는 관부연락선의 목욕탕에서 일본인들이 조선과 조선인을 어떻게 인식하고 있는지를 경험한다. 그는 이러한 경험을 통하여 다소 복잡하고 양가적인 감정 상태에 이른다. 여기서 발생하는 분노의 정동은 제국의 향한 것과 "민족적 타락"에 대한 것으로 겹쳐진다. 『만세전』에서 선박의 크로노토프는 그동안 주목받지 못했다. 실제 접촉지대인 시모노세키와 부산의 경험보다 관부연락선의 경험이 주인공의 의식에 충격하는 바가 크다. 부산을 "식민지의 축도"라고 한 것 이상으로 "관부연락선"은 제국과 식민의 축도인 셈이다. 여기서 그는 "그것이 과연 사실일까 하는 의심이 날 만큼 나의 귀가 번쩍하리만큼 조선의 현실을 몰랐다"라는 자각을 한다. 그리고 자신의 "낭만주의"를 부끄러워하고 구체적인 현실에 직면한다. 조선인 사복 하급 순사에 이끌려가서 서류 뭉치를 압수당하고 겨우 다시 승선하는 과정에서 깊은 비애를 느낀다. 일어를 사용하지만, 그 어조에서 조선인이라는 정체가 드러나는 이중언어의 공간에서 조선인 순사와 이인화는 "일본 사람 앞에서 희극을 연작하는 앵무새 모양"을 한다. 비대칭적인 시선과 언어적 혼종성이 겹치는 대목이다. 당시의 현실을 구체적이고 전형적인 한 국면을 통해 재현하고 있다.

동경서 하관까지 올 동안을 일부러 일본 사람 행세를 하려는 것은 아니라도 또 애를 써서 조선 사람 행세를 할 필요도 없는 고로 그럭저럭 마음을 놓고 지낼 수가 있었지마는, 연락선에 들어오기만 하면 웬 셈인지 공기가 험악하여지는 것 같고 어떠한 압력이 덜미를 잡는 것 같은 것이 보통이다. 그러나 이번처럼 휴대품까지 수색을 당하고 나니 불쾌한 기분이 한층 더하지 않을 수 없었다. 눈을 감고 드러누워서 분한 생각이 목줄띠까지 치밀어 올라와서 무심코 입술을 악물어 보았다. 그러나 사면을 돌아다보아야 분풀이를 할 데라고는 없다. 설혹 처지가 같고 경우가 같은 동행자를 만난다 하더라도 하소연을 할 수는 없다. 왜 그러냐 하면 여기는 배 속이니까 그렇다는 말이다. 나를 한 손 접고 내려다보는 나보다 훨씬 나은 양반들이 타신 배 속이기 때문이다…….(93)

이인화가 동경에서 관부연락선을 타고 부산으로 온 때는 "조선에 만세가 일어나던 전해 겨울"이었으니 1918년 겨울이다. 이 해 시모노세키에서 부산으로 오는 연락선의 승객 총수는 177,053명이고 이 가운데 조선인은 9,305명으로 기록되어 있다. 절대 다수가 일본인 도항자라 하겠다. 운항횟수가 1,613회이고 부산에서 시모노세키로 가는 승객을 다 합한 총수가 366,725명인 것을 감안하면 200여 명 남짓한 승객 가운데 조선인이 10여 명에 불과함을 알 수 있다.[91] 이러한 사정으로 볼 때 조선인으로 의심되는 사람에 대한 검문이 용의했을 터이다. 또한 조선인 하급 순사를 배치한 당국이고 보면 식민지 경계에서 진행된 감시는 철저한 것으로 보인다. 이인화의 선상 경험은 매우 복합적이다. 목욕탕에서 제국의 상인의 시각을 통해 조선의 현실을 절감하였다면 삼등실의 일본 하층민들은 인종을 넘어선 계급의 연대라는 사회주의적 관점을 회의하게 만든다. 『만세전』에서 이 지점이 대단히 중요하다. 첫머리에서 제시된 "세계 개조"에 대한 주인공의 입장이 관부연락선 선상의 경험을 경과하면서 어느 정도 정리되고 있기 때문이다. "나는 그들을 볼 제 누구에게든지 극단으로 경원주의를 표하고 근접을 안 하려고 하지만, 그것은 나 자신보다는 몇 층 우월하다는 일본 사람이라는 의식으로만이 아니다. 단순한 노동자라거나 무산자라고만 생각할 때에도 잇살을 어우르기가 싫다"라고 함으로써 민족 심급의 우위성을 확인한다. 부산에서 다시 일본 순사와 조선인 순사보와 헌병 보조원들에 의한 검문을 겪은 이인화는 기차가 출발하기까지 남은 시간 동안 식민지의 축도인 부산을 거닌다. 공간을 통하여 재차 자기를 인식하려는 의도의 발현이다.

> 우선 부산이란 데로만 보아도, 부산이라 하면 조선의 항구로는 첫손 꼽을 데요 조선의 중요한 첫 문화라는 것은 소학교에 한 달만 다녀도 알 것이다. 그러니만큼 부산만 와 봐도 조선을 알 만하다. 조선을 축사한 것, 조선을 상징하는 것이 부산이다. 외국의 유람객이 조선을 보고자거든 우선 부산에만 끌고 가서 구경을 시켜 주면 그만일 것이다. 나는 이번에 비로소 부산의 거리를 들어가 보고 새삼스럽게 놀랐고 조선의 현실을 본 듯싶었다.(103-104)

이인화가 부산을 통하여 "조선의 현실"을 거듭 인식하려 한 데는 관부연락선의 경험이 계기가 된다. 관부연락선을 통하여 그는 구체적이고 절실한 현실 인식에 이른다. 이는 식민지 지식인이라는 그의 존재론적 위치와 식민지 경계 혹은 접촉지대의 비대칭적인 문화교섭에서 비롯한다.

제 4 장

식민지 이중도시와 혼종화

부산의 기원을 어디로 삼느냐는 문제는 논란의 여지를 남기고 있다.[92] '초량왜관'의 존재의의를 간과하지 않으면서 개항과 더불어 진행된 도시화 과정에 주목하면서 이를 재현한 글쓰기를 주목한다. 부산의 풍경이 소설 속에 등장하는 것은 청일전쟁을 배경으로 삼고 있는 신소설에서 비롯한다. 개항 이후 상당한 기간의 부산 이야기는 주로 외국인들의 기행문에 등장한다. 부산이 먼저 타자의 시선으로 그려지고 있다. 개항과 더불어 형성된 식민도시 부산은 이주 일본인 문화와 토착 문화가 교차하는 공간이다. 또한 근대 해양 세계(maritime world)로 열린 공간이어서 근대가 수용되는 창구이다. 이러한 부산의 근대 풍경을 실감나게 서술하고 있는 매체가 소설인데, 이인직의 『혈의 누』와 『귀의 성』, 최찬식의 『추월색』, 염상섭의 『만세전』 등에 잘 드러나 있다.

아시아의 여러 해항도시—광저우, 나가사키, 마드라스— 등이 17세기 이래 아시아 해양 경제의 주역이 되어 활동해온 반면, 조선은 왜관의 활동을 제외하고 이러한 경제활동에 참여하고 있는 해항도시를 갖지 못했다. 그나마 왜관의 중요성이 부각되는 까닭이 여기에 있으며 개항 이후 식민지 해항도시 부산과 왜관을 상관적으로 바라보는 시야가 요청된다. 개항에 대한 시각 또한 긍정/부정을 넘어서 "동아시아 역내의 상호관계로부터 보는 지역적(regional) 시야"[93]가 요긴한데 식민도시를 일반화하기 어렵다고 하더라도 하네다 마사시가 지적하듯이 외부의 권력에 의한 지배라는 변수가 도입되어 이종적이고 다원적인 문화 혼종화가 나타난 지역임을 알 수 있다.[94] 그런데 이러한 문화적 연구가 지나치게 탈맥락화하는 것은 경계해야 한다. 정치·경제사 중심의 협소한 일국사적 담론을 극복을 넘어서기 위해서 문화연구를 도입하는 것은 필수적이지만 그렇다 하더라도 식민지 해항도시가 지니는 '복합성'을 견지하는 일이 필요하다.[95]

여기서 식민지 해항도시 부산의 이중성, 모순성, 복합성을 개항에서 3.1운동 이전까지의 시기를 배경으로 삼은 소설을 중심으로 살펴본다. 이를 위해 1) 근대 표상-철도와 기선 등 미디어 2) 도시 공간과 경관 3) 일상생활-주거공간과 의복과 음식 등에 대하여 분석한다. 그런데 소설에 재현되지 못한 개항 이후 청일전쟁 이전의 근대 풍경은 앞서 고찰한 외국인의 여행기가 보충한다. 말할 것도 없이 '여행자의 시선'이 지니는 제약이나 소설에 가미된 상상적인 것의 한계를 생각하지 않을 수 없다. 하지만 민족지적 기술에 육박하는 자료가 드문 상황에서 이들은 부산의 면모를 드러내는 최선에 가깝다고 하겠다.

아시아 여러 해항도시와 차별되는 위상 탓에 해항도시 부산의 역사에서 가능성을 찾는 일이 쉽지 않다. 식민 상황이지만 문화교섭의 다양한 양상을 추적하여 오늘의 관점에서 그 의미를 새롭게 하는 방법적 노력이 필요하다. 이는 변전의 공간인 해항도시를 민족지학적으로 접근할 것을 주문하는 W. 코콧의 입장과도 연관된다. 그는 해항도시가 형성되고 산업구조가 재편되면서 재생되는 일련의 역사적 과정을 민족지학적으로 서술하는 것의 중요성을 지적하는데 민족지학이 '지구적 변동의 국지적 결과들'을 면밀하게 연구하는 데 유익하기 때문이다.[96] 이러한 코콧의 방법은 21세기 해항도시의 변화를 서술하는 데 매우 요긴하다. 식민도시에서 근대도시로 나아가 탈근대 네트워크 도시로 변화하려는 도정에 있는 부산의 처지에서 그 기원에 내재한 지역성과 세계성, 식민성과 근대성을 함께 읽어내는 일이 가지는 의의가 적지 않다.

이중도시와 타자

해항도시 부산의 이중성은 먼저 타자에 의해 구성된다. 일본은 개항과 함께 초량왜관이 포함된 지역을 근대법적인 전관거류지(concession)로 설정하고 그 안에 거류지역소, 영사관, 경찰서, 상업회의소, 금융기관, 병원 등과 같은 근대시설을 설치하여 신속하게 도시의 면모를 갖추게 된다.[97] 가령 사쿠라이 군노스케(1894)의 『조선시사(朝鮮時事)』는 타자의 눈 혹은 제국의 렌즈에 비친 부산의 모습이지만 다음과 같이 당시의 부산의 풍경을 그리고 있다.

부산은 조선의 개항장 중에서 가장 큰 항구이다. 경상도 동남쪽에 위치하고 뒤에는 노송이 울창한 용미산이 있고 앞에는 절영도가 있어 하나의 큰 만의 형상을 이루고 있다. 큰 선박과 함선들이 항상 모여들어 돛대가 숲을 이루고 있다. 특히 천진, 인천, 원산, 염포 등으로 항해하는 배들은 갈 때나 올 때나 이 항구에 닻을 내린다. 부산 거리의 번창함은 시모노세키나 미스미 항에 비교할 수 없다. 다만 우려할 만한 것은 이 항구의 상업, 무역은 아직 조선무역이라고 하기보다 오히려 일본 거류지 내에 한정된 미미한 상태라고 평하는 편이 타당할 것이다. 인천, 서울, 원산 등의 무역이 발달함에 따라 부산의 상업은 점차로 부진해졌다. 해가 거듭될수록 시장이 활기를 잃어가는 모습이 눈에 띄고 그 결과 거류민들도 늘어나지 않아 작년과 그다지 차이가 없다. 조금 상인 근성이 있는 사람은 인천, 서울, 염포는 쳐도 부산은 빼놓는 경우가 있다. 참고로 5월 하순에 조사한 부산에 거류하는 외국인의 수는 다음과 같다.

- 일본인 거류인 호수 957호 인구 4,582명(남 2,495명, 여 2,087명)
- 그 외 외국 거류인 129명 (청국인 108명, 영국인 9명, 미국인 2명, 러시아인 2명, 독일인 2명)

부산의 일본 거류지에는 이같이 호수도 많고 인구도 많다. 그래서 살아가는 데 필요한 기관은 모두 갖추어져 있다. 제국총영사관, 경찰서, 동아무역신문사, 우편전신국, 공립공원 등이 있고, 일본우선회사, 오사카 상선회사, 제일국립은행, 제백국립은행 등의 지점이 있다. 조선어학교, 공립소학교, 혼간지(本願社) 별원도 있다. 이러한 기관들은 완전하다고까지는 할 수 없지만, 또한 불완전하다고도 말할 수 없다. 숙박시설도 비교적 갖추어져 있다. 오이케(大池), 도요다(豊田), 쓰요시(津吉), 고시마(小島), 마쓰노(松野), 후쿠시마(福島) 등이 모두 깔끔히 정돈되어 여행자가 편히 쉴 만하다. 숙박료는 매우 싼데도 일본 국내의 숙박시설과 별다른 차이점이 눈에 띄지 않는다. 음식점은 도쿄로(東京樓)와 게이항데이(京阪亭)를 최상으로 친다. 일반 손님이 가득 들어차서 가무와 악기 소리로 밤새 시끌벅적하다. 대개 재류인들은 요란스럽게 놀려고 하는 것처럼 보인다.

부산 부근을 돌아보니 마음놓고 쉴 만한 곳이 없었다. 약 3리 반 정도를 가면 금산리라고 하는 곳에 온천이 나오는데 이곳은 원래 조선인이 개발한 것이라 몹시 더러워서 하루도 머물 수가 없다. 다만 6리 정도 떨어진 곳에 있는 범어사라는 절은 산수가 수려하고 경내가 빗질자국이 물결무늬를 이루고 있을 정도로 정결하다. 이곳은 여름에 더위를 식히러 찾아오기에 적당하다. 그리고 동래부는 그 이름이 알려진 지 오래되고 또한 집도 많지만 한번 가보니 냄새가 나고 더럽다는 느낌부터 일어났다.

마이니치 신문사 특파원의 시각에 비친 19세기 말 부산의 풍경으로 이중도시적 양상이 뚜렷하다. 아직 북빈 매축이 되기 이전이므로 전관거류지와 조선인이 사는 곳의 대비가 확연한데 특히 동래부와의 대비를 포함하고 있는 것이 주목된다. 이러한 이중도시적 시각은 문명/야만, 건강/질병, 깨끗함/더러움이라는 이분법적 표상을 드러낸다. 제국의 눈이라는 특권화된 시각으로 식민지를 바라보기 때문이나 그 실제에 있어 이중도시의 상호연관성이 지적되기도 한다.[99] 그런데 이러한 이중도시의 상호연관성은 전관거류지 중심 시가지가 외부로 확장되는 과정에서 나타난다. 용미산이 깎이어 북빈이 매축되면서 부산항이 근대화되는 시기에 부산은 "식민화된 사회 내의 도시"라는 의미를 갖게 된다. 전관거류지가 지닌 동질성이 어느 정도 해체되면서 이질적인 혼종화 과정이 전개된다. 이러한 점에서 "왜관"의 전관거류지화는 부산의 전사로서 주목된다. 이중도시는 먼저 제국의 눈을 가진 타자의 시각에 의해 규정되고 이후 탈식민주의적 시각에서 다시 반복된다. 그러함에도 한 가지 놓쳐서는 안 되는 사실은 불균등 발전의 과정이다. 식민거류민들과 원주민들의 공간과 문화를 이분법적으로 단순화하는 것도 문제지만 그들 사이의 섞임과 혼재만을 부각하는 것도 한계가 있다. 이들 경계영역에서 보이는 불균등 발전을 간과하지 않으면서 문화 혼종화 과정을 서술하는 일이 요긴하다. 사쿠라이 군노스케와 달리 영국 언론인 조지 린치는 1903년의 여행기에서 부산을 다음처럼 서술하고 있다.

> 일본과 러시아의 새로운 전략에 걸맞게 철도가 침략의 선봉에 서 있다. 우선 이주민을 들여놓으려고 시도하고 철도 부설을 인정받은 뒤에 말이다. 일본은 제물포-서울 노선을 개통했고 소유권을 갖고 있다. 나아가 부산-제물포 노선도 시공 중인데, 이 노선은 곧 그들의 영토 확장을 위한 침투선이기도 하다.
>
> 부산은 이 간선 철도망의 남쪽 종착역으로서 향후 18개월 내에 무역항으로 개방될 것이다. 부산은 일본에 가장 근접한 항구로, 어떤 전함도 안전하게 정박할 수 있는 완벽한 자연항이다. 일본의 감독 아래 수많은 한국인이 이곳에서 일하고 있다. 부두를 조성하여 선박들이 곧바로 하역작업을 할 수 있게 하려는 것이다. 그래서 공사가 결코 만만치 않지만, 이곳에서 이런 일은 수월한

편이고 비용도 별로 들지 않는다. 같은 규모의 작업을 시베리아 철도의 종착역인 대련에서 한다면 훨씬 더 어렵고 비용도 많이 들 것이다.

이렇게 부산은 조만간 철도가 열리고 항구의 교역량이 늘어남에 따라 극히 중요한 도시가 될 수밖에 없다. 이런 전망에서, 일본인은 철도 인근의 요지를 확보하는 데 성공했다. 종착역 부근과 시내 중심가에 상당한 규모의 일본인 거류지가 들어섰다. 그 주위로 목재 가옥들이 들어서면 시내 중심가는 지금보다 두 배로 커질 것이다. 이제 조선인을 비롯하여 그 누구도 이곳의 주거지나 상가 부지를 구입할 수 없다. 모두 일본인 손에 넘어가고 말았기 때문이다.[100]

조지 린치는 일본 고베에서 모스크바로 이어지는 긴 여정[101]의 첫 관문에서 부산을 만난다. 마침 북빈 매축공사가 막 시작되는 시점인데, 항로와 철로를 잇는 부산항의 미래를 인식한다. 책의 표제가 말하듯이 그는 철도를 '제국의 통로'라고 규정한다. 철도는 먼저 제국과 식민의 시공간을 통합한다. 그렇기 때문에 철도를 둘러싼 제국의 각축은 심각하다. 조지 린치는 먼저 동아시아에서 철도 부설권을 차지하려는 일본과 러시아의 경쟁에 주목한다. 여기서 먼저 "시베리아 철도의 세계사적 의의"에 대하여 주목할 필요가 있다. 당시 세계의 제해권은 영국이 장악하고 있었고 유럽에서 아시아에 이르는 해상교통은 영국해군 수중에 있었다. 이러한 상황에서 러시아가 유일하게 육로를 통해 유럽과 아시아에 이르는 가능성을 가지고 있어서 영국 주도의 국제정치에 도전할 수 있는 잠재적인 조건을 갖추게 된 것이다. 이는 영국이 중국에서 보유해 온 통상적 권익이나 외교적 우위성을 위협할 뿐만 아니라 국경을 인접한 중국과 일본에게 심대한 위협이 되었다.[102] 일본의 입장에서 러시아는 위협의 대상이지만 시베리아철도가 만들어짐과 더불어 일본이 해역과 육역의 결절지가 될 것이라는 구상을 하게 된다.[103] 조선반도를 가운데 두고 러시아와 일본의 대결은 피할 수 없는 상황이다. 조지 린치가 본 것 또한 이러한 상황이다. 그리고 그는 일본인 거주지를 중심으로 도시를 만들어가는 과정을 보면서 일본의 지배를 간파해낸다. 그의 눈에 부산은 일본의 대륙 침략의 기지이다. 사쿠라이 군노스케와 조지 린치의 시각 차이는 말할 것도 없이 이들의 글이 쓰인 10년의 시간적 거리에서 비롯한다. 청일전쟁의 승리 이후 전통적인 중화체제를 뒤집은 일본은 조선에 대한 법적 제도적 지배를 강화하는 한편 자국민을 조선에 이주시킴으로써 보호국으로 만드는 과정을 착실히 진행시킨다. 사쿠라이 군노스케는 점차 안정적인 식민공간이 되어가는 전관거류지를 서술하고 있다. 그런가 하면 조지 린치는 러시아와 일본이 경쟁하는 장소(topos)로서의 부산을 설명한다. 다시 말해서 전자가 철저하게 제국의 눈으로 부산을 보았다면 후자는 부산이라는 로컬을 동아시아 지역과 세계체계와 연관시키는 다층적인 스케일을 통해 인식한다. 그런데 식민지 지식인인 조선의 소설가들은 이들과 다른 시각에서 부산을 재현하고 있다.

타자의 눈에 발견된 부산이 식민지 지식인인 작가의 글 속에 등장하는 것은 이인직의 『혈의 누』(1906)가 처음이다. 개항 이후 부산은 앞서 사쿠라이 군노스케가 말하고 있듯이 다른 개항장에 비하여 그리 활발한 편이 아니었다. 부산보다 서울을 인접한 제물포가 실질적인 관문 역할을 하였다. 확실히 부산의 성장은 철도와 연동되었는데 경부철도가 놓이면서 부산의 위상은 제국과 식민지 대륙을 잇는 결절지가 된다. 이러한 점에서 이광수의 『무정』(1917)이 "관념적인 차원"에 머문 요인 가운데 하나가 관부연락선이라는 제도적 장치와 부산이라는 구체적인 공간을 생략한 것이라는 지적[104]이 설득력이 있다. 그런데 부산을 "조선을 축사한 것, 조선을 상징한 것"[105]으로 본 이는 염상섭이다. 그만큼 식민지 근대에 대한 구체적 인식이 더해진 셈이다. 이인직으로부터 염상섭에 이르는 궤적을 따라갈 때 부산의 근대 풍경을 만날 수 있는 까닭이 여기에 있다.

이인직이 그의 소설 쓰기의 배경을 청일전쟁으로 삼은 것은 중요한 의미를 지닌다. 청일전쟁을 통하여 형성된 그의 세계관을 반영하기 때문인데 『혈의 누』를 통하여 일본은 물론 미국을 시야에 포함하였다는 것이 의미심장하다. 이 소설이 발표된 시기가 러일전쟁 이후라는 사실은 중요한 참조체계에 속한다. 동아시아의 질서의 전면적 재편이라는 관점이 소설 속에 투영되었다. 그런데 『혈의 누』 상편에 등장하는 해항도시는 부산이 아니라 제물포이다. '옥련'이 부상당하여 일본군 군의의 도움으로 제물포에서 오사카로 가게 된다.

옥련의 눈에는 모두 처음 보는 것이라. 항구에는 배 돛대가 삼대 들어서듯 하고, 저잣거리에는 이층 삼층집이 구름 속에 들어간 듯하고, 지네같이 기어가는 기차는 입으로 연기를 확확 뿜으면서 배는 천동지동 하듯 구르며 풍우같이 달아난다. 넓고 곧은 길에 갔다 왔다 하는 인력거 바퀴 소리에 정신이 없는데, 병정이 인력거 둘을 불러서 저도 타고 옥련이도 태우니 그 인력거들이 살같이 가는지라, 옥련이가 길에서 아장아장 걸을 때에는 인해 중에 넘어질까 조심되어 아무 생각이 없더니, 인력거 위에 올라앉으며 새로이 생각만 난다.[103]

이처럼 제물포는 항구와 배 그리고 이층 삼층집 형태의 근대적인 주거공간 그리고 기차와 화륜선 등 다양한 표상으로 그려지고 있다. 여기서 한 가지 눈에 띄는 표상이 '기차'이다. 경인선이 부설된 것이 1899년이니 1894년 당시 '기차'는 가장 중요한 근대 표상 가운데 하나인데 원근법으로 서술함으로써 문명의 표상들을 한데 배치하려는 작가의 의도를 반영한다. 제물포와 오사카를 연결하는 항로는 개항 이후 많은 사람이 이용한 뱃길이다.[107] 이인직이 해항도시 부산을 그의 작품 속에 등장시키는 것은 『혈의 누』 하편이다. 물론 '옥련'의 아버지 '김관일'이 부산에 사는 장인 '최주사'의 도움을 받아 미국으로 떠난 곳은 부산으로 추정된다. 장인과 함께 인천으로 갔다 미국으로 가지는 않았을 터이므로 당시의 항로로 볼 때 부산항에서 일본을 경유하였을 가능성이 크다. 조갑상은 '최주사'와 부산의 관계에 중요한 사회학적인 의미를 부여한다. "최주사는 평양의 아전계급 출신으로 부산으로 내려와 객주업으로 큰돈을 번 인물로 파악될 수 있다"라는 지적이다.[108] 청일전쟁 십여 년 전, 갑신정변이 일어나던 해 전후에 부산으로 이주한 '최주사'의 뚜렷한 이주 동기는 알 수 없다. 아마 상업적 목적에서 비롯한 일일 터인데 1876년 부산의 개항 이후 원산(1880), 인천(1883), 목포와 진남포(1897), 군산과 마산(1899) 등이 차례로 그 대열에 합류하면서 개항도시에 조선과 일본 상인들이 이주하여 상업 활동을 전개하게 된다.[109] 평양 출신의 상인 '최주사'가 부산으로 이주한 것도 개항장을 통해 장사를 하기 위한 목적이라 생각되며 그 근거는 여럿이다. 첫째 개항이 되자 조선인 객주와 상인들이 전국 사방에서 부산으로 몰려들었다는 점. 둘째 '최주사'가 이주할 당시에 생긴 부산의 상업 조건의 변화, 일본 상인은 조계지 10㎞ 밖 여행이 금지되었으나 1985년에 가서 개항장 밖 행상이 가능하였음. 셋째 출신지역과 무역하는 관행이 있었다는 점.[110] '최주사'는 변화하는 상업 상황에 적극적으로 대처하여 부산으로 내려와 평양의 상품들을 일본과 조선의 다른 상인들에게 파는 '거류지무역'에 합류한 것이다. 그런데 정작 부산의 경기가 크게 살아난 시기는 1989년 이후로 보인다. 1883년 말 1,740명이던 부산의 일본인은 1889년에는 한꺼번에 3,033명으로 증가되고 1890년에는 4,344명, 1891년에는 5,254명으로 대폭 늘어난다. 오사카와 부산 간의 항로개설이 영향을 미쳤을 것이다.[111] 1889년 부산 거류 일본인의 직업별 분포는 고용인 240호, 날품팔이와 하역 날품팔이 166호, 소매잡상 135호, 여러 직공 115호, 도매상 95호, 무역상 90호, 어부 61호, 잡점 잡업 60호, 관공리 39호, 교사·의사·신관·승려·서생 25호, 무직 17호, 전당포 10호, 제조업 8호, 유곽·예기 6호, 해상운송 대리업 5호, 요리점 4호, 은행 2호, 해상운송업 2호 여관 1호,

총 1,081호이다.[102] 이러한 일본인들의 동향에 비춰 이들과 조선인들을 매개하는 객주업이 더불어 번성했음을 짐작할 수 있다. 그런데 본격적으로 부산의 근대풍경이 등장하는 『혈의 누』 하편의 배경은 임인년(1902년)이 지난 뒤이다. 옥련의 어머니가 그녀의 편지를 받는 것으로 상편이 끝나기 때문이다.

> 부산 절영도 밖에 하늘 밑까지 툭 터진 듯한 망망대해에 시커먼 연기를 무럭무럭 일으키며 부산항을 향하고 살같이 들이닫는 것은 화륜선이다.
> 오륙도, 절영도 두 틈으로 두 좁은 어구로 들어오는데 반속력 배질을 하며 화통에는 소리가 하늘 당나귀가 내려와 우는지, 웅장한 그 소리 한마디에 부산 초량이 들썩들썩한다. 물건을 들이고 내는 운수 회사도 그 화통 소리에 귀를 기울이고 사람을 보내고 맞아들이는 여인숙에서도 그 화통 소리에 귀를 기울이는데, 화륜선 닻이 뚝 떨어져서 삼판 배가 벌떼같이 드러난다. 부산 객주에 첫째나 둘째 집 가는 최주사 집 서기 보는 소년이 큰사랑 미닫이를 열며,
> (소년)"여보시오, 주사장. 진남포에서 배 들어왔습니다. 우리 짐도 이 배편에 왔을 터이니 사람을 내보내보아야 하겠습니다."
> 최주사는 낮잠을 자다가 화륜선 화통 소리에 잠을 깨어 일어나 앉아서 무슨 생각을 하고 있던 터이라. 서기의 말을 들은 체 만 체 하고 앉았다가 긴치 않은 말대답하듯,
> (최)"날더러 물을 것 무엇 있나. 자네가 알아서 할 일이지."
> 소년은 자기 방으로 가고 최주사는 큰사랑에 혼자 앉았더라.[113]

『혈의 누』 하편의 도입부에 배치된 이러한 풍경에서 '최주사'가 '진남포'와 무역을 하는 사정을 알 수 있다. 평안도 지역의 상품과 특산물들을 부산으로 실어와 일본상인과 조선상인에게 판 것으로 보인다. 소위 '거류지무역'으로 부산에 펼쳐지고 있는 상업자본주의의 양상을 이해할 수 있지만[114] 이 소설이 그 구체적인 경과를 서술하고 있지는 않다. 오히려 시각과 청각을 동원하여 '화륜선'이라는 근대 표상을 전면에 부각하고 있을 따름이다. 이러한 표상의 묘사는 사회문화적 표상체계의 변동을 의미한다. '화륜선'은 교통의 새로운 미디어로 자본주의 기계문명을 표상하며 이것이 뿜어내는 시각과 청각의 이미지는 기존의 자연현상을 대체한다.[115] 그런데 이와 같은 이인직의 풍경에는 장소의 구체성이 결여되어 있다. 크로즈업되는 '화륜선'처럼 외부의 문명만 비대화한다. 그에게 지리적 공간의 결정성보다는 시간적 요소에 의해 유동화하는 공간의 변용성을 내포하는 토포스에 대한 인식이 결여되어 있다. 즉 타자를 의식하고 타자와 비교함으로써 자기존재의 의미를 찾는 토포스의 인식이 없이 오직 의식이 외부의 타자를 향해 있다.[116] 다시 말해서 청일전쟁을 겪고 러일전쟁의 전야에 임박했음에도 불구하고 태평성대를 구가하고 있는 '최주사'의 태도처럼 이인직의 문제의식은 내부를 성찰하지 못한다. 그에게 식민도시 '부산'은 문명 세계로 가는 관문에 불과하다.

이인직은 『혈의 누』에서 '최주사'의 '부산'을 통하여 어떤 관점에서 상인의 의미를 제시하고 있다. 상인은 고도의 적응 능력을 갖춘 계층으로 객주나 거간과 같은 중개상일 경우에 더욱 그러한 성격이 강하다고 할 수 있다. 그래서 개항장 부산은 자본주의 문화의 패권적 우위에 대한 거부할 수 없는 개방성을 로컬리티의 한 원형으로 삼게 된다.[117] 상인들이 보이는 이(異)문화 문화 접변(acculturation)의 양상은 '필요성'이라는 필터에 의한 수용이다. 그들은 자본주의 문명과 문화의 운반자라 할 수 있다.[118]

해항도시 부산의 원형에 내재한 상품시장으로서의 개방성이 도피와 월경의 공간으로 반영된 소설이 『귀의 성』이다. 축첩제도의 모순 속에서 빚어진 살인과 복수의 드라마를 연출하고 있는 이 소설이 서술하고 있는 사회상은 무질서에 가깝다. 이인직은 이 소설을 통해 범죄행위에 대하여 공적인 제도에 의하여 처결되지 못하는 반문명적 사회상을 제시함으로써 역설적으로 문명의 가치와 원칙을 강조하고 있다. 이 소설에서 부산은 한편으로 살인자들의 도피처이고 다른 한편으로 그들에게 복수를 가한 또 다른 살인자들이 월경하는 공간으로 그려진다.

1) 일이 탄로가 되어 부산으로 도망한 후에 김승지의 부인도 세도하던 꼭지가 돌았던지 돈 한 푼 쓸 수 없이 되었는데, 점순이가 처음으로 부치던 편지는 잘 가고 회편에 백 원이 왔으나, 점순의 마음에는 이만 돈은 이후에 몇 번이든지 서울서 부쳐주려니 생각하고, 부산 초량 같은 번화한 항구에서 최가와 돌아다니며 구경도 하고 무엇을 사기도 하다가, 겨우 하루 동안에 돈이 반은 없어지는지라. 최가는 돈을 몇만 원이나 가진 듯이 희떱게 돈을 쓰려 하는데, 본시 점순이는 주밀한 사람이라. 우선 오막살이 집이라도 사서 있는 것이 주막집에 있기보다 조용하겠다 하고, 방 한 칸 부엌 한 칸 되는 집을 사서들인 터이라. 이전 같으면 점순이 같은 위인이 그러한 집 꼬락서니를 보면, 점순의 마음에 저 속에도 사람이 있나 싶던 점순이라, 죄짓고 탄로가 되어 망명한 중인 고로

마지못하여 있으나, 마음에는 지옥에 들어앉은 것 같은지라.[119]

2) 김승지도 평생에 홀아비로 지내려 하는 작정이요, 침모도 평생을 과부로 지내려 하는 작정이 있더니, 강동지가 그런 편지 한 것을 본 즉, 김승지와 침모의 마음에 죽은 춘천집의 모자도 불쌍하거니와 산 강동지의 내외를 더 불쌍하게 여겨서 김승지와 침모가 내외 되어, 강동지 내외 일평생에 고생이나 아니하고 죽게 하자는 의논을 하였으나, 강동지는 김승지 부인을 죽이고 침모의 집에 가던 그날 그 마누라를 데리고 남문 밖 정거장 앞에 가 앉았다가, 경부 철로 첫 기차 떠나는 것을 기다려 타고 부산으로 내려와서, 부산서 원산 가는 배를 타고 함경도로 내려가더니, 며칠 후에 해삼위로 갔다는데 종적을 알 수 없더라.[120]

1)에서 '부산'은 살인의 범죄를 저지른 이들의 도피처이다. 우선 서울에서 먼 곳으로 피신하였다는 의미를 지니는데 그러함에도 편지를 보내고 우편환을 받기도 한다. 이미 사쿠라이 군노스케의 서술에서 보았듯이 일본인 거류지에는 필요한 근대적인 제도들이 대부분 갖추어져 있다. 빠른 전신환이 있었기에 점순 일당을 서울에서 지원하기 어렵지 않았다. 여기다 1904년 2월 러일전쟁이 발발하자 다급해진 일본이 공사를 급진전시킨 탓에 경부철도가 8월에 개통이 되었으니 식민지 조선의 시공간은 급속하게 통합된다. 철도건설과 더불어 러시아를 견제하기 위해 일본이 적극적인 이민 정책을 펼치게 되면서 부산을 위시한 조선의 여러 지역의 일본인은 놀라울 만큼 증가한다.[121] 철도가 이들 범죄자의 신속한 도피를 가능하게 했다면 러일전쟁 이후의 혼란스

러운 상황이 이들의 은폐를 도왔다. 아울러 "번화한 항구"는 이들을 익명성의 공간 속에 묻어버린다. 1987년 전관거류지가 설정될 때까지 도시라고 할 만한 시설이 없던 공간에 거류지를 구획하고 행정조직과 영사관을 두고 그 주변에 광대한 매립지를 조성하여 세관과 철도용지로 사용함으로써 도시를 형성하였는데, 일한병합 이전에 이미 주요 시가지의 원형이 형성되었다. 여기다 1909년경 부산항의 조선인 상인이 1,367명이었다고 하니[122] 당시로 '번화한 항구'였음에 틀림이 없다. 그런데 2)는 부산항이 월경을 위한 공간으로 서술되고 있다. 딸의 원수들을 살해한 '강동지 부부'는 부산에서 배를 타고 원산을 거쳐 블라디보스토크로 잠적한다. 이들이 러시아를 선택한 데 일정한 연유가 없지 않다. 일본과 대결 국면에 처한 나라로 피신함으로써 향후 있을 처벌을 피할 요량이 아니었나 짐작한다.

1905년 러일전쟁에 승리하면서 조선을 보호국화한 뒤 부산의 도시공간은 더욱 팽창한다. 경부철도가 놓이고 이에 연동하여 관부연락선이 개설되면서 식민지 해항도시 부산의 규모가 확대되는 것이다. 본정(지금의 동광동), 변천정(지금의 광복동), 부평정(지금의 광복동 일부) 등 일본인 거리 중심에서 일본인의 증가와 더불어 조선인 거주지가 주변부를 형성하게 된다. 이러한 주변부엔 일본인 거리를 둘러싼 남부민정(지금의 남부민동), 곡정(지금의 아미동), 대신정(지금의 대신동)이 있고 교외의 초량정, 영주정, 좌천정, 범일정 등이 있어 조선인들이 살았다.[123] 소위 식민도시가 표상하는 이중도시의 면모를 갖게 된다. 그런데 이러한 이중도시를 이분법적 시각으로 이해하는 일은 잘못이다. 불균등 발전을 전제하되 상호연관성에서 비롯하는 혼종화 과정을 주목하지 않을 수 없다.[124] 이해조의 『비파성』(1912)은 부산의 혼종적 국면을 "부산항은 내외 상인이 복잡하게 모여들고 동서양 물화가 번창하게 왕래하는 곳이라 도처마다 객주 집에는 너무 조용치를 못한즉, 잠시라도 유숙할 수 없는 중"[125]이라 하였다. 개방성과 더불어 혼종문화(hybrid culture)는 식민지 해항도시 부산의 특성이라 하겠다.

식민지 해항도시 부산의 개방성과 혼종화가 잘 드러나는 소설이 최찬식(1912)의 『추월색』이다. 이 소설의 기본 구도는 일본과 조선과 만주가 철도에 의해 하나의 시공간에 있음을 전제한다.[126] 부산은 주인공 '이정임'이 일본으로 탈주하는 과정의 결절지이다. 그것은 단순하게 "동경을 가자면 남문 역에서 연락차표를 사가지고 부산 가서 연락선 타고 하관까지 가고, 하관서 동경 가는 차를 다시 타고 신교 역에서 내린"[127]과정에서 그쳐가야 할 곳에 지나지 않는다. 그렇지만 작가는 부산에서 주인공을 고난에 처하게 하는 흥미진진한 삽화를 개입시킨다. 그만큼 식민지 해항도시가 가지는 소설적 매력이 있기 때문이다. 식민도시 부산에서 겪게 되는 주인공의 고난은 여자들을 색주가에 팔아넘기는 인신매매범에게 감금되었다 도주하는 일이다. 도시가 커지고 다층화되면서 도심 내 유흥가가 발달하고 주변에 빈민가나 사창가가 형성되었다는 의미이다. 그런데 일본이 건설한 식민도시에는 피지배 민족의 매춘부뿐만 아니라, 일본인 매춘부나 기타 유흥업에 종사하는 일본 여성이 많이 생활하고 있었던 것으로 알려져 있다.[128] 주인공의 고난은 소위 '도시 문제'를 의미한다. 다음으로 주인공이 일본인 복장을 하고 월경하는 과정을 들 수 있다. 이는 이목을 피하기 위한 방편에 그치지 않고 의복이 신체의 연장

(延長)이라는 점에서 일본과 식민지 조선의 문화가 혼종화되는 양상을 의미하는 것이라 이해해도 무방하다. 마지막으로 관부연락선에 의한 수월한 월경을 들 수 있다. 1901년 고베에서 큐수의 북단까지 사철(私鐵)을 개통한 바 있는 산요(山陽)철도주식회사는 1905년 9월 11일 신조선 이끼마루(壹岐丸)를 투입하여 시모노세키에서 부산까지 격일 운항을 시작한다. 그러다 이해 11월부터 매일 취항하게 되는데, 1906년 12월 국유화된다. 11월 27일 정부가 매수하여 철도청 물수부가 담당하도록 한다. 이로부터 관부연락선과 항로는 일본 철도청 히로시마철도국에서 관장하며 1945년 6월까지 독점적으로 운영된다. 1906년 국유화 이후 관부연락선은 매일 야간항해 편을 운영하는 한편 격일로 주간항해 편을 운행하였다. 그리고 1911년 12월부터 주간항해 편도 매일 운항하게 되었는데 그때부터 매일 주야 2회 부산과 시모노세키 양지에서 출항하게 된다.[129]

앞에서 말했듯이 부산을 "조선을 축사한 것, 조선을 상징한 것"으로 규정한 이는 염상섭이다. 염상섭의 『만세전』(1922년 발표, 1948년 개작)은 동경 유학생이 조혼한 부인의 장례를 치르고 다시 동경으로 떠나는 여로를 서술하고 있다. 이 소설의 주인공 '이인화'는 기차와 연락선을 번갈아가면서 동경에서 고베와 시모노세키, 부산과 김천 그리고 경성에 이른다. 그리고 경성을 떠나면서 재혼을 권유하는 형의 요청에 "겨우 무덤 속에서 빠져나가는데요?"[130]라고 응답한다. 이러한 응답처럼 이 소설이 발표될 당시의 원제는 '묘지'이다. '만세 전', 즉 3.1 이전의 조선의 현실을 빗댄 은유라는 점에서 그는 문명을 지향한다. 그러나 그를 일방의 근대주의자로 몰아가는 것은 단견이다. 염상섭은 소설의 주인공을 내세워 1차 대전 이후의 세계개조론에 기대어 일본과 식민지 조선을 사색한다. 소설은 그 첫머리에서 "조선에 '만세'가 일어나던 전해 겨울", "세계대전이 막 끝나고 휴전조약이 성립되어서 세상은 비로소 번해진 듯싶고, 세계개조의 소리가 동양 천지에도 떠들썩한 때"라는 설정으로 시작하여 예의 '무덤' 탈출이라는 주장으로 끝막음한다. 이런 가운데 소설의 주제를 암시하는 다음과 같은 구절을 결말에 배치한다.

> 우리 문학의 도(徒)는 자유롭고 진실된 생활을 찾아가고, 이것을 세우는 것이 그 본령인가 합니다. 우리의 교유, 우리의 우정이 이것으로 맺어지지 않는다면 거짓말입니다. 이 나라 백성의, 그리고 당신의 동포의, 진실된 생활을 찾아나가는 자각과 발분을 위하여 싸우는 신념 없이는 우리의 우정도 헛소리입니다.(200)

동경의 여인 '정자'와의 관계를 정리하는 편지의 말미이지만 제국개조론[131]을 반영한 대목으로 보인다. 그러므로 그가 이 소설을 통해 식민지 조선을 '무덤'으로 비유한 것을 제국의 시선으로 바라본 사시(斜視)로 오인할 까닭이 없다. 이 소설의 주인공 '이인화'는 사색가이지만 관념의 주변을 맴돌지 않는다. 그래서 그는 "…하다. 그러나" 또는 "…하지만 …하다"와 같은 어법을 구사한다. 그야말로 구체적인 진실을 탐색하기 위하여 일상과 생활의 겉과 속을 따지고 있다. 그만큼 구체에 몰두하되 그 세목에 매몰되지 않는 면모를 보이는데 사람을 만나거나 거리를 나설 때 한결같이 이러한 태도를 견지한다. 주인공을 통하여 그가 관부연락선을 타고 부산에 도착하여 연계되는 경부열차를 타기까지 틈새 시간을 식민지 해항도시를 산책하는 일도 조선의 축도인 부산을 섬세하게 읽으려는 데 기인한다.

부산에 도착한 주인공이 처음 겪는 일은 검문이다. 당시 관부연락선을 이용하여 도항하고 귀향하는 조선인의 수가 많이 늘어난 시기이므로 유학생 청년인 그가 귀향 과정에 심문의 대상으로 지목된 것으로 보인다.[132] 주인공은 "출출한 듯하기도 하고, 차시간까지는 서너 시간 남았고, 늘 지나다니는 데건마는 이때껏 시가에 들어가서 구경하여본 일이 없기에, 조선 거리로 들어가 보기로"한다. 내포된 작가에 의하여 "조선 거리"라 명명하는 데 있어 주인공의 이중적인 시선이 감지되는데, 유학생으로서 그에게 일본의 여러 시가가 익숙한 때문이다. 그러나 이러한 산책의 동기가 제국의 렌즈를 낀 유학생의 단순한 호기심에 있는 것은 아니다. 주인공은 부산을 식민지 조선의 제유로 인식하기 위해 시가를 향한다.[133]

> 부두를 뒤에 두고 서편으로 곱들어서 전찻길을 끼고 큰길을 암만 가야 좌우편에 이층집이 쭉 늘어섰을 뿐이요, 조선 사람의 집이라고는 하나도 눈에 띄는 것이 없다. 얼마도 채 못 가서 전찻길은 북으로 꼽들이게 되고 맞은편에는 극장인지 활동사진인지 울그데불그데한 그림 조각이며 깃발이 보일 뿐이다. 삼거리에 서서 한참 사방팔방을 돌아다보다 못하여 지나가는 지게꾼더러 조선 사람의 동리를 물어보았다. 지게꾼은 한참 망설이며 생각을 하더니 남쪽으로 뚫린 해변으로 나가는 길을 가리키면서 그리 들어가면 몇 집 있다 한다. 나는 가리키는 대로 발길을 돌렸다. 비릿하기도 한 냄새가 코를 찌르는 해산물 창고가 드문드문 늘어선 샛골짜기를 빠

져서 이리저리 휘더듬어 들어가니까, 바닷가로 빠지는 지저분하고 좁다란 골목이 나타났다. 함부로 세운 허술한 일본식 이층집이 좌우로 오륙 채씩 늘어섰는 것이 조선 사람의 집 같지는 않으나 이 문 저 문에서 들락날락하는 사람은 조선 사람이다. 이 집 저 집 기웃기웃하며 빠져나가려니까, 어떤 이층에는 장구를 세워놓은 것이 유리창으로 비치어 보인다. 그러나 문간에는 대개 여인숙이라는 패를 붙였다. 잠깐 보기에도 이런 항구에 흔히 있는 그러한 너저분한 영업을 하는 데인 것이 분명하다. 그러나 아침결이 돼서 그런지 계집이라고는 씨알머리도 눈에 아니 띈다.(112-113)

중심부 일본인 거리를 향하지 않고 주인공은 애써 조선인 거리를 찾다보니 주변부 '여인숙' 거리에 이르게 된다. 전형적인 이중도시의 풍경이다. 그러나 이 시기 부산은 일본인 전관거류지로부터 북쪽 부산진에 이르는 공간으로 팽창한다. 부산진 매축이 한창인 때였으므로 주인공은 지금의 중앙동 방향으로 향하다 해안지대에 이른 것으로 추정된다. 북빈매축공사(1902-1908), 영선산착평공사(1909-1913), 부산진매축공사(1912-1921)의 과정[134]을 거치면서 식민지 해항도시 부산의 규모는 놀라보게 증식한다. 배후산업지 조성 등 불균등발전이 있었고 주변부로 조선인들이 모여드는 현상이 있었지만, 이중도시의 면모가 상당 부분 해체되는 양상이 없지 않다. 이는 당시의 인구 변화의 추이를 보아도 알 수 있을 터인데 당시 부산의 인구는 일본인과 조선인을 합쳐 약 7만으로 추정된다.[135] 공간적 배치는 이미 그 자체가 사회적으로 형성되는 사회적 현상이며, 사회적 변화가 사람들에게 영향을 미치는 통로며, 그 변화에 의해 야기되는, 집합적인 삶의 양상 자체의 변화이다.[136] 『만세전』의 이인화가 경험하는 해항도시 부산 또한 식민지 근대적 삶의 양식을 창출하고 있는 공간이다. "인류학자는 걸어서 도시에 도착하고, 사회학자는 자동차를 타고 큰길을 통해, 그리고 커뮤니케이션 전문가는 비행기를 타고 도착한다"고 했듯이 주인공은 마치 인류학자처럼 도시를 걸으면서 제국 일본의 문화가 융합, 결합, 침투 그리고 대립, 대화하는 과정을 구체적으로 살피는데 이 소설을 통해 드러나는 식민지 해항도시 부산의 혼종화 과정[137]은 여러 가지 양상으로 나타난다. 1) 주거공간의 혼종화 2) 거주 일본인의 혼종화 3) 인종적 혼종화. 1)은 조선 사람이 사는 집들이 일본화되어 가는 양상으로 나타난다. 집이 삶의 양식을 만드는 조건이라는 점에서 주거공간의 변화는 단지 방편이 달라진 것이 아니라 의식과 생활이 바뀌었음을 뜻한다.

> 다시 큰길로 빠져나와서 정거장으로 향하다가, 그래도 상밥 파는 데라도 있으려니 하고 이 골목 저 골목 닥치는 대로 들어가 보았다. 서울 음식같이 간도 맞지 않을 것이요 먹음직할 것도 없겠지마는, 무엇보다도 김치가 먹고 싶고 숟가락질을 하여보고 싶어서 찾아다니는 것이다. 그러나 조선 사람 집 같은 것은 그림자도 보이지 않는다. 간혹 납작한 조선 가옥이 눈에 띄기에 가까이 가서 보면 화방을 헐고 일본식 창틀을 박지 않은 것이 없다. 그러나 우스운 것은 얼마 되지도 않은 좁다란 시가지지마는 큰길이고 좁은 길이고 거리에 나다니는 사람의 수효로 보면 확실히 조선 사람이 반수 이상인 것이다.(113-114)

이처럼 주거공간의 혼종화가 일반화한 장소가 부산의 시가이다. 당연히 그에 따르는 생활의 변화가 있기 마련이라면 음식과 의복에서도 혼종화 양상이 있을 것이나 문면에 묘사된 바는 없다. 2)는 주변부 지역으로 이주해온 일본인 여성들의 생활에서 드러난다. 주변부 주점 접대부 일을 하는 그녀들은 조선의 대중문화와 결합한다. 하지만 그녀들과 식민지 조선인들 사이에 오가는 시선의 권력은 제국과 식민지의 구도를 벗어나지 않는다. 주인공이 조선인이기 때문에 그녀들은 더 개방적이고 노골적이지만 그 내면에는 특권화된 의식이 자리한다. 3)은 일본인 아버지와 조선인 어머니 사이에서 태어난 혼혈여성의 존재를 의미한다.

> 조선 사람 어머니에게 길리어 자라면서도 조선말보다는 일본말을 하고, 조선옷보다는 일본옷을 입고, 딸자식으로 태어났으면서도 조선 사람인 어머니보다도 일본 사람인 아버지를 찾아가겠다는 것은, 부모에 대한 자식의 정리를 지나서 어떠한 이해관계나 일종의 추세라는 타산이 앞을 서기 때문에 이별한 지가 벌써 칠팔 년이나 된다는 애비를 정처도 없이 찾아간다는 것이라고 생각할 제, 이 계집애의 팔자가 가엾은 것보다도 그 에미가 더 가엾다고 생각지 않을 수 없었다.(122)

여기에 등장하는 혼혈 여성은 식민지 문화의 부정적 상징으로 등장한 것은 틀림이 없다.[138] 피의 섞임이 정체성의 훼손이라는 시각이 지배적인 탓이다. 사실 혼종화 과정과 정체성 형성은 별개의 문제가 아니다. 그러함에도 인종적 순수성을 특권화하는 제국과 식민지의 구도에서 혼혈은 정체성의 분열을 의미한다. 달리 말해서 이 경우 혼종화는 인종차별주의와 연관되어 열등한

잡종인간이라는 해석을 낳게 한다. 말할 것도 없이 염상섭이 이러한 인식의 지점에 이른 것은 아니다. 다만 이 소설에 등장하는 혼혈 여성을 식민지 해항도시에서 나타나는 혼종화 과정을 매우 효과적으로 상징하는 장치로 받아들일 수 있게 한다.

제 5 장

해양 모더니티의 중층성

해양 근대성의 지평

관부연락선은 일본 제국의 미디어이자 표상이지만 우리의 처지에서 보면 대양을 차단한 해협의 통로에 불과하다. 이를 본격적인 해역이라 할 수 없으니 이를 매개로 바른 의미의 해양근대성(maritime modernity)을 생각하게 된다. 다시 말하여 해양 근대성을 앞에 두고서 한국의 근대와 근대문학을 다시 사유하자는 제안이다. 이는 다소 돌연하고 엉뚱하지만, 발본의 관점에서 우리 문학의 근대에 관한 질문을 해 보려는 의도를 품는다. 가령 식민지하에서 소설의 근대성 획득이 가능할 수 있었는가, 라는 물음은 21세기도 이십수 년이 지난 지금껏 한국문학을 맴돌고 있다. 제국 내 지방문학이냐 아니면 식민지적 근대를 껴안고 나아갔는가? 분단과 더불어 국민문학과 민족문학이라는 이란성 쌍생아의 범주에 구속되어 세계문학으로 나아가는 길을 잃지는 않았는가? 급기야 제국주의의 경험이 없는 한국문학이 세계문학에 미달인 상황은 당연한 현실이라는 주장(조영일)이 제출되기에 이른다. 그렇다면 동유럽과 라틴 아메리카의 문학은 무엇인가? 제국주의의 경험이 없었지만 유럽문학의 자장 안에 있었기 때문에 문제가 없다는 말인가? 같은 동아시아 국가인 일본의 식민지가 된 조선의 특이성이 드러나 보일 수 있는 질문들이다.

그러나 제국주의 국가보다 식민지가 훨씬 더 많았다는 사실을 생각해야 한다. 나쓰메 소세키(夏目漱石)와 루쉰(魯迅)을 생각하는 것도 하나의 방법이다. 그들이 소위 '동양적 근대'를 창출하는 과정은 서로 다른 복수의 근대가 가능했음을 알려준다. 여기서 나는 이러한 길을 우회하면서 칼 슈미트가 말한 '대양적 전환'(oceanic turn)을 주목하고자 한다. 서구는 대양적 전환을 거치면서 세르반테스(Cervantes)의 『돈키호테』와 다니엘 디포의 『로빈슨 크루소』가 등장한다. 실제 세르반테스는 지중해 시대에서 대서양시대로 전환하는 계기가 되는 '레판토 해전'에 참전한다. 다니엘 디포는 영국의 동인도회사 직원으로 일한 바 있다. 이러한 경험들이 달라진 세계에서 모험하는 주인공에 관한 서술을 가능하게 하였다. 이미 우리는 두 개의 인간형에 대한 분류를 알고 있다. 이반 투르게네프(Иван Тургенев)가 말한 햄릿형과 돈키호테형이 있다. 그러나 근대소설을 말할 때 돈키호테 풍과 다니엘 디포 풍(마르트 로베르)으로 구분하기도 한다. "일반적으로 소설이란 과거의 위대한 서사시 형식의 후예로 간주되고 있지만, 오늘날 우리가 사용하고 있는 의미로서의 소설은 비교적 최근의 장르로서, 그것을 생겨나게 한 전통과는 대단히 느슨한 관계가 있을 뿐이다. 한편으로는 돈키호테의 잊을 수 없는 모험 행각과의 관계에 의해 태어나고, 다른 한편으로는 로빈슨 크루소의 난파선과 무인도의 관계에 의해 태어난 근대소설은, 역사가가 소설의 출신을 귀족적이라고 인정하고 있음에도 불구하고, 그리고 때로는 소설 자체가 귀족 출신이라고 내세움에도 불구하고, 실제로는 문학에 있어서 하나의 신참자이고, 성공한 하나의 평민이며, 여러 세기에 걸쳐 이룩된 다른 장르를 밀어내고 그 자리를 차지하는 가운데 언제나 약간 벼락출세자로, 게다가 때로는 모험가로 보이는 하나의 평민인 것이다."[139] 여기서 소설의 장르적 특성을 요약하는 것은 무의미하다. 무한한 자유를 누리는 소설에서 우리가 주목해야 할 것은 그 인물들이다. 근대 소설의 인물들은 추구하는 자들이다. 그들은 자기를 둘러싼 세계 안에서 자신의 목적과 이상을 실현하려 한다. 문제는 그들이 처한 현실과 추구하는 삶의 과정이다. 작가는 소설의 인물을 창출하면서 다른 세계를 꿈꾼다. 소설의 근대란 바로 이러한 작가의 탄생을 통해 가능하다. 나쓰메 소세키는 영국 런던에서 유학하였다. 모리 오가이(森鷗外)는 독일 유학을 했다. 루쉰은 상하이를 떠나 일본 유학을 경험한다. 이인직과 이광수와 염상섭 등 식민지 조선의 문인들은 제물포와 부산을 통해 일본으로 갔다. 새로운 세계 경험을 통하여 이들은 각기 다른 형태로 근대를 추구한다. 단지 '현해탄 콤플렉스'로만 한정할 수 없는 경험의 지평이 열렸던 셈이다. '관부연락선'은 단지 하나의 수단이 아니라 이러한 경험을 표상한다. 이러한 점에서 이병주가 자신의 소설의 표제를 '관부연락선'으로 내세운 의의가 있다. 물론 그가 관부연락선의 의의와 한계를 해양 근대성과 결부하여 말하지는 않았다. 그러함에도 그가 이를 중요한 표상으로 인식한 대목에서 어떤 실마리를 구할 수 있다.

우리 소설의 근대는 청일전쟁(이인직의 『혈의누』)으로부터 시작한다. 그리고 『혈의누』 하권에 이르러 증기선이 연기를 내뿜는 부산항이 등장한다. 염상섭의 『만세전』이 중요한 것은 주인공이 제국과 식민을 오가며 주체와 세계를 인식하는 과정에 있다. 부산을 "조선을 축사한 것, 조선을 상징한 것"으로 규정한 이는 염상섭이다. 염상섭의 『만세전』(1922년 발표, 1948년 개작)은 동경 유학생이 조혼한 부인의 장례를 치르고 다시 동경으로 떠나는 여로를 서술하고 있다. 이 소설의 주인공 '이인화'는 기차와 연락선을 번갈아가면서 동경에서 고베와 시모노세키, 부산과 김천을 경유하여 경성에 이른다. 그리고 경성을 떠나면서 재혼을 권유하는 형의 요청에 "겨우 무덤 속에서 빠져나가는데요?"라고 응답한다. 이러한 응답처럼 이 소설이 발표될 당시의 원제는 '묘지'이다. '만세 전', 즉 3·1 이전의 조선의 현실을 빗댄 은유라는 점에서 그는 문명을 지향한다. 그러나 그를 일방의 근대주의자로 몰아가는 것은 단견이다. 염상섭은 소설의 주인공을 내세워 1차 대전 이후의 세계개조론에 기대어 일본과 식민지 조선을 사색한다. 소설은 그 첫머리에서 "조선에 '만세'가 일어나던 전해 겨울", "세계대전이 막 끝나고 휴전조약이 성립되어서 세상은 비로소 번해진 듯싶고, 세계개조의 소리가 동양 천지에도 떠들썩한 때"라는 설정으로 시작하여 예의 '무덤' 탈출이라는 주장으로 끝막음한다. 이런 가운데 소설의 주제를 암시하는 다음과 같은 구절을 결말에 배치한다.

> 우리 문학의 도(徒)는 자유롭고 진실된 생활을 찾아가고, 이것을 세우는 것이 그 본령인가 합니다. 우리의 교유, 우리의 우정이 이

것으로 맺어지지 않는다면 거짓말입니다. 이 나라 백성의, 그리고 당신의 동포의, 진실된 생활을 찾아 나가는 자각과 발분을 위하여 싸우는 신념 없이는 우리의 우정도 헛소리입니다.

동경의 여인 '정자'와의 관계를 정리하는 편지의 말미에 나오는 진술로 당시의 개조론을 반영한 대목으로 보인다. 그러므로 그가 이 소설을 통해 식민지 조선을 '무덤'으로 비유한 것을 제국의 시선으로 바라본 사시(斜視)로 오인할 까닭이 없으며 오히려 근대를 구체적으로 사유하는 과정으로 받아들이게 한다.

이병주는 '유태림'이라는 인물을 통하여 이데올로기의 파고를 넘어 근대를 창출하려 하였다. 중도적 개혁주의라고 할 수 있는 그의 입장이 좌절로 귀결하지만, 그가 내세운 지향은 여전히 뚜렷한 바 있다. 이러한 그가 '관부연락선'을 전면에 내세운 것을 주목한다.

관부연락선은 영광의 상징일 수가 있으며 굴욕의 상징일 수도 있다. 영광이니 굴욕이니 하는 퍼세틱한 표현을 배제하고 필요한 수단이라고 말할 수도 있지만 필요한 수단으로서의 관부연락선은 지금 나의 관심 대상은 아니다. 영광이라고 하고 굴욕이라고 해도 일본인에겐 영광이고 한반도인에겐 굴욕이라고 구분할 생각은 없다. 그저 어떤 사람들에겐 영광이었고 어떤 사람에겐 굴욕의 통로였다는 뜻이다. 예를 들면 한일합방에 공로가 있었다고 해서 영작과 재물을 얻으러 가는 반도인에겐 영광의 통로일 수가 있었고 가난에 시달려 대륙지방을 팔려 가는 창녀들에겐 비록 그들이 일본인이라고 하더라도 굴욕의 통로가 아닐 수 없는 것이다.

> 미지의 운명을 향해 떠나는 사람은 그 미지의 운명을 앞두고 설레는 가슴속에서 스스로가 주인공이며, 긴 방랑을 마치고 돌아가는 사람은 미지의 세계로 향할 때보다는 더 불안한 마음으로 고향을 생각하는 그 생각을 되씹어보는 마음속에서 스스로가 주인공이 된다. 희망을 안고 떠나가는 사람은 그 희망으로 해서, 절망을 안고 돌아가는 사람은 그 절망으로 해서, 한동안 부두를 무대로 엮어지는 식전에서 각기 주빈인 스스로를 느낀다. 바꾸어 말하면 배를 대하면 누구나 감상적으로 된다는 얘긴데 시모노세키와 부산의 부두는 이국이 아니라면서 이국일 수밖에 없는 나라를 향해 오가는 연락선의 발착지로써 그 감상은 갖가지의 바리에이션으로 물들기도 한다. 관부연락선을 두고 그 숱한 민요와 유행가가 생겨난 것도 이유 없는 일이 아니다.

이처럼 관부연락선은 양가성과 이중성을 지닌 통로이다. 식민과 제국을 껴안고 넘어서야 할 계기이다. 문제는 이를 넘어서서 더 나아갈 수 없는 운명이다. 이를 한국문학의 상황으로 보아도 틀리지 않으리라 생각한다.

이병주의 『관부연락선』에는 오자키 호쓰미와 리하르트 조르게에 관한 이야기가 여러 차례 나온다. '스파이 조르게 사건'이 그에게 던진 영향이 적지 않았음을 의미한다. 여기서 논의를 약간 우회하여 일본의 거장 시노타 마사히로(篠田正浩) 감독이 2003년 제작한 대작 영화(상영시간 3시간) 『스파이 조르게』를 보자. 2차 세계대전 개전 직전까지 일본에서 암약한 전설적인 옛 소련 스파이 리하르트 조르게(Richard Sorge, 1895-1944)를 중심으로 미국 저널리스트이자 여성 혁명가인 아그네스 스메들리

(Agnes Smedley)그리고 조르게의 일본인 협력자 오자키 호쓰미(尾崎秀実)와 미야기 요도쿠(宮城與德) 등이 등장하는 이 영화는, 중일전쟁 전후 요동치는 동아시아를 서술하고 있다. 조르게의 국제 스파이 활동은 시노타 마사히로의 『스파이 조르게』를 비롯해 영화화된 것만도 3편이지만 특히 시노타 마사히로의 것이 주목되는 것은 고노에 후미마로(近衛文麿) 총리 산하 싱크탱크인 쇼와연구회에 소속된 오자키 호쓰미 때문이다. 말할 것도 없이 이 영화에서 서사의 중심축은 조르게의 활동에 있다. 조르게는 옛 소련군 첩보조직인 노농적위군 참모본부 4국에 소속되어 1930년부터 1933년까지 중국 상하이에서 활동한 뒤, 독일《프랑크푸르트 자이퉁》특파원 신분으로 일본으로 건너와 1941년 10월 체포될 때까지 9년간 암약하며 주일 독일대사에 접근해 탁월한 친화력과 일본에 관한 정보력으로 신임을 얻는다. 독일 정보를 마음대로 볼 수 있는 '대사 정보관'이란 신분을 이용해 독일의 소련 침공작전의 정확한 개시 일자(1941년 6월 20일)를 모스크바에 타전하고 고노에 후미마로 총리 내각의 브레인이자 공산주의자였던 오자키 호쓰미(1901-1944) 전 ≪아사히신문≫ 기자를 포섭해, 일본군이 미국·영국·프랑스가 식민지배하고 있던 지역의 남방작전을 개시하기로 결정한 1941년 9월 6일 '어전회의' 정보를 입수해 본국에 전한다. 이 덕분에 소련은 일본의 침공에 대비해 소련·만주 국경선에 집중배치했던 정예부대를 불러들여 모스크바 방어 작전에 성공할 수 있게 된다.

그런데 시노타 마사히로 감독은 이러한 조르게와 더불어 오자키 호쓰미에 대한 각별한 관심을 이 영화를 통해 표출한다. 이는 오자키 호쓰미가 견지한 동아협동체론의 좌절이라는 문제의

식을 부각시키려 한 결과가 아닌가 한다. 또 한 사람 오키나와 출신의 미야기 요도쿠도 눈길을 끄는데, 당시 일본제국주의에 대한 주변부 오키나와 사람의 입장을 어느 정도 반영하고 있는 대목이라 할 수 있다. 러시아 정부가 미야기의 유족에게 훈장을 수여한 일이 있다. 주일 러시아대사관은 2010년 1월 13일 '조르게 스파이 사건'의 관련자인 오키나와 출신 화가 미야기 요도쿠의 조카(81)에게 45년 전 수여가 결정된 '조국전쟁 제2 등 훈장'을 뒤늦게 전달한다. 옛 소련 정부는 미야기가 조르게의 첩보망의 일원으로 일본군의 초상화를 그려주면서 일본군 정보를 수집한 공헌을 인정해 1965년 훈장 수여를 결정한 바 있으나 1941년 6월 체포된 미야기는 2년 뒤 옥중에서 결핵으로 사망했고, 가족들은 '국적' 취급을 당해 뿔뿔이 흩어졌다. 말할 것도 없이 이 영화에 조선은 등장하지 않는다. 그러함에도 중일전쟁을 전후한 동아시아와 세계체제를 상상하는 데 매우 요긴하다. 아울러 동아신질서 구상이 실패로 끝나고 대동아공영권으로 나아가는 과정에서 전개되는 제국 내부의 갈등과 파열음을 읽을 수 있다. 이 영화가 시사하는 것처럼 제국과 식민지, 세계체계는 단순화된 도식으로 설명될 수 없다. 여러 겹의 복안(複眼)이 필요하다. 이병주의 『관부연락선』이 보여주는 스케일 또한 『스파이 조르게』에 못지않다. 이상적인 국민국가에 대한 비원을 품은 '유태림'의 삶과 비극적 운명을 상기하게 한다.

해항도시 부산은 관부연락선이라는 미디어를 매개로 해양모더니티(maritime modernity)의 중층성을 발현한다. 모더니즘, 리얼리즘, 해양문학이 정립되었다. 여기서 나는 좀 과감한 가설을 제시하려 한다. 관부연락선에서 출발한 해양 근대성이 제대로 확장되는 시기에 한국문학의 현대성이 자리한다는 생각이다. 한국에서 대양적 전환은 해방 이후, 한국전쟁을 지나서 시작한다. 어떤 이는 한국전쟁을 현대성의 계기로 보기도 하지만 이보다 60년대에 진행되는 해양 근대성을 주목할 필요가 있다고 생각한다. 특히 부산학 혹은 부산 문학에서 해양 근대성은 다른 모든 경향을 포괄하는 상위개념으로 받아들여도 좋다고 인식한다.

관부연락선의 의미

먼저 '관부연락선'에 대한 이야기를 해 보자. 일본 근대화에 있어 메이지 정부가 가장 중요하게 생각한 교통정책은 철도이다. 메이지 5년인 1872년 도쿄-요코하마 구간을 시작으로 메이지 10년 전후에는 교토·오사카·고베 지역에서 차례로 철도가 개통된다. 또한 메이지 20년대에 이르면 민영철도 붐이 일어나 1891년에는 우에노-아오모리 간, 1900년에는 고베-시모노세키 간 철도가 개통되어 일본을 종단할 수 있게 된다. 철도 국유화 정책이 시행된 것은 1906년이며 실제 러일전쟁 이전에 거의 전국적인 철도망이 짜인 것으로 알려져 있다. 달리 말해서 메이지 30년대 중반인 1900년대에 이르면 철도를 중심으로 한 전국교통망을 갖추게 된다.

철도연락선이 조성되는 것은 전국적인 철도망이 형성되는 시기와 맞물린다. 섬과 섬을 이어주고 일본과 대륙을 이어줄 항로가 필요했기 때문이다. 초기 철도연락선 항로는 대략 아홉 개 정도로 알려져 있다. 홋가이도와 남부사할린을 잇는 치하쿠(稚泊)

항로, 세토나이카이를 서로 잇는 오시마(大島) 항로, 미야지마(宮島) 항로, 니호리(仁堀) 항로, 우코우(宇高) 항로, 큐슈와 혼슈를 잇는 세키모리(關森) 항로, 간몬(關門) 항로 그리고 시모노세키와 부산을 잇는 관부항로 등이다.[140] 관부연락선은 이처럼 철도연락선 가운데 하나인 셈이다. 그러함에도 관부연락선은 여타의 철도연락선과 다른 의미맥락을 지닌다. 무엇보다 이것이 일본열도와 한반도를 연결하고 있기 때문이다. 일본 내 철도연락선이 근대화와 국민국가적 통합을 의도한다면 관부연락선은 일본의 식민정책과 제국건설을 목표로 한다. 이로써 경부선과 경의선 그리고 만철(滿鐵)을 경유하여 시베리아로 뻗어갈 수 있다.

관부연락선이 개통되는 1905년은 일본이 러시아와의 전쟁에서 승리하고 조선에 대한 지배권을 확고히 하면서 지배 영역을 만주로 확장하는 시기이다. 다시 말해서 메이지 이후 세계자본주의 체제의 반주변부에 위치하던 일본이 중심부 대열에 끼게 되는 때이다. 이는 청일전쟁의 승리로 동아시아의 구질서를 재편한 일본이 동아시아 지역 질서의 중심이 되었음을 의미한다.

19세기 초까지 지속된 중화적 지역 질서는 조공을 매개로 한 아시아 네트워크로 경제적 측면이 토대를 이루었다. 강력한 중국에 의한 지역통합이 아니라 부유한 중국을 중심으로 주변 국가들이 동참하는 형태의 질서이다. 하마시타 다케시(浜下武志)의 조공무역체제론은 19세기 초까지 유지된 지역적 세계체제에 주목한다. 유럽 자본주의 세계체제 등장 이전에 아시아에 지역적인 세계체제가 형성되어 있었다는 주장이다. 17세기 이래 중국은 공산품을 수출하는 선진국의 지위를 3백여 년간 누렸다. 중국의 주요수출품은 비단, 차, 도자기이고 수입상품은 거의 중국을 침투

하지 못했으며 다량의 은이 중국으로 유입된다. 중국의 대외무역 수지 흑자로 전 세계 은의 절반 정도가 중국으로 유입되었다는 주장도 있다. 이에 따를 때 19세기 이전 세계 경제의 중심은 중국을 정점으로 하는 동아시아 지역이었다는 인식이 가능해진다. 그렇다면 유럽과 중국의 지위 역전이 나타나는 것은 언제일까? 그동안 상식처럼 되어있는 1760년 산업혁명이 아니라 1820년대라는 사실이다. 아편의 대량 유입으로 은 유출이 심해지면서 유럽이 10%대 고성장이 유지되는 가운데 전환이 이뤄진다. 아편전쟁 이후 난징조약으로 중국 중심의 지역 체제가 해체된다.

그런데 난징조약으로 대변되는 중국 중심 아시아 지역 체제의 해체는 영국 중심 세계체제 형성을 의미한다. 세계체제론자들이 도식화하고 있는 콘드라티예프 파동에 의하면 1820년대는 상승기로 영국 패권이 승리하는 시기이다. 이후 영국 패권은 1850년 이래 성숙하다 1873년을 고비로 쇠퇴기를 맞는다. 중심의 쇠퇴기는 곧 새로운 중심을 향한 다극적 각축의 시대를 의미한다. 유럽에서 프랑스와 독일이 각축하고 미국 패권이 발흥하며 아시아에서 러시아와 일본이 경쟁하는 상황이 벌어지게 된다. 경부선이 러일전쟁으로 급속한 개통을 맞았듯이 관부연락선은 러일전쟁 승리와 함께 얻어진 일본의 자신감을 대변한다.

19세기 초까지 이어지는 아시아 지역 질서에서 일본의 역할은 조선이나 월남 그리고 동남아시아 여러 나라들과 다르다. 명청 교체와 더불어 조선과 월남과 일본 모두 청에 대한 인식 조정을 시도하는 것은 동일하지만, 조공체제라는 관점에서 이를 이탈하는 것은 일본뿐이다. 조선의 경우 중국과의 공식적 관계를 효율적으로 활용하여 기술을 수입한 반면, 일본은 자립적 발전을 선택한다. 조선이 중국 중심의 기술 의존적 따라잡기를 지속해 왔다면 일본은 활발하게 동남아시아와 중국 등과 교역하면서 자급화를 위한 노력을 계속한다. 일본은 중국산 견직물과 도자기 그리고 설탕 등에 대한 수입대체를 추진하려고 선진기술을 자기화하는 정책을 펼친다. 이는 화교에 의하여 기술을 직접 이전받은 동남아와도 차별된다. 심지어 도자기 기술의 경우 약탈을 통해 기술 획득에 성공하기도 한다. 이러한 가운데 네덜란드와 일본이 링크되면서 일본의 기술은 더욱 쇄신된다. 가령 초량 왜관과 대마도 그리고 나가사키의 데지마, 중국상인들이 머물렀던 도진야시키, 가고시마의 류쿠관 등을 매개로 전개된 공사무역의 전말은 일본이 선진문물과 기술을 받아들이고 수입대체 산업을 발달시키기 위해 힘써온 과정을 알 수 있게 한다.[141]

중화적 동아시아 지역 질서의 붕괴는 한편으로 서양의 조약체제의 도전에 의한 것이기도 하지만 이보다 먼저 중국의 중심성을 부정해온 일본에 의해 추진되어온 측면이 크다. 물론 일본의 근대화도 결코 순탄한 것만은 아니다. 일일이 이를 예거하긴 어려우나 무엇보다 일본이 세계사적 행운을 거머쥔 것은 분명하다. 영국 패권이 쇠퇴하는 과정에 유럽에 보불전쟁이 일어나고 미국이 근대 자본주의 국가로 재편되는 과정에서 내전을 겪게 됨으로써 시간의 경쟁에서 일본은 기회를 얻었다 할 수 있기 때문이다. 이러한 기회를 적극적으로 활용해 세계자본주의 체제의 반주변부에서 중심부로 도약을 시작한다. 실제 아편전쟁과 청일전쟁이 일본인에게 끼친 영향은 페리 내항만큼이나 컸다고 할 수 있다. 페리 내항 이후 전술적 전환이 빨랐다면 청일전쟁 이후 새 질서의 주역이 되려는 의지가 확고해지게 된다.

서구 열강을 모방하고 있던 일본이 조선에 개항을 요구하여 1876년 부산을 시발로 1879년 원산, 1883년 인천 등이 차례로 개항한다. 하지만 1882년 임오군란이 일어나고 1884년에는 갑신정변이 실패로 끝나는 등 격동의 시기가 계속되면서 조선과의 교역은 크게 확대되지 않는다. 1876년 개항과 더불어 일본 정부는 나가사키, 고토(五島), 쓰시마, 부산을 잇는 항로 개설을 지원하고 조선 도항과 무역을 장려한다. 이후 일본 상선은 한 달에 한 번씩 나가사키와 부산을 왕복하게 된다. 특히 1877년 '부산항 일본인 거류지 조차 조약'이 체결되어 왜관 부지 11만 평이 모두 일본의 전관거류지가 되면서 에도시대 이후 쓰시마와의 무역이 이루어졌던 왜관이 복원된다. 1871년 무렵 부산 왜관에는 200여 명 정도가 거주하고 있었던 것으로 알려진다. 이후 정세에 따라 부침을 거듭하다 1891년에는 5,000여 명을 상회한다. 다음은 연도별 부산에 거주한 일본인 수이다.[142]

<19세기 말 부산 거주 일본인 수>

연도	1877	1880	1881	1882	1883	1884	1888	1889	1891
수	345	2,066	1,925	1,588	1,740	1,750	2,131	3,033	5,254

1889년 이후 부산의 일본인이 크게 늘어나게 되는데 오사카와 부산 간의 항로 개설도 영향을 미쳤다. 무역의 경우 1890년대까지 범선에 의존하던 것이 1890년대 말에 이르면 기선이 주도한다. 따라서 하층 계층은 조선에 정주하는 경향이 커졌다. 이러한 조선 내 일본인 인구 증가 현상은 개항지와 한성 등에서도 유사하다. 그런데 이러한 일본인의 증가가 일본인의 조선시장 장악

을 뜻하는 것은 아니다. 청일전쟁 시기까지 조선에서 청상과 일상은 경쟁 관계를 유지했다. 그런데 1893년에 이르면 도쿄에 식민협회가 결성되면서 식민열이 고양되어 1892년 말 조선 내 일본인 수가 9,137명에 이르나 청일전쟁이 발발할 것으로 두려워한 이들이 귀국하여 이후 다소 줄기도 한다. 1893년 일시적으로 700여명 정도 감소하나 청일전쟁 이후 1900년 전후 조선 이민론이 본격적으로 대두하면서 일본의 과잉 인구를 해결하고 러시아를 견제하기 위해 일본인 한국 이식이 적극 추진되게 되는데 이러한 과정과 맞물려 철도건설이 추진된다. 1894년 9,354명이던 조선 내 일본인은 청일전쟁 이후 1895년 말에는 1만 2,303명에 이르게 된다. 이후 1900년 말에 15,829명이던 것이 1905년 말에는 42,460 명으로 증가하고 이민 붐이 일게 된다. 이러한 이민 붐이 이는 시기와 관부연락선 취항이 일치한다.

관부연락선은 일본의 식민정책의 산물이다. 특히 청일전쟁 이후 지속되어온 일본 정부의 이민 장려 정책이 한 획을 그은 것으로 볼 수 있다. 조선에 대한 군사적, 경제적, 문화적 우위를 확보하기 위하여 조선 이민이 장려된다. 야마가타 아리토모는 1894년 11월 7일 「조선정책상주」에서 경부선과 경의선 철도 건설과 평양 이북 의주에 이르기까지 방인을 이식하는 것을 제안하고 있다. 실제 조선 내 일본인의 수가 급격히 증가하는 것은 철도건설 이후이다. 선로 주변에 새로운 일본인 도시가 형성되기도 한바, 조치원과 대전이 대표적이다. 경의선이 개통된 이후 1908년 신의주의 일본인 거류민단원은 1,535명에 달했다. 이러한 배경에서 1905년 42,460명이던 한국 내 일본인은 1906년 83,315명으로 증가하고 1910년 말에는 171,543명에 이르렀다. 이 당시 각 지

역의 일본인 분포를 보이면 다음과 같다.[143]

<1910년 한국 내 지역별 일본인 수>

지역	경성	부산	인천	평양	원산	마산	군산	목포	대구	신의주	진남포
수	29,563	21,955	12,369	9,646	9,447	5,554	4,591	4,572	4,523	4,119	2,661

그런데 이러한 일본 정부의 식민정책은 또한 자본주의 팽창에 따른 노동의 국제적 분업이라는 성격을 띠고 있다. 일본은 근대화에 따라 해체된 농촌 인구를 조선으로 다량 유입시키고 상인과 기업 등 일본 자본가들을 대량 조선으로 유입하게 함으로써 자국의 생산력을 확대시킨다.

경부선이 개통되자 일본과 조선을 연결하는 철도연락선이 만들어지는 것은 당연한 수순이다. 1901년 고베에서 쿠슈의 북단 아카마(赤間)까지 사철(私鐵)을 개통한 바 있는 산요(山陽)철도주식회사는 1905년 9월 11일 신조선 이끼마루(壹岐丸)를 투입하여 시모노세키에서 부산까지 격일 운항을 시작한다. 그러다 이해 11월부터 매일 취항하게 되는데, 1906년 12월 국유화된다. 11월 27일 정부가 매수하여 철도청 물수부가 담당하도록 한다. 이로부터 관부연락선과 항로는 일본 철도청 히로시마철도국에서 관장하며 1945년 6월까지 독점적으로 운영된다. 1906년 국유화 이후 관부연락선은 매일 야간항해 편을 운영하는 한편 격일로 주간항해 편을 운행하였다. 그리고 1911년 12월부터 주간항해 편도 매일 운항하게 되었는데 그때부터 매일 주야 2회 부산과 시모노세키 양지에서 출항하게 된다. 다음은 관부연락선 취항 선박 일람표이다.[144]

<관부연락선 취항선박 일람표>

선명	경성	용도	총톤수	적화톤수	여객탑재인원	최고속력	신조취항년	종항	비고
壹岐丸	407	객선	1,680.56	300	317	14.96	1905	1931	1932년 매각
對馬丸	407	객선	1,679	300	317	14.93	1905	1925	1926년 매각
高麗丸	915	화물선	3,028.51	930	603	16.16	1913	1932	1933년 매각
新羅丸	915	화물선	3,020.66	930	603	16.12	1913	1945	1945년 격침
景福丸	2,768	객선	3,619.66	430	949	19.78	1922	1945	1958년 매각
德壽丸	2,768	객선	3,619.66	430	945	19.90	1922	1957	1961년 매각
昌慶丸	2,768	객선	3,619.66	430	945	20.49	1923	1955	1961년 매각
金剛丸	3,462	객화물	7,081.74	3,170	1,746	23.19	1936	1951	1953년 해체
興安丸	3,462	객화물	7,079.76	3,170	1,746	23.11	1937	1950	1950년 양도
壹岐丸(新)	1,210	화물선	3,519.48	4,617	-	17.16	1940	1948	1950년 양도
對馬丸(新)	1,210	화물선	3,516.33	4,617	-	17.29	1941	1945	1945년 침몰
天山丸	8,787	객화물	7,960.8	2,223	2,048	23.26	1942	1942	1945년 격침
崑崙丸	8,787	객화물	7,908.5	2,223	2,050	23.45	1943	1943	1943년 침몰
外喜丸	-	화물선	1,227.6	-	-	-	-	-	1936년 전속

이처럼 공식 취항한 관부연락선은 14척이다. 그러나 공용인 토키마루(外喜丸)를 제외하면 실제 13척이라 할 수 있고 그 이름을 따를 때 11가지였다고 하겠다. 이러한 관부연락선을 이용한 선객은 1905년 35,000여 명 정도이고 1906년 95,000명, 1907년 112,000명, 1908년 116,000명, 1909년 120,466명, 1910년 148,254명, 1911년 175,502명, 1912년 200,674명으로 합병 이후 매년 15-18 % 증가한다. 이러한 가운데 조선인의 도항도 증가하는데 관부연락선 취항 전 1904년 233명에 불과하던 것이 1905년 303명, 1908년 459명, 1909년 790명, 1911년 2,527명, 1912년 3,171명으로 크게 증가하였다. 합병 전인 1909년까지 조선인 승객은 대부분 상인이나 도일 유학생이었으니 대륙으로 정책적으로 이주하거나 진출하려는 일본인의 수가 대부분을 차지하고 있음을 알 수 있다. 관부연락선 여객 수는 1920년에 이르

러 442,027명으로 집계되고 있다. 이후 매년 증가 추세를 보이다 1937년 중일전쟁 이후 백만을 넘기고 태평양전쟁이 시작되는 1940년에 이르러 200만 명을 상회한다. 한편 조선인의 이용 통계는 1917년 도항 14,012명 귀국 3,927명, 1918년 도항 17,910명 귀국 9,305명, 1919년 도항 20,968명 귀국 12,947명 1920년 도항 27,497명 귀국 20,947명으로 조선인의 이용 수가 점차 늘어나고 있음을 반증하고 있다. 이러한 추세는 경복환이 취항하는 1922년에 이르러 현격하게 달라진다. 1921년 도항 38,118명 귀환 25,536명이던 것이 1922년에는 거의 2배에 가까운 도항 70,462명 귀환 46,326명으로 기록된다. 경복환, 덕수환, 창경환이 취항한 1923년의 한 통계는 전체 여객 수의 30%가 조선인이며 1925년에 이르러 40%를 넘어서고 있다고 밝히고 있다. 관부연락선을 통해 자본과 노동과 지식과 문화가 크게 이동하고 있음을 나타내고 있다.

히로시마철도관리국이 간행한 『관부연락선사』에 의하여 연도에 따른 여객 수를 나타내면 다음과 같다.

<연도별 관부연락선 여객 수>

연도	1921	1922	1923	1924	1925	1926	1927	1928	1929
여객수	464,915	563,107	576,745	628,036	598,174	583,011	688,645	711,332	729,243
연도	1930	1931	1932	1933	1934	1935	1936	1937	1938
여객수	625,273	590.164	643,008	743,421	769,648	814,230	-	1,029,201	1,353,993
연도	1939	1940	1941	1942	1943	1944	1945		
여객수	1,793,059	2,198,113	2,200,845	3,057,092	2,748,798	1,659,500	499,512		

특히 전시인 1940년 이후 여객 수가 줄지 않고 늘어나고 있는 사실은 주목된다. 1939년에서 1944년까지 일본에 연행되어 온 조선인 관련 통계수치를 비교해 보면 그 어떤 상관관계가 도출될 수도 있다.[145]

<조선인 강제연행인 수>

구분 / 년도	제86회 제국 의회 설명자료	후생성노무국의 자료	조선경제통계 요람의 자료	특고월보의 자료
1939	53,120	33,700	38,800	-
1940	59,398	54,944	54,954	81,119
1941	67,098	53,492	53,592	126,521
1942	119,851	112,007	112,320	248,521
1943	128,354	122,237	149,730	300,654
1944	286,432	280,304	379,747	-
1945	10,622	6,000	329,889	-

아울러 군수동원령에 의하여 일본으로 오게 된 노동자의 연차적 증가 추세와 어떤 연관이 있지 않을까? 통계에 의하면 1939년 38,800명, 1940년 54,954명, 1941년 53,592명이던 것이 1942년에는 121,320명, 1943년 149,730명, 1944년 379,747명, 1945년 329,889명으로 크게 증가되어 있다. 관부연락선이 강제동원의 수단이 되고 있음을 반증한다. 태평양전쟁으로 1942년 주한 미국인의 추방이 시작된다. 이와 함께 1942년부터 한국인의 강제동원이 시작된다.

1907년 기차기선여행안내 광고를 보면 일본열도와 조선은 현해탄을 가로지르는 굵은 선으로 이어져 있다. 지도가 현실을 모방하는 것이 아니라 현실이 지도를 모방한다는 점에서 일본에서 만들어진 이러한 광고는 벌써 동아가 하나의 공동체임을 상상하게 한다. 이러한 상상은 「일본해 루트 개념도」를 접하면 더욱 분명해진다. 일본과 조선과 만주가 일본해를 가운데 두고 항로와 철로로 하나의 세계로 이어져 있다. 만주사변 이후 만주국이라는 괴뢰 정부를 수립한 연후 일본의 지도적 상상력은 '동아'라는 이름으로 모아진다. 동아 삼국은 일본과 만주와 중국을 의미하며 이미 조선은 사라지고 없다. 이를 가능하게 한 것이 관부연락선이라고 하면 지나칠까? 교통공간이 시공간을 변화시킨다는 점에서 전혀 타당성이 없는 이야기는 아니다. 관부연락선이라는 교통망은 분명 일본과 식민지 조선을 균질화하는 데 기여하였다. 동경에서 또는 경성에서 또는 하얼빈에서 하나의 티켓으로 하얼빈이나 동경 혹은 경성에 갈 수 있다는 것은 적어도 그것이 하나의 권역이라는 상상을 가능하게 했다. 이러한 점에서 「일본해 루트 개념도」는 바로 1930년대의 현실이다.

손태현은 관부연락선의 역사를 그 이름에 따라 시기를 구분하고 있다. ①현해탄에 있는 일본 도서명을 선명으로 한 시기 ②한국에 관련된 어휘를 선명으로 한 시기 ③만주에 관련된 어휘를 선명으로 한 시기 ④중국에 관련된 어휘를 선명으로 한 시기. 이러한 그의 시기 구분에 있어 문제가 되는 것은 ②와 ③이다. 실제 취항 시기를 따라 나누면 ⓐ이키마루(壹岐丸), 쓰시마마루(對馬丸)→ⓑ고마마루(高麗丸), 시라기마루(新羅丸)→ⓒ게이후쿠마루(景福丸), 도쿠주마루(德壽丸), 쇼케이마루(昌慶丸)→ⓓ공고마루(金剛丸), 고안마루(興安丸)→ⓔ텐잔마루(天山丸), 쿤룬마루(崑崙丸)로 구분된다. 이는 각기 ⓐ1900년대 ⓑ1910년대 ⓒ1920년대 ⓓ1930대 ⓔ1940년대에 상응한다. 이렇게 볼 때 ⓐ는 대륙진출 시기 ⓑ와 ⓒ는 조선 합병 시기 ⓓ는 조선에 이어 만주 통합

시기 ⓔ는 중국 지배와 대동아 건설을 위한 시기로 보아야 한다. 이처럼 관부연락선 이름 붙이기의 과정은 제국의 역사에 상응한다. 이는 또한 동아→대동아의 경로를 시사한다.

동아는 지리적 개념인가? 그렇지 않다. 이는 쇼와 일본의 역사 속에서 창안된 개념이다. 고야스 노부쿠니(子安宣邦)의 지적처럼 일본인들이 중국을 지나라 부르고 중국인을 지나인으로 부름으로써 중국에 대한 관점이 바뀐 것으로 착각하였듯이 동아 또한 역사적 의미가 함축된 개념이다. 동아 나아가 대동아를 포함하여 이것은 1945년까지 제국 일본의 역사 과정에 깊이 연계되어 있던 개념이다. 달리 동아는 중화의 근대적 변용이라 할 수 있다. 그러나 중국 문명과 달리 동아의 이상은 폭력적 질서 개념으로 변질한다.

"일·만·화의 동아, 남양을 포함하는 대동아, 또 인도를 포함하는 동양의 여러 민족을 결집 단결시키고 영·미의 동양 침략을 축출하여 대아시아의 일체 기반을 구축할 수 있는 궤도는 무엇인가? 일본은 3천 년 동양 문화의 정수를 체현하고 또 지나, 인도의 대륙문명과 태평양(그 부해양인 인도양, '남해'를 포함하여) 해양 문화의 중심점에 국가를 이룩하였다. 또 근세에 이르러서는 서양의 문화·과학을 섭취하여 동서양의 문화를 융합하면서 동양의 중심 세력이 되어 왔다. 그러므로 일본은 동양 문화가 근대적으로 하나로 융합하는 장래를 예견하고 궤도를 정하는 데 가장 적임자라 할 수 있다."

(히라노 기타로, 「대아시아주의의 역사적 기초」)

동아와 대동아 개념을 전전과 전중과 전후에 따라 상이한 학술적 개념으로 구성해 간 히라노 기타로의 진술이다. 사실 이 글에는 고야스의 지적처럼 제국주의적 영토 확대에 대한 전략적 시야가 잘 드러나 있다. 중일전쟁을 고비로 일본은 동아에서 대동아로 시야를 확대한다. 그 과정에 동아신질서론, 동아협동체론이 근대초극론과 세계사의 철학과 함께 등장한다. 확실히 전자는 고야스의 말처럼 "마이너스 유산으로서 쇼와 지식인이 이룩한 이론적 아시아 체험"이다. 사실 그것은 대동아로 가기 위한 유사제국 일본을 장식하는 수사학으로 전락하고 만다.

우연의 일치이겠지만 대동아공영권을 상징하는 텐잔마루, 쿤룬마루가 각각 1945년 미군기의 폭격으로 침몰하고 1943년 미잠수정이 발사한 어뢰를 맞고 침몰하였다는 사실이다. 다극 중심이 미국 패권 승리로 가는 시기에 태평양을 둘러싼 미일의 대결은 필연적이다. 일본의 패전은 곧 미국 패권의 완성을 뜻한다. 관부연락선의 역사는 영국 패권 쇠퇴기 이후 세계자본주의 체제가 다극 중심으로 각축하는 시기에 아시아의 반주변부 국가에서 러일전쟁을 거치면서 중심부로 부상한 일본이 동아를 넘어 대동아의 제국을 미처 완성하기도 전에 미국에 의해 좌절되는 과정에 다를 바 없다. 또한 관부연락선의 역사는 세계적 규모의 분업 구조 속으로 강제 편입된 동아시아인들의 불평등 관계사에 다름이 없다.

한나 아렌트(Hannah Arendt)는 전체주의의 기원을 논하면서 해외 제국주의와 대륙 제국주의를 구분한 바 있다. 전자에 의해 후자가 패배한다는 것인데 후자는 곧 종족적 우월성에 기반한 독일의 침략주의를 일컫는다. 일본이 이러한 독일과 유사하다는 지적에 일리가 있다. 오카쿠라 텐신(岡倉 天心)의 계보를 잇는 앞서 히라노의 일본 중심의 아시아주의는 아무리 그럴듯한 수사로 장식한다 하더라도 자민족중심주의를 벗어나기 힘들다. 이러한 일본이 통합시장형·탈식민지형 정치경제적 관계의 원칙을 강조하는 미국에 패배함으로써 동아시아와 세계는 새로운 질서를 맞게 된다.

동북아와 동남아는 미국식 명명법이다. 미국적 질서가 전개되면서 이들은 기존의 동아·대동아를 대체하고 있다. 이는 일본이 사용한 대동아 전쟁보다 태평양 전쟁이라는 용어를 상식으로 받아들이고 있는 현상과 다를 바 없다. 혹자는 중립적으로 아시아-태평양 전쟁이라는 용어를 제안하기도 한다. 이러한 사정을 감안하면서 동아시아라는 새로운 용어를 제시하는 것은 방법적이자 문제적이다. 새로운 문제틀(the problematic)로서 동아시아를 제기한다. 관부연락선을 새롭게 바라본다는 것은 일본 제국의 지정학적 지역 개념인 동아를 버리고 '동아시아'를 발견하는 일과 다를 바 없다.

근대의 지식인과 문인들은 유학을 통하여 자기를 정립하였다. 식민지 조선의 유학생 가운데 가장 많은 수를 차지한 것이 일본 유학생이고 그 가운데 동경 유학생이 대다수다. 동경을 통하여 서양의 지식과 문물을 받아들이고자 한다. 이들 유학생이 거의 관부연락선을 탔을 것이라 추측된다. 이들의 관부연락선에 대한 기억들은 시대별로 수집될 수 있다. 향파 이주홍, 요산 김정한, 이병주, 김수영 등 부산의 근대문학과 관련한 문인도 이에 해당한다. 특히 이병주가 그의 대표작의 표제를 '관부연락선'으로 명명한 의미도 근대성의 문제와 무연하지 않다. 제국에 포박된 근대에서 벗어나 독자적인 근대의 길을 모색한 과정이라고 하겠다.

모더니티의 시적 발현

부산지역시사에서 가장 먼저 거론될 수 있는 시인은 청마 유치환이다. 청마는 해방 이전부터 해방 이후 오늘에 이르기까지 꾸준히 영향을 미친 시인이라 할 수 있다. 그가 실제로 부산에 거주한 것은, 1934년에서 1938년 북만주로 가기까지, 1950년 한국전쟁으로 통영에서 와서 살다 1953년 다시 통영으로 가기까지, 그리고 1964년 경남여고 교장으로 부임하여 부산에 와서 1967년 남여상 교장으로 재직하면서 좌천동에서 교통사고로 죽기까지의 세 시기이다. 그는 소설에서의 요산 김정한의 존재의의와 비교될 수 있다. 요산의 존재는 지역 소설이 리얼리즘적 경향성을 띠는 데 주요한 역할을 하였다. 부산지역 소설의 중심적 인식틀은 리얼리즘적 경향으로 설명될 수 있다. 이것은 김정한, 윤정규, 이규정, 조갑상으로 이어지는 흐름을 보인다. 그리고 이러한 리얼리즘적인 인식틀은 어떤 면에서 부산 소설의 특징이자 가능성인가 하면 다른 면에서 한계이자 가능성에 대한 억압으로 작용하고 있는 점도 없지 않다. 이것은 전체 문학사에서의 리얼리즘적 소설 쓰기에 견주어 일정한 성과가 있은 반면, 다수의 작가가 일상적 리얼리즘 혹은 생활세계의 리얼리즘을 지향하고 있는 데서 찾아진다. 특히 90년대 이후의 문학 지형에서 일상성과 생활세계에 대한 문제의식이 높아지고 기존의 리얼리즘적 글쓰기에 대한 반성이 여러 형태로 전개되고 있다고 본다면, 부산의 소설적 인식틀은 쇄신의 계기를 몇 차례 맞았다고 생각한다. 물론 도식과 추상을 감수한 것이지만, 우리 지역의 소설적 인식틀이 요산문학에서 비롯되는 리얼리즘적 패러다임의 관습과 그것의 쇄신으로 설명될 수 있다고 한다면, 청마에서 연원하는 시적 인식틀은 무엇일까. 그것을 청마에게서 찾는다면, 서정과 넓은 의미의 모더니티라 할 수 있다. 그러니까 청마는 처음부터 두 가지 복합된 가능성을 제시해 두었던 것으로 보인다. 이는 청마시학의 양면성에 상응한다. 청마는 한편으로 주관적 서정의 세계를, 다른 한편으로 실존적 의지의 세계를 보여주었다.

오늘은 바람이 불고
나의 마음은 울고 있다
일즉이 너와 거닐고 바라보던 그 하늘 아래 거리언마는
아무리 찾으려도 없는 얼굴이여
바람 센 오늘은 더욱 너 그리워
진종일 헛되이 나의 마음은
공중의 깃발처럼 울고만 있나니
오오 너는 어디메 꽃같이 숨었느뇨

(「그리움」 전문)

청마의 초기시인 이 시는 그리움과 혼자있음을 잘 나타내고 있다. 그리움의 정서는 곧 서정양식의 한 지표에 속한다. 그리고 혼자있음 또한 서정과 무관하지 않다. 그러함에도 후자는 실존의 문제와 이어지고 혼자있음의 문제가 핵심이 되는 모더니즘적 발상의 근거가 된다. 이처럼 그의 시적 초상은 처음부터 두 개의 마스크를 갖고 있었다. 이러한 두 개의 마스크는 청마에 한정되는 것이 아니다. 특히 질곡 속에서 살아온 한국시인들은 필연적으로 다수의 시적 얼굴을 간직할 수밖에 없었다. 역사적 질곡이 시인이 주관성이나 서정적인 근본성을 천착할 수 있는 여유를 허락하지 않았기 때문이다. 따라서 서정시인마저 전체의 문제, 전체의 삶을 생각하여야 하는 불행을 겪지 않을 수 없었다. 시인의 양면성, 특히 한국시인의 양가성은 이러한 데서 찾아져야 한다. 청마의 양면성은 이러한 시대적인 관점과 함께 개인적인 시적 쇄신과도 무관하지 않다. 허무, 의지, 그리고 반인간주의 등은 청마가 만들어낸 고유한 시적 개성이라고 할 수 있을 것이기 때문이다. 요컨데 주관성과 실존성은 청마시학의 두 얼굴로서 뒤에 그의 후배시인들, 김규태, 허만하, 유병근, 이형기 등에게 많은 영향을 준 시적 경향이다.

유치환에서 찾아질 수 있는 주관성과 실존성이 부산시학의 패러다임으로 부각된 것은 1950년대이다. 1950년의 한국전쟁은 부산이라는 지역 공간을 문학사적인 전체 공간으로 변화시켰다. 이것은 먼저 전쟁 기간 동안 부산이 임시수도였다는 외적 사실에서도 찾아지고 부산에 모든 문화적인 집약이 이루어졌다는 내적인 사실에서도 찾아진다. 그리고 한국전쟁이 단순한 내전의 성격을 넘어서 세계사적인 전쟁이라는 점에서 부산문학이 어떠한 형태로든 세계성마저 획득하는 계기가 된 것으로 볼 수도 있다. 이러한 여러 계기들을 종합한다면, 시사적인 문맥에서 부산시학의 패러다임의 형성은 1950년대에 이루어졌다고 해도 지나친 말이 아니다. 그것은 전쟁이 가져다준 희안한 선물이다.

한국전쟁의 원인분석을 이 자리에서 하는 것은 당치 않는 일이다. 동서냉전의 시험무대이니 민족 내부의 문제이니 하는 등의, 외발성이냐 내발성이냐의 논의는 지금의 논의 층위에 어울리지 않는다. 다만 그 전쟁이 끼친 문학적 영향을 살펴볼 필요가 있다. 문학적으로 혹은 시적으로 전쟁이 가져온 것이 무엇이었겠는가. 그것은 한마디로 세계상실의 체험이다. 파괴와 살륙의 비인간적 상황 속에서 오직 생존의 문제만이 비대해져 보이는 공간이 전장이다. 이러한 상황에서의 시는 불안과 공포의 표현이며 그것을 극복하기 위한 실존적 노력의 징표가 된다. 이를 시적 모더니티라고 부를 수 있을지 모르겠다. 왜냐하면 한국전쟁은 근대의 파산에 다를 바 없는 것이기 때문이다. 파산선고한 근대의 폐허 위에서 진정성을 찾고자 하는 일을 시적 모더니티라고 할 수 있다면, 부산시학은 한국전쟁을 통하여 그 패러다임의 하나로 시적 모더니티를 지니게 된다. 이러한 시적 모더니티의 발흥의 자리에 조향과 고석규라는 두 시인이 버티고 있다.

시적 모더니티를 한국전쟁의 부산물로만 이해하는 것은 잘못된 시각이다. 이미 1930년대 식민지 시대에 기형적인 형태로나마 근대적인 도시 경성이 있었고 여기에서 도시문학인 모더니즘이 펼쳐졌기 때문이다. 앞서 말한 청마시에서의 실존성의 얼굴도 이와 무관하지 않다. 해방 이후의 모더니즘 시운동이 사화집 『새로운 도시와 시민들의 합창』이 증거하는 만큼, 시적 모더니티가 순전히 한국전쟁의 결과로서 발흥한 현상이라고 단언할 수는 없다. 그러나 이와 같은 시사적인 문맥을 전제한다고 하더라도 한국시의 모더니티는 전쟁과 그 이후의 정신적 상황 속에서 형성되어 본격적인 전개를 이루어 왔었다고 해도 과언이 아니다. 1930년대의 모더니즘에 대한 평가는 여러 가지 형태로 가능하겠으나 특히 그것이 우리대로의 근대사회의 미성숙을 전제할 수 있다는 점에서 시적 모더니티의 발생토대가 제대로 되어 있지 않았다고 말할 수 있다. 물론 이 점은 한국전쟁도 예외일 수 없다. 한국전쟁이 주체적인 근대성 획득의 한 과정이라고 하기에 미흡하고, 외적으로 강제된 면이 많았다고 할 수 있으므로 엄밀한 의미에서의 시적 모더니티의 형성이 이루어졌는가 하는 점은 의문의 여지가 남는다. 그러함에도 한국전쟁의 민족사적, 세계사적 의미를 고려할 때, 또한 정도의 차이를 인정하면서 시적 모더니티 발흥의 전후로 잡을 수 있다. 조향은 이러한 전후 모더니티의 확립에 앞서나간 시인 가운데 한 사람이다. 그가 주축이 된 <후반기> 동인이 전쟁 중에 형성되었다는 것은 50년대 모더니즘의 성격을 잘 말해준다고 하겠다.

<후반기> 동인은 그 구성원에 대한 이견이 있다. 정한모, 김춘수에 의하면, 박인환, 김경린, 조향, 이봉래, 김규동 등으로 규정되나 김차영은 여기에 자신과 양병식이 포함된다고 말한다. 이와 달리 김규동은 양병식을 제외하고 김수영, 김종문, 박태진, 전봉건, 그리고 이활이 포함된다고 한다. 이러한 혼란은 아마 이들이 동인 선언을 하거나 동인지를 발간한 바가 없기 때문이다. 그래서 오세영은 <후반기>의 정규동인으로 박인환, 김경린, 김규동, 김차영, 이봉래, 조향 등 6명으로 규정한 바 있다.[146] <후반기> 동인이 출범한 것은 김춘수의 회고[147]에 의하면 1951년이다. 이는 전란을 피해 부산으로 내려온 박인환, 김경린, 양병식 등이 조향 시인과 어울려 모더니즘 시운동을 전개한 데서 시작한다. 이것은 전쟁이 끝나고 조향 외에 다른 동인들이 서울로 다 돌아감으로써 끝나지만, 그러나 김춘수가 말한 것처럼 분명히 '역사의 얼굴'을 하고 있다.

> 여태까지의 시란 <진보>만 해 왔으나, 20세기의 시는 <진화>를 했다. <진보>는 <수정>이고 <진화>는 <혁명>이다. 공산주의의 시는 기껏해야 <퇴행적 수정>밖엔 아무것도 아니다. 진보만 알고 있던 시인이나 속중들은 이 진화를 보곤 꽤들 당황했다. 특히 한국의 풍토에선 지금도 한창 당황하고 있는 중이다.[148]

조향의 이러한 말에서 알 수 있듯이 전쟁은 시인으로 하여 한 세계를 전면적으로 부정하게 한다. 그의 부정은 세계부정에만 그치지 않는다. 세계부정이 곧 기존의 시학 전체, 시 문법 전체에 대한 부정으로 이어진다. 그래서 진보에 의한 수정이 아니라 진화에 의한 혁명을 선택한다. 여기서 우리는 아이러니한 담론과 만난다. 이는, 그가 진보-혁명-공산주의로 이어지는 논리에 대응하기 위하여 이를 진보-퇴행적 수정으로 비판하면서 진화-혁명을 주장하고 있는 데서 찾아진다. 한편으로 이는 우익적 논리의 변장이라 할 수 있고 다른 한편으로 역사 허무주의적인 발상이라 하겠다. 이러한 발상에서 그는 세계부정을 언어적 차원에서 실천한다. 그 실천에서 그는 주로 초현실주의적인 발상법을 자기화하게 된다. 이를 통하여 그는 현실과 일상을 떠난 비인간화의 공간을 그려내고자 했다. 즉 그는 초현실의 공간 미학을 통해 현실과 역사의 문제를 동결한다.

> 낡은 아코오뎡은 대화를 관뒀습니다.
>
> ----여보세요?

폰폰따리아

마주르카

디이젤-엔진에 피는 들국화,

----왜 그러십니까?

모래밭에서

受話器

女人의 허벅지

낙지 까아만 그림자

비둘기와 소녀들의 랑데-부우

그 위에

손을 흔드는 파아란 깃폭들

나비는

起重機의

허리에 붙어서

푸른 바다의 층계를 헤아린다.

(조향, 「바다의 層階」 전문)

인용한 시는 무의식적인 내면 독백과 자유연상에 의해 써졌다. 그는 사물의 현실적이고 합리적인 연관관계를 박탈하고 새로운 관계를 맺어주는 데페이즈망(dépayseme) 기법을 동원하여 이미지와 언어의 단절과 비약, 나아가서 시 문법의 파괴를 보여주고 있다. 수화기-여인의 허벅지-낙지의 까아만 그림자의 연결은 당돌하기조차 하다. 이는, 현대적 메카니즘과 에로티시즘적 관능과 그로테스크(grotesque)한 이미지의 복합을 만들어낸다. 또한 비둘기와 소녀들의 만남이나 기중기에 붙어 바다의 층계를 헤아리는 나비는 가히 환상적이다. 그는 이와 같은 초현실주의적 시 쓰기를 통해 환상공간을 창조한다. 그러나 이러한 환상공간은 의식 세계의 풍경에 상응한다. 특히 검은색과 흰색과 푸른색의 원색적 대비는 순수한 내면의식을 효과적으로 그려내고 있는 것이라 할 수 있다. 그러나 조향의 이러한 시적 경향은 시적 혁명이 되지 못한다. 그것은 이미 1930년대의 이상이 해놓은 시 작업에 별다른 수정이 되지 못하기 때문이다. 또한 이것은 서구에서 수입되어 온 것으로서 50년대적 허무를 박래적인 시학으로 대체하려 하였다는 혐의를 지울 수 없게 한다. 따라서 바른 의미의 시적 모더니티로 이어질 수 없는 한계를 지니고 있었던 것으로 보인다. 다시 말해서 그의 환상은 기중기에 매달린 나비의 모습을 한다. 그래서 초현실의 완전한 상태라고 할 수 있는 순수아 혹은 타자의 세계에 이를 수 없었다.

열 오른 눈초리, 하잔한 입모습으로 소년은 가만히 총을 겨누었다.
소녀의 손바닥이 나비처럼 총끝에 와서 사뿐 앉는다.
이윽고 총끝에선 파아란 연기가 몰씬 올랐다.
뚫린 손바닥의 구멍으로 소녀는 바다를 내다보았다.

----아이! 어쩜 바다가 이렇게 똥구랗니?

놀란 갈매기들은 황토 산태바기에다 연달아 머릴 처박곤 하얗게 화석이 되어 갔다.

(조향, 「EPISODE」 전문)

이처럼 그의 환상은 열린 환상이 아니다. 그것은 추락하고 화석화되는 환상이다. 그렇기에 상황의 어둠을 걷어내지 못한다. 이러한 현상은 어쩌면 역사적 질곡을 경험한 시인이 지닐 수밖에 없는 무의식적 의도에 기인하는 것이 아닌가 한다.

고석규는 50년대 시적 모더니티를 대표한다. 그에게서 한국전쟁의 상황은 시적 모더니티의 가능성으로 이어진다. 그가 보인 시적 모더니티가 가능성을 지녔다는 것은 극한의 상황에서 그가 보인 실존의 깊이에 근거한다. 이 점은 조향의 초현실이 실험적인 기교나 존재의 변장으로 보이는 것과 수준을 달리한다. 이러한 점에서 그는 청마 이후 부산 시학의 위상을 전체시사에 올려놓은 주인공이다. 그러함에도 불구하고 그가 요절하였기 때문에 그에 대한 평가는 한참 뒤에 이루어졌다. 고석규는 전후문학의 본질을 정확히 파악해내었다. 그는 문학을 실존의 문제로 인식하면서 어둠 속에 던져진 인간의 모습을 시적 차원에서 만나고자 하였다. 그가 만난 시적 인간상들은 부조리한 것이었으며 그 부조리로부터 벗어나고자 몸부림치는 그것이었다. 다음은 그가 인용하고 있는 두 편의 아포리즘(aphorism)이다.

1) 빛은 언제나 돌 속에 숨어 있다.
2) 아주 캄캄한 시간 속에서 무한내전을 피할 수 없을 때 의식은 한층 절대적 반항에 가까운 것이다.

1)과 2)는 각각 릴케(Rilke)와 르네빌(Renéville)의 말이다. 이들의 말에서 볼 수 있듯이 고석규는 돌 속과 같은 존재의 암흑 속에서, 죽음과 불안과 공포 속에서, 빛을 갈구하는 무한내전의 의식을 견지하였다. 그가 생각한 시적 모더니티란 바로 이러한 내전에 깃들어 있는 반항 혹은 부정의 정신이다. 그는 캄캄한 시간 속에서 절대적인 반항을 통하여 빛을 찾음으로써 근대의 부조리한 상황을 극복하고자 한다. 그런데 그가 갈구한 빛은 비인간 혹은 반인간을 지향하지 않는다. 그가 갈구한 빛은 더 많은 열을 가진 빛이다. 우나무노(Unamuno)의 말처럼, 임종시에 괴테(Goethe)가 "빛을, 빛을, 더 많은 빛을"하고 부르짖은 것은 "열을, 열을, 더 많은 열을"이라고 바뀌었어야 한다. 고석규가 직면한 전후 상황은 차갑고 어두운 밤이었다. 이러한 상황에서 그의 시적 모더니티는 존재가 놓인 보편적인 상황에 대한 답변으로 이어질 수 있었던 것이다. 그는 시적 모더니티의 핵심을 역설로 인식하였다. 그리고 이러한 역설은 수사학이면서 동시에 존재론이다. 그가 시 속에서 읽은 역설은 실존의 가장 중요한 조건인 절대적 반항과 초월적 반항의 의식현상과 결부된다. 그래서 이것은 체험의 가능성이자 정신의 가능성이 된다.

둥그런 果樹밭 속 꽃나무 아래
당신이 어두운 傷處로 서있소

바람에 뜬 구름과
물없는 가지닢 짙은 背景에
당신의 그림자가 더 確實하구려!

흙을 바라보며 얼어가는 당신의 孤獨과
빛날 수 없이 스쳐간 무수한 새와
새들의 울음을 생각하는 것이오

열린 傷處마다 피붉은 꽃들이 피면
당신도 높은 나무가 되리오

높고 華麗한 그늘 속에 나무가 되면 흐느껴 올 누구를
당신은 또 기다릴 것이오

둥그런 果樹밭 머리 높이
불붙는 당신이야 얼마나 幸福한 神이오.

(고석규, 「展望」 전문)

이 시에서처럼 고석규의 시적 자아들은 "어두운 상처"를 안고 있다. 그리고 그 상처로 인하여 "얼어가는 고독" 속에 있다. 그러나 그들의 희망은 상처로부터 온다. "열린 상처마다 붉은 꽃들이 피면" 새로운 생명의 환희를 맛보게 된다. 존재의 구원이 최악의 질곡에서 가능할 것이라는 전망이 이 시에는 내재해 있다. 그는 실존적 인간의 고통에서 시적 구원의 가능성을 찾는다. 그래서 그는 시적 모더니티에 대하여 이렇게 말한다.: "오늘 인간에게 있어서 영원한 것에 대하여 경례하기 위하여 우리들의 전의식을 호소한다면 시는 실존적 인간을 모더니티에 더욱 강경히 충전시킬 수 있는 것이며 인간의 극한적 신앙으로 비약할 수 있는 가능성을 또한 점령하는 것이 될 것이다. 고로 모더니티란 자아를 버릴 것이 아니라 어디까지나 자아적 연소와 아울러 의식적 현실로 귀환시킬 수 있는 것이라고 인식하는 것이다."(「모더니티에 관하여」) 그러나 이러한 그의 모더니티는 비역사적이다. 의식적 현실로의 귀환보다는 미적 실존으로 귀착되고 만다. 이것은 종교적인 구원과 미학주의와 맥락을 같이하게 된다. 다시 말해서 고석규의 모더니티는 부재하는 것의 아름다움을 향해 있다. 물론 그 아름다움은 실존의 절정에서 맞는 황홀과 다르지 않다.

내 마음의 깊은 산골
아침도 해 비치지 않는 파-란 어둠 속에는

뼈마다 아슬한 무엇을 쪼아내는
은밀한 소리가 있다.

숨이 흘러가는 사이……
그 사이로 간간이 울리는 소리에 젖어
마음은 눈감고 머리를 풀어 드린다.

보이지 않는 높이에서
내몸의 가엾은 部分들이
발-간 粉처럼 떨어져 갈 때에는

아-깊은 산골의 어디메서
强한 연기가 가득차 밀리고
年年 아픔없이 찍힌 내가

혼자 醉하여 잠이 든다.

새는 날아가고 밤은 더욱 밝아오는데
달빛이 어리는 내 가슴 위에는
파-란 傷花가 꿈처럼 피어 있다.

(고석규,
「浸潤-一啄木鳥 : 네 입술에서는 붉은 피가 흐르지 않았다」 전문)

이 시는 고석규의 대표작으로 꼽힌다. 이 시가 보여주는 것은 우선 내성의 깊이이다. 이미 윤동주가 보였던 세계와 닿아 있지만, 그러나 윤동주와 다른 실존의 세계이다. 마음의 공간에 나무를 쪼는 새가 있다. 그 새는 자아의 내면을 쫀다. 그러나 그의 부리에 붉은 피가 묻어나지 않는다. 새가 쪼는 자아는 분처럼 떨어져 간다. 그러나 자아는 아무런 아픔을 느끼지 않는다. 오히려 혼자 취하여 잠이 든다. 그리고 새는 날아가고 달빛이 어리는 가슴 위에 파란 상화(傷花)가 꿈처럼 피어 있다. 이러한 시에서 보듯이 그가 보인 시적 모더니티는 "파란 傷花"로 상징되는 환각을 향해 있다. 그러나 상처에서 피어난 이 꽃은 김윤식이 지적하였듯이 일반적인 근대성의 처지에서 보면, "한갓 환각에 지나지 않는 것. 대낮에 노출되면 사라질 꽃에 지나지 않는 것"[149]이다. 이 점이 그의 시적 모더니티가 지닌 한계이다. 그러나 그의 불행이자 부산시학의 불행은 그가 이러한 한계를 스스로 극복해볼 기획을 세우지도 못한 채 요절하였다는 데 있다.

(補) 김수영과 부산

김수영과 부산 거제리 포로수용소 체험과 모더니티도 주목을 요한다. 김소월의 3남인 김정호가 거제도 포로수용소에 수용되었다 반공포로로 석방된 사실은 잘 알려져 있지 않다. 그는 인민군으로 참전하였다 포로가 되었고 석방된 뒤 국군으로 복무한다.[150] 문인으로 포로수용소를 거친 이들은 강용준과 김수영이다. 1931년 황해도 안악 태생인 강용준은 1950년 평양사범대학 재학중에 한국전쟁을 맞아 그해 7월 인민군 보충병으로 참전한다. 이후 유엔군의 포로가 되어 부산 거제리, 거제도 고현, 광주 사월산 등지에서 3년간 수용소 생활을 하다 1953년 6월 18일 반공 청년 석방일에 사월산 수용소에서 철조망을 뚫고 탈출하여 전남 함평에서 3개월간 기식하다 부산으로 옮겨 부두 노동을 하며 전전하였다. 1954년 공병 소위로 임관하여 영천에서 복무하였고 1960년 7월 『사상계』 제1회 신인문학상에 「철조망」이 당선된다. 「철조망」은 그가 경험한 포로수용소 체험에 대한 소설적 재현이다. 1921년 함경도 부령 태생인 장용학도 포로수용소를 제재로 「요한시집」을 썼지만 피난지 부산에서 수용소를 경험한 사람의 수기를 접하면서 쓴 소설이다. 1940년 평양에서 태어난 이재현이 1972년 내어 놓은 희곡 「포로들」과 1945년 거제 태생인 손영목의 장편 『거제도』(동서문화사, 2006)도 고증을 통해 쓴 역작들이다. 김소진의 「쥐잡기」와 최수철의 『포로들의 춤』(문학과지성사, 2016)도 조명된다.(정홍수, 「역사의 짐-거제도 포로수용소와 한국문학」 참조). 박도의 장편 『약속』(눈빛, 2015)은 역사적 고증을 바탕으로 소설화한 역작이다.

수용소 문학은 도스또예프스키(Dostoevskii)와 솔제니친

(Solzhenitsyn), 프리모 레비(Primo Levi)와 빅터 프랑클(Viktor Frankl) 그리고 파울 첼란(Paul Celan)을 상기할 수 있다. 파울 첼란의 존재는 "아우슈비츠 이후에도 서정시는 가능한가"라는 아도르노(Adorno)의 생각을 무색하게 한다. 나치의 강제수용소에서 살아남은 그가 시로써 삶의 고통을 웅변하였다. 아우슈비츠에 비견할 수는 없지만, 김수영의 포로수용소도 극한의 체험에 해당한다. 김수영은 "세계의 그 어느 사람보다도 비참한 사람이 되리라는 나의 욕망과 철학이 나에게 있었다면 그것을 만족시켜 준 것이 이 포로생활이었다"고 진술하고 "나의 시는 이때부터 변하여졌다. 나의 뒤만 따라오는 시가 이제는 나의 앞을 서서 가게 되는 것이다"(「내가 겪은 포로 생활」에서)라고 포로 체험이 시적 전환의 계기였음을 말한다. 포로수용소는 그에게 실존의 기투와 현실의 극복이 자유에 의해 가능하다는 인식을 갖게 한 공간이다. 그는 「의용군」이라는 소설과 포로수용소에 관한 여러 편을 시를 쓴다. 이들은 김수영 문학의 기저를 탐문하는 통로가 된다. 먼저 김수영이 의용군에 징집되었다 탈출한 뒤 포로가 되어 수용되는 과정을 이영준과 박태일이 새로 찾은 산문을 통해 추적해 본다.[151]

(1) 1950년 10월 28일 저녁 여섯 시 무렵 서울 동화백화점을 거쳐 해군 본부 앞을 지나다 군국에 체포됨.

(2) 이태원 육군형무소로 끌려갔다 인천 포로수용소로 옮겨져 다리 부상 치료를 받음.

(3) 적십자 군용 병원 열차를 타고 부산 서전병원(부산 서전병원은 1950년에서 1957년까지 옛 부산상고가 있던 자리로 현재 롯

데백화점이 있는 장소에서 활동한 스웨덴병원)으로 이송됨.

(4) 부산 서전병원을 거쳐 거제리 미군 제14 야전병원으로 옮겨지는데 이때가 11월 11일임.

(5) 부산 거제리 제14 야전병원에서 거제도 포로수용소로 옮겨감. (1951년 3월에서 6월 사이로 추정)

(6) 가슴이 아프다는 핑계로 다시 입원하여 부산 거제리 야전병원으로 돌아옴. (1951년 6월 전후로 추정)

(7) 충남 온양 국립구호병원에서 1952년 11월 28일 '민간인 억류인' 신분으로 풀려남.

박태일의 논문에서 가장 주목되는 논지는 김수영의 포로생활이 거의 대부분 부산 거제리 포로수용소에서 이뤄졌다는 지적이다. 나 또한 김수영이 거제도 포로수용소에서 지낸 기간을 1951년 봄 정도로 잡았고 그나마 수용소 내부 생활은 보름 정도로 보았다. 다소 장황할 수 있으나 여기에 다시 가져와 검토하려고 한다.

김수영의 생애에 가장 큰 시련으로 다가온 것은 6·25 한국전쟁이다. 인공치하에서 그는 문학가동맹에 나가면서 의용군에 참여하게 된다. 여기서 사람들은 먼저 전쟁발발과 더불어 김수영이 왜 피난을 가지 않았느냐고 물을 수 있을 것이다. 인공치하 9개월과 수복 후 계속 서울대 교수로 있으면서 일기를 남긴 김성칠 교수에 의하면 6·25 당시 대다수(그의 일기엔 99%) 서울 시민들이 정부의 말을 믿고 그대로 서울에 잔류하였다고 한다. 먼저 당시의 상황에서 대다수의 시민이 전쟁 발발 자체를 국지전으로 파악하거나 일시적인 분쟁으로 받아들였다는 것이다. 또한 정부의 성명이나 선전 방송들이 연일 서울 사수를 다짐하고 그를 당

부하였기 때문이라는 것이다. 따라서 '남하'한 이들은 정부와 그 정부의 정보를 공유한 사람들, 그리고 포탄 소리만 들어도 겁을 먹은 계열들이다. 이러한 점에서 수복 이후 또는 종전 이후 도강파니 잔류파니 하는 분류가 처음부터 잘못된 것임을 알 수 있다. 여하튼 김수영은 부지불식간에 인공치하의 사람이 되고 말았다. 아마 그가 겪은 이틀은 김성칠 교수의 6월 28일 일기와 크게 다르지 않을 것이라 본다. 김수영은 이해 4월부터 김현경과 돈암동에서 동거 생활을 하고 있었다. 이 시기 잘 나가던 명동에도 가지 않고 직장을 구하러 다니는 한편 신접살림에 충실하였다. 이런 가운데 그의 가족들은 인공치하에 처하게 된다. 인민위원회가 구성되고 청년동맹, 여성동맹이 구성되면서 그 또한 인민위원회의 요구에 따라 문학가동맹에 나가게 된다. 여기서 그는 안회남, 김오성, 임화, 김남천, 이태준, 김사량, 김병욱 들을 만난다. 김수영이 의용군에 가담한 것은 이들의 설득 때문만은 아니라고 본다. 전선이 낙동강에 다다르고 의용군 등의 형식으로 인민을 강제 통합하려는 인공체제에서 그가 피할 수 없었던 선택이 아니었던가 한다.(최하림, 『김수영평전』, 실천문학사, 2001.) 최하림 작성의 연보에 따르면 1950년 8월 조선문학가동맹 사무실에서 김수영은 박계주, 박영준, 김용호 등과 함께 의용군에 강제 입대되고 평남 개천 야영훈련소(북원훈련소)에서 1개월 동안 강훈련을 받은 뒤, 순천군 중서면 부근에 배치되었다가 유엔군의 진주로 자유인이 된다. 유엔군의 평양입성이 10월 19일이니 그가 자유인이 된 것은 10월경일 것이다. 이후 그는 민간인 옷으로 갈아입고 남하하였으나 집이 지척인 충무로 입구에서 경찰에 체포되어 포로 신분으로 인천에서 LST에 실려 거제포로수용소에 수용된다.(1) 수강과 수경 두 동생도 의용군에 입대하였으니 그의 형제 셋이 의용군에 간 셈이다. 김수영의 의용군 입대는 전시하에 강압적 설득에 의한 것으로 보아야 한다. 그 누가 전장에 자발적으로 나아가길 원하겠는가? 김성칠 교수의 1950년 7월 11일 일기에 의하면 김수영이 의용군에 입대하기 이전 이미 서울 시내에서 가장 큰 문제는 먹을 것이 없는 것과 의용군을 강제로 모집하는 것과 전출 문제 세 가지였다. 의용군 문제를 그는 다음처럼 기록하고 있다. "당국은 그 조직적인 모든 기관을 동원하여 애국적인 청년 남녀는 모두 의용군의 대열에 나서라고 외치고 있다. 마을에선 동민을 모아 보내고, 학교에선 학생들을 끌어 보내고, 직장에선 종업원을 채찍질해 보내고, 그래도 부족함인지 가두에서 젊은 사람을 붙들어 보낸다 하여 큰 공황(恐慌)들을 일으키고 있다. 이즈음 며칠은 그 때문에 그런지 거리에 젊은 사람의 내왕이 무척 줄었다." 학교나 농민, 부녀 모임 등 회합이 궐기대회로 변하여 의용군을 뽑아 보내게 되는 사태가 빈번하였던 것이다. 급기야 7월 29일 서울대 문리대 교수의 전원 의용군 지원 표명이라는 양상으로 발전하기도 한다.[153] 이러한 상황에서 김수영이 의용군을 회피하는 길은 없었을 것이라 판단된다. 김수영의 의용군행은 그의 자전 소설 「의용군」에 잘 나타나 있다. 임화(작중의 임동은)와 같은 인물이 되고자 하는 그의 욕망은 전혀 실현될 수 없으며 임화를 매개로 어렴풋이 가졌던 사회주의에 대한 환영도 서서히 환멸이 되기 시작한다. 문화공작대로 참여할 수 있을 것이란 안이한 생각도 문제였지만 더욱 문제인 것은 그러한 술책으로 강제하는 억압적인 인공체제인 것이다. 그렇다면 의용군이란 무엇인가? 국가에 의한 폭력 독점의 마지막 형태일 것이다. 국가에 의한 폭력 독점은 먼저 국민군의 형태로 나타난다. 앤서니 기든스(Anthony Giddens)에 의하면 이러한 국민군이 대외적으로 군사력을 전개하는 과정에서 국내적으로는 폭력적인 군사적 질서가 감시와 규율에 기초한 경찰적 질서로 전환되는데, 의용군은 후자의 목적에 의한 동원과 연관된다고 하겠다. 여기서 동원은 또한 두 가지 형태로 나타난다. 그 하나는 전쟁 동원이고 다른 하나는 전장 동원이다. 전자가 정규군에게 부여된다고 한다면 의용군에 부여되는 것은 후자이다. 동원이란 의식이나 정체성의 문제를 이미 넘어서 있다. 이것은 무엇보다도 신체적 실천이다.[154] 김수영이 혼동하였거나 혹은 김수영 소설의 주인물이 혼동한 것은 의식과 신체적 실천의 차이이다. 김수영이 이러한 차이를 인식하는 때에 의용군으로부터의 탈출이라는 목표가 뚜렷해진다. 자유주의자 김수영이 의용군 체험을 통하여 얻은 경험은 이데올로기에 대한 환멸이 아니라 특정 이데올로기를 내세우는 체제의 폭력성에 대한 것이다. 일제시대 징병을 피해 다닐 수 있었던 그가 일제시대가 아닌 해방된 조국에서 총동원체제의 진면목과 만나게 된 것이다.

> 내가 육·이오 후에 개천야영훈련소에서 받은 말할 수 없는 학대를 생각한다.
> 북원훈련소를 탈출하여 순천읍내까지도 가지 못하고
> 악귀의 눈동자보다도 더 어둡고 무서운 밤에 중서 면내무성 군대에게 체포된 일을 생각한다.
> 그리하여 달아나오던 날 새벽에 파묻었던 총과 러시아군복을 사흘을 걸려서 찾아내고 겨우 총살을 면하던 꿈같은 일을 생각한다.

그리고 나는 평양을 넘어서 남으로 오다가 포로가 되었지만
내가 만일 포로가 아니 되고 그대로 거기서 죽어버렸어도
아마 나의 영혼은 부지런히 일어나서 고생하고 돌아오는
대한민국 상병포로와 UN상병포로들에게 한마디 말을 하였을 것
이다.

「수고하였습니다.」

인용은 1953년 5월 5일 작으로 생전에 발표하지 않은 「조국에 돌아오신 상병포로 동지들에게」의 한 구절이다. 여기서 의용군 강제 동원에 대한 김수영의 체험과 시각을 읽을 수 있는데, 인민공화국에 대한 일말의 이상과 기대도 남아 있지 않음을 알게 된다. 전시의 김수영 생애의 기구함은 이러한 의용군을 탈출하여 서울에 와서 다시 대한민국의 경찰에 체포되어 포로가 된다는 데 있다. 1950년 10월 말경의 일이다. 이러한 김수영이 중부서 유치장을 거쳐 인천 교외에 수용되다 거제도 포로수용소에 수감된 것은 최하림의 추정에 의하면 1951년 1월경이다. 최하림은 김수영과 포로들이 LST를 실려 거제도를 향했는데 그가 제주도를 경유한 배에 있었는지 곧장 거제도로 가는 배에 있었는지 확실하지 않다고 말한다. 1951년 1월경은 아직 거제포로수용소가 개소되기 이전이라 할 수 있다.[155] 아울러 제주도에 포로수용소를 설립하려던 계획이 확정된 것이 1951년 1월 11일이고 부지선정 단계에서 이를 다시 취소하고 거제포로수용소를 결정하였기에 제주도 경유설은 신빙성이 떨어진다. 그렇다면 김수영이 1월경에 거제포로수용소에 수용되었다는 설도 어느 정도 수정되어야 할 것으로 보인다. 왜냐하면 포로수용소 공사가 시작된 시점이 2월 초이고 그

완공 시점이 2월 말이기 때문이다. 이러한 점을 감안할 때 김수영이 거제포로수용소에 온 것은 2월 말경 또는 3월 초순으로 보는 것이 타당할 듯하다. 앞서 인용한 시의 진술을 따를 때 그가 포로수용소에 있었던 것이 확실한 시기는 3월이다.(2)

「그것은 본 사람만이 아는 일이지요.
누가 거제도 제육십일수용소에서 단기사이팔사년삼월십육일 오전오시에 바로 철망 하나 둘 셋 네 겹을 격하고 불 일어나듯이 솟아나는 제육십이적색수용소로 돌을 던지고 돌을 받으며 뛰어들어갔는가.」

1951년 3월 16일 새벽 반공포로와 친공포로가 대결하는 현장에서 그것을 지켜보았다는 진술이다. 이 사건에 대한 구체적 사실이나 구술에 의한 증언을 달리 찾지는 못했다. 거제포로수용소사에 의하면 친공포로들의 조직적 활동이 시작된 것은 1951년 포로수용소가 제자리를 잡은 4월부터이며 그 본부는 제77 수용소에 있었다. 그렇다면 김수영이 목격한 사건은 거제포로수용소 초기에 발생한 일이다. 그런데 제62 수용소는 휴전회담 시기 포로 심사를 실시하지 못한 구역 중 하나다. 이에는 대부분 서울 출신의 의용군들이 있었으며 그중 절반이 대학 재학생으로서 사상적으로는 완전한 적색 친공수용소로 알려져 있다. 이러한 사실을 감안할 때 김수영이 이러한 의용군으로부터 자신의 자유를 구하기 위해 일정한 생존의 방편을 사용했을 가능성은 크다. 그러나 이에 대한 자세한 경과는 알려져 있는 것이 없다. 다만 「조국에 돌아오신 상병포로 동지들에게」의 한 구절과 같이 "정말 내가 포로수용소를 탈출하여 나오려고/무수한 동물적 기도를 한 것은/이것이 거짓말이라면 용서하여 주시오,/포로수용소가 너무나 자유의 천당이었기 때문이다."라고 역설적 표현을 제시하고 있을 뿐이다. 김수영이 거제포로수용소에 수용된 기간은 여전히 정확하지 않고 막연히 추정될 뿐이다. 최하림은 그가 거제포로수용소 사무실에 근무하다 얼마 뒤 부산시 거제동에 있는 야전 병원으로 옮겨왔다 본다. 김수영의 아내 김현경의 진술에 바탕을 두고 있는데 이러한 과정에 김수영의 영어 실력이 관여하였음을 덧붙인다. 이러한 최하림에 기대어 김명인은 김수영의 거제포로 수용소 생활은 1951년 1월부터 3-4월경까지였다고 추정한다.[156] 여하튼 그 누구도 김수영이 제61 수용소에 계속 수용되어 있었을 것이라고 보고 있지는 않다. 하지만 인용시의 정황으로 볼 때 그가 수용된 곳은 제61 수용소이고 제62 수용소와의 대립과정에서 그가 미군들에게 자신을 설명할 기회를 얻게 되고 이후 수용소 사무소 통역요원으로 근무하다 부산 거제리 야전병원 통역원으로 가게 된 것이 아닌가 한다. 인용시 속의 사건은 어쩌면 거제포로수용소에서 일정 규모를 지닌 친공포로와 반공포로의 최초 대립이 아닌가 한다. 이 과정에서 김수영의 영어가 미군들에게 통했을 가능성이 크다. 애초 영어가 문제였다면 이는 이미 LST 전후에서도 가능했을 법한 일이 아닌가. 따라서 3월 16일 새벽 사건을 기화로 김수영의 존재가 미군 당국에 인식되었다고 하는 편이 옳을 것이다. 그렇다면 김수영의 수용소 생활은 기껏 보름 남짓에 지나지 않았을 가능성이 크다. 최하림은 수용소에서 나온 김수영이 사무실에서 근무하였다고 하고 김명인은 수용소병원 외과 과장의 통역이 되었다고 한다. 비슷한 이야기이나 최하림에 근거한 김명인이기에 거제와 부산 거제리에 대한 약간의 혼동이 있는 듯하다. 여하튼 3월 16일 유혈 사건으로 김수영이 미군 군의관과 접촉했을 가능성은 높다. 또한 이 시기 만난 군의관의 호의가 이어져 그 군의관(외과 과장)과 함께 부산으로 갔을 가능성도 없지 않다. 최하림은 김수영이 거제포로수용소에서 미군 야전병원 근무를 명받아 그의 처지가 달라졌다고 한다. 그런데 그의 말대로 일개 포로에게 미군 야전병원 근무라는 명을 내릴 까닭이 있을까? 아무래도 명을 받은 군의관을 따라 부산으로 전출하였을 것이다. 그런데 거제에서 부산으로의 전출 시기는 아직 분명하게 밝혀지고 있지 않다. 다만 3월 16일 사건으로부터 그리 오래지 않은 때가 아닌가 한다. 미군과 의사소통이 되었다고 한다면 김수영의 신분에 변화가 가능한 빨리 왔을 것이기 때문이다.(3) 예의 인용시에서 김수영은 말하고 있다: "내가 포로수용소에서 나온 것은/포로로서 나온 것이 아니라,/민간억류인으로서 나라에 충성을 다하기 위해서 나온 것이라고."이러한 진술은 그가 거제포로수용소에서 미군에게 항변한 내용과 다르지 않았을 것이라 보인다.

새로 찾은 두 편의 글[157]을 통해 기왕의 논의에서 수정되어야 할 부분은 (1) 의용군에서 탈출하여 서울에서 체포되는 과정. (2) 체포되어 포로수용소로 가는 과정 (3) 거제도수용소에서 다시 부산 거제리 수용소로 가는 시기 (4) 거제리 수용소 생활과 석방 시기. (1) 미군 트럭을 얻어 타고 서울 서대문 네거리에 내린 것은 "10월 28일 저녁 여섯 시경"이다. "조선호텔 앞을 지나서 동화백화점을 지나 해군본부 앞을 지났을 때에" 다가온 지프차에 탄 군인에 의해 체포된다. "이태원형무소로부터 인천포로수용소에 이송되어” 포로 신분이 되었다. 따라서 중부서 유치장에 갇혔다는 이야기는 그가 자진하여 “서대문 파출소”에 간 사실의 와전이다. “기어코 순경의 충고를 어기고” 통금을 넘겨 가족을 찾아 나선 일이 화근이 되었다. (2) 인천 포로수용소에서 간단한 치료를 받은 그는 “103655”(B)라는 포로 번호를 부여받고 “그 이튿날 오후에 적십자 군용 병원열차를 타고 부산 서전병원으로 이송되었다.”(B) “단기 4283년 11월 11일에”(A) 수천 명의 포로와 함께 “부산 서전병원”을 거쳐 “부산 거제리 제14야전병원으로”(A) 이송되었다. A와 B의 진술을 종합하면 부상포로인 그는 먼저 서전병원에서 치료를 받는다. 서전병원(현재 서면 롯데 백화점 자리에 위치함)과 제14 야전병원(현재 부산 시청 부근) 사이에 포로수용소가 있었다. 김수영이 서울과 인천에 머문 시기는 고작 보름 정도에 지나지 않고 LST로 제주를 경유하거나 거제도로 가지 않았다는 사실은 분명하다. 김수영의 야전병원 생활은 이 해 말까지 이어진다. “크리스마스를 지내서 3, 4일 후, 상처는 아직 완치되지 않았지만” “물을 길어 오고 환자들의 변기를 닦고 약품을 날라 오고 소재를 하고 밥을 메고 오고 환자들을 시중하고 이러한 일을 힘자라는 대로 아무것이나 가리지 않고 다 하였다.”(A) 이러한 사정을 감안하면 그는 벌써 여타의 포로들과는 다른 신분을 부여받은 것으로 보인다. 그가 풀려날 때 “민간 억류인”(civilian internee, 이는 미군에 의해 분류된 유형으로 남한 거주자가 북한군의 강압에 의해 의용군에 끌려간 경우에 해당함) 신분이었음을 강조하는 대목과도 연결된다. 그러함에도 그는 포로였다. 엄혹한 “제3수용소” 생활을 하지 않을 수 없었다. 여군인 “브라우닝 대위”와 “30을 훨씬 넘은 인텔리 임간

호원"(A)과 소통하며 존경과 사랑을 알게 된 곳도 거제리 포로수용소이다. 어떤 의미에서 김수영은 보호받는 존재인 듯하다. 이는 그가 거제도 포로수용소로 이송되는 과정에 잘 드러난다.

> 나는 틈만 있으면 성서를 읽었다. 인민재판이 수용소 안에서 벌어지고 적색 환자까지 떼를 모아 일어나서 반공청년단을 해산하라는 요구를 들고 날뛰던 날 밤 나는 열한 사람의 동지들과 이 수용소를 탈출하여 가지고 거제도로 이송되어 갔다.(A)

거제도 포로수용소가 완성되어 부산의 포로들을 거제로 이송을 시작한 때는 1951년 2월 말부터다. 이로부터 3월 말까지 10만 명의 포로가 옮겨가고 6월 말경에 거제도 포로수용소에 14만 명이 수용되었다. 이 시기 거제리 포로수용소에 남은 인원은 1만 명 정도에 그친다. "포로수용소에는 포로들이 나날이 꾸역꾸역 고무풍선처럼 늘어만 갔다. 포로들이 계속 폭발적으로 늘어나자 유엔군 측은 하는 수 없이 부산 거제리 포로수용소 옆에 철조망을 치고는 제2 수용소로부터 제6 수용소까지 증설했다. 그런데도 계속 입소하는 포로를 감당할 수 없게 되자 유엔군 측은 부산 근교 수영에 '제1, 제2, 제3 수용소'와 부산 가야리에 '제1, 제2, 제3 수용소'를 증설했다. 1950년 12월 말 부산 거제리, 수영, 가야리 일대의 부산포로수용소에는 모두 13만 5천여 명의 포로가 득시글거렸다."[158] 그러니까 김수영은 포로들이 LST에 실려 거제도로 이송되는 상황에서도 거제리 수용소에 있기를 원한 것으로 보인다. "거제도에 가서도 나는 심심하면 돌벽에 기대서서 성서를 읽었다. 포로 생활에 있어서 거제리 제14 야전병원은 나의 고향 같은 것이었다"(A)고 진술하고 있다. 김수영이 이러한 거제도 수용소로 이송된 시점은 정확하게 확정할 수 없다. 그럼에도 그의 시가 3월 16일에 일어난 사건을 진술하고 있다는 사실을 들 때 3월 초라고 추정하게 된다. (3)의 시기도 명료한 바 없다. "나는 참다 참다못해서 탄식을 하고 가슴이 아프다는 핑계로 다시 입원을 하여 거제리 병원으로 돌아올 수가 있었다."(A)라고 말한다. 돌아왔을 때 "남겨 놓고 간 동지들은 모조리 적색 포로들에게 학살을 당하였다는 소식을"(A) 듣게 되는데 이러한 사건이 있은 이후가 아닌가 한다. 박태일은 김수영이 거제리 수용소로 돌아오는 시기를 다음처럼 추정한다.

> 부산 거제리 포로수용소에서도 반공/친공 포로 사이 폭동이 가장 크게 일어났던 1952년 5월을 눈여겨보게 한다. 이 시기에 앞서 김수영은 거제도 포로수용소로 갔다가 그 폭동이 지난 직후에 부산 거제리로 돌아왔을 가능성이 큰 까닭이다. 그런데 1951년 2, 3월 어느 날이든 1952년 5월에 앞선 어느 날이든, 거제도 포로수용소로 옮겨갔던 김수영은 거기서 얼마 머물지 않고 부산 거제리 포로수용소로 돌아왔음을 알 수 있다.

1951년 2, 3월과 1952년 5월 이전이라는 두 가능성을 제시한 셈인데 전자의 타당성이 높아 보인다. 1952년보다 1951년 부산의 포로들이 거제도 이송이 완료되어 가는 6월이나 정전회담이 개시되는 7월 이후의 시점이 김수영이 부산으로 회귀한 때가 아닌가 한다. 특히 정전회담 개시와 더불어 포로들 간의 이념투쟁이 더욱 빈번해진 사실을 주목한다. 이렇게 보면 그가 거제도에서 보낸 기간은 많으면 5, 6개월 적으면 2, 3개월에 해당할 것으로 생각한다. 박태일도 지적하였듯이 "꿈나라로 실려 들어오는 것같이 어떻게 생각하면 우연하게 들어온 이 거제리 수용소에서 나는 3년이라는 긴 세월을 지내게 되었다"(A)라고 진술하고 있기 때문이다. 만일 거제도 수용소에서 지낸 기간이 6개월이 넘었다면 이처럼 진술하긴 어려웠을 것이라 예상한다. 그가 말한 3년이란 1950년 11월 11일에서 1952년 11월 어느 날에 해당한다. 실제 햇수로는 2년에 그친다. 그런데 김수영이 거의 거제리 수용소에 있었다고 판단할 수 있는 다른 산문이 있다. 그것은 1953년 9월 발표한 「면봉」이다. 이 글은 1951년 초부터 1952년 말까지 미군 야전병원의 의료풍경을 자세하게 서술하고 있다. 이는 그가 야전병원에서 통역의 역할을 하면서 외국 의사들과 근거리에서 생활하였음을 증명한다. 비록 짧은 기간이지만 거제도수용소 생활이 더 험난하였을 공산이 크다. "거제도에 와서 보니 도무지 살 것 같은 마음이 들지 않는다. 너무 서러워서 뼈를 어이는 설움이란 이런 것일까! 아무것도 의지할 곳이 없다는 느낌이 심하여질수록 나는 진심을 다하여 성서를 읽었다."(A)라는 진술 속에 거제도 수용소의 상황이 배어있다. (4) 김수영이 민간억류인 신분에서 풀려나는 시기는 1952년 11월 28일이다. 그는 "11월 28일 충청남도 온양 온천 한복판에 흘립한 국립구호병원에서부터 석방되는 200명 남짓한 민간억류인 환자의 틈에 끼여서 25개월 동안의 수용소 생활을 뒤로 하고 비로소 자유의 천지로 가벼운 발을 내디딜 수 있었던 것이다"(B)라고 진술한다. 1950년 10월 28일 체포되어 1952년 11월 28일 석방되었으니 정확하게 25개월의 수용소 생활을 경험하였다.

김수영이 풀려난 곳은 충청남도 온양 국립구호병원이다. 체포되고 계속 병원을 전전한 것을 보면 미군이 부여한 그의 신분 탓이라 생각한다. 「면봉」이 잘 말하고 있듯이 능란한 그의 영어가 그의 수용소 생활에 큰 도움이 되었다. 민간억류인 통역으로 활동한 셈이다. 병원에서 그의 역할 또한 환자가 아니라 통역이었을 공산이 크다. 「달나라 장난」은 자유인이 되고 난 뒤 그가 처음 쓴 시이다. 그야말로 기구한 인생유전을 경험하면서 현실이 도무지 실감이 나지 않는다는 태도를 말하고 있다. 삶에 대한 짙은 회의주의와 더불어 지향을 상실한 의식을 드러낸다. 그에게 남은 것은 오직 불확실하나 유일한 '나'뿐이다. 그의 문학과 삶은 이러한 '나'의 확인을 위한 자유를 최고의 위상에 두게 된다. 그가 포로수용소를 거치면서 확인한 자유이다.

그것은 자유를 찾기 위해서의 여정이었다.
가족과 애인과 그리고 또 하나 부실한 처를 버리고
포로수용소로 오려고 집을 버리고 나온 것이 아니라
포로수용소보다 더 어두운 곳이라 할지라도
자유가 살고 있는 영원한 길을 찾아
나와 나의 벗이 안심하고 살 수 있는
현대의 천당을 찾아 나온 것이다.

나는 원래가 약게 살 줄 모르는 사람이다.
진실을 찾기 위하여 진실을 잊어버려야 하는
내일의 역설모양으로
나는 자유를 찾아서 포로수용소에 온 것이고

자유를 찾기 위하여 유자철망을 탈출하려는 어리석은 동물이 되고 말았다.

「여보세요 내 가슴을 헤치고 보세요. 여기 짱빨장이 숨기고 있던 격인보다 더 크고 검은
호소가 있지요.
길을 잊어버린 호소에요.」

「조국에 돌아오신 상병포로 동지들에게」의 첫 대목이다. 그는 자신의 불우한 삶을 자유를 찾기 위한 역정이라고 말한다. 여기서 자유는 이데올로기가 아니다. 인간의 절대적 조건이다. 김수영은 최선의 가치가 자유이고 최상의 지향이 자유임을 확신한다. 포로수용소는 그로 하여 이러한 확신에 도달하게 한 가장 혹독한 교실이었다. 김성칠은 1950년 11월 2일 일기에서 "이때까지의 경향으로 보아 이북의 양심적인 분자들은 많이 대한민국을 그리워해서 남하하였고 이남의 이상주의자들은 인민공화국에 절대의 기대를 가지고 많이들 월북하였는데 이들이 다 같이 커다란 실망을 품고 있지나 않을까 합니다. 그러나 이미 다시 어디로 갈 곳은 없고 해서, 말하자면 정신적인 진퇴유곡에 빠져 있지나 않을까요. 이들에게 무슨 길을 열어줄 방책이라도 있다면 나는 목숨을 내어놓고서라도 일해 보겠습니다마는……"(p. 268.) 이라고 하소연하고 있다. 남북한 모두 불완전한 이데올로기의 마수에 사로잡히고 말았다. 이러한 가운데 김수영은 가장 직접적인 체험을 통하여 이데올로기의 거물을 벗어난 자유를 본다. 그래서 그는 거제포로수용소의 3월 16일 사건에서 "그들(자유를 갈구하는 포로들-인용자)의 싸워온 독특한 위치와 세계사적 가치"

를 찾는다. 여기서 김수영이 말하는 있는 세계사적 가치란 어떤 의미일까? 성급한 해석일지 모르나 좌도 우도 아닌 자유의 세계가 아닐까? 이후 김수영의 문학은 이러한 자유에 대한 헌신이 아닐까? 그러므로 '전 지구적 자본주의' 시대 혹은 '자유주의 이후'에도 그의 자유는 여전히 시적 광휘를 발하고 있는 것이 아닐까? '흔들리는 분단체제' 속에서 다시 김수영을 호명하고 그가 살았음을 말하는 일에 의의가 있다.

리얼리즘의 모더니티

해양 모더니티라는 큰 범주는 모더니즘, 리얼리즘, 해양문학, 추리문학 등을 아우른다. 이게 부산지역 문학의 지역학적 특성이다. 추리문학은 김성종의 문학이 보여주듯이 근대의 과학 정신에 기반하면서 해역으로 열린 자본주의 세계와 소통한다. 리얼리즘은 자본주의 사회를 비판하는 모더니즘이다. 이 또한 일본을 경유한 근대에 대한 응전의 양식으로 김정한이 대표한다. 김정한은 동아시아 근대의 용광로인 도쿄의 와세다 대학 유학 시절에 소설을 쓴다. 그 당시 쓴 소설인 「구제사업」은 지금 전하지 않는다. 그는 시를 쓰다 소설을 쓰게 되는 과정을 "우에노 동물원에 갇혀있는 조선학을 보고 끄적거려 본 이런 비분강개조의 시조(「조선학」)를 『대조』에 발표한 뒤로는, 쓰는 걸 당분간 그만두었다. 몇 군데의 문학단체에 이름을 걸어두었지만, 그 뒤 소설이라고는 「그물」이란 걸 국내 잡지에 발표했고, 「구제사업」이란 건 『집단』인가 『신계단』인가에 목차만 들어가고 원고는 압수되고 말았다”(「저항의 물결 속에서」)라고 진술한 바 있다.[159] “「그물」이란 걸 국내 잡지에 발표했고”라는 대목에 유의할 때 이 두 편의 소설이 유학 시절에 쓰인 것임을 짐작할 수 있다. 이처럼 그는 유학 시절 시쓰기에서 소설쓰기로 나가간다.

김정한의 문학적 생애에서 와세다 유학 시절은 대단히 중요한 시기인데, 그의 주된 관심은 사회과학이었다. 와세다 대학은 당시 오오야마 이꾸오(大山郁部)를 위시한 사회주의 지성계의 중심이었다. 그가 공부단체인 ‘동지사’에 신고송, 이찬, 박석정 등과 함께 이름을 내보인 것은 1931년 11월이다. 주지하듯이 ‘동지사’는 카프 도쿄지부 해체와 더불어 등장한 ‘무산자사’를 뒤이은 재일 조선인 예술단체이다. 1931년 조공 재건 운동과 관련하여 고경흠 등이 체포되면서 조직의 와해 위기에 처한 ‘무산자사’와 카프 맹원들이 결성하였다. 『무산자』는 카프 동경지부 기관지 『예술운동』을 이은 매체로 김두용, 임화, 이북만, 김남천, 이찬 등이 관여했다. 김남천, 임화, 안막이 귀국한 것은 1930년 봄이다. 여기서 안막과 이찬에 대한 김정한의 교분을 염두에 두면서 요산이 카프 동경지부의 자장 안에 있었음을 알 수 있다. 이러한 사실은 1930년 집중된 시쓰기가 1931년 초에 이르러 뚝 그치게 되는 소이와도 무관하지 않다. 1932년 여름 귀국하기까지 2년여 동안 그는 ‘무산자사’와 ‘동지사’와 더불어 활동한 사실이 분명하며 이 시기에 세계관이 형성되었을 것으로 짐작한다.

「그물」(1932)은 소품이지만 김정한의 세계관을 잘 반영하고 있다. 이 소설을 통해 그의 시선을 식민지 피지배 계급인 소작 농민의 각성에 두면서 이들을 지배하고 착취하는 상위 계급과 억압적 국가기구의 의미를 말한다. 이 소설이 시사하듯 제국과 국가의 폭력 앞에 처한 민중이라는 개념은 김정한 문학을 일관되게 관통하는 주제이다. 소작 농민과 마름과 지주와 국가기구인 주재소의 관련 양상에 착목하는 이 소설의 시점은 징병과 징용이라는 제국의 폭력적 개입과 국제적 노동 분업으로 이산하는 민중의 삶을 그리고 있는 「오키나와에서 온 편지」(1977)에 이르기까지 지속한다. 김정한 소설에서 주목되어야 하는 관점은 리얼리즘을 어떻게 구현했는가의 문제보다 서술자의 위치와 서술 방식이다. 그는 대부분 소설을 민중의 위치에서 서술한다. 또한 구체적인 경험적 사실에 입각한 서사를 전개하고 있다. 따라서 추상적 관념이나 이념이 전제되지 않는다. 가령 「사하촌」은 두 가지 이념이 개입하고 있다. 그 하나는 마르크스주의적 반종교 사상이고 다른 하나는 민중 주체적 저항과 국제적 연대이다. 하지만 이 소설에서 이러한 이념들은 구체적인 민중적 사실 위에 있지 않다. 이 소설은 농민들의 주체적 자각과 자발적인 저항을 그리고 있어 국제적인 민중 연대조차 한 인물이 들려주는 "일본의 탄광 이야기"로 암시되는 데 그친다. 이러한 특징을 리얼리즘의 이상에 미달하는 내용으로 평가하기도 하지만 차라리 김정한 소설의 미덕으로 보는 편이 더 타당하다. 그는 주어진 현실의 맥락을 놓치지 않으면서 구체적인 것을 탐색한다.

간혹 피상적인 관찰자들은 김정한의 삶과 문학이 지닌 굴곡을 변화라고 성급하게 말하려 한다. 정세의 악화로 생존이 위협받는 상황에서 일정한 후퇴와 우회는 육체를 지닌 인간에게 피할 수 없는 일이다. 중일전쟁 이후 우리 문학은 현대주의의 추구와 탈정치주의의 길을 걷게 된다. 동아 신질서 구상을 통하여 제국의 질서를 재편하고 확장하려는 움직임이 더욱 커지면서 식민주의에 대한 저항도 약화된다. 이러한 상황에서도 김정한은 식민지 농민의 입장을 벗어나지 않는다. 사회주의적 관념의 생경한 투영이 아닌 농민의 주체적인 현실 인식에서 발현한 저항(「항진기」(1937))을 말하거나 전향하여 민중을 배반하거나 그렇지 않고 민중과 더불어 고난의 길을 걷는 기로(「기로」(1938))의 의미를 제시한다. 많은 이들이 이 작품 이후 그의 저항성이 약화하거나 사라졌다고 말한다. 가령 「월광한」(1940)은 현실의 피로에서 벗어나려는 낭만적 경향이 뚜렷하다. 하지만 이 소설이 도피와 망각을 칭송하고 있다고 보는 견해는 단순하다. 오히려 식민지하 무기력한 일상에 젖은 남성인물과 대비되는 여성인물인 해녀의 건강한 삶을 통하여 식민지 현실과 일정한 거리를 만들고 있다.

실제 김정한은 「묵은 자장가」(1941)를 끝으로 절필한다. 이 작품은 역시 불교를 다룬 「추산당과 그 곁사람들」(1940)과 한참 나중에 나오는 「수라도」(1969)의 중간쯤 인식을 담고 있다. 전자가 식민화된 불교의 폐단을 말하고 있다면 후자는 민중 불교의 가능성을 서술한다. 「묵은 자장가」는 타락한 불교를 비판하면서 부처의 본질이 중생의 구제에 있음을 제시하고 있어 비록 식민지 현실을 우회하고는 있으나 그의 세계인식을 드러내고 있는 셈이다. 이에 앞선 「낙일홍」(1940)은 식민주의가 내포한 인종주의적 편견을 부각함으로써 식민지적 통합 이데올로기의 허구성을 보여주고 있다. 이처럼 1940년대 김정한의 소설은 현실의 욕망으로부터 물러나 침묵하려는 입장을 담고 있다. 그렇다면 절필 이후의 희곡 「인가지」(1943)를 어떻게 보아야 할까? 일차적으로 회유 또는 강제에 의한 협력이라고 보아야 한다. 망명을 선택하지 않은 식민지인에게 전시체제란 저항과 협력의 이분법이

적용되지 않는 회색지대이다. 이러한 가운데 지식인과 문인은 제국의 헤게모니에 동의할 것을 요구받게 된다. 문제는 이러한 요구를 어떻게 받아들이느냐에 있다. 적극적으로 식민지 헤게모니에 동의를 표하는 경우가 있을 수 있고 협력 요구에 응하면서 일정한 일탈의 가능성을 열어두는 경우가 있을 수 있다. 이 작품을 읽어보면 지원병으로 가야 하는 당사자에 대한 언급이 전혀 없다. 다만 무식한 어른들의 대화, 당시 상황에 무지한 민중적 일상이 과장된 채 전경화되어 있을 뿐이다. 따라서 실제의 민중 현실과는 상당한 거리가 발생한다. 이를 탈정치성이라고 한다면 「인가지」는 제국이 요청하는 국책극이 아니라 세태극에 머물게 된다.[161] 이 작품이 지니는 예외성은 김정한의 글쓰기 전체를 통어하는 작가-서술자 원리에 견주어 보아도 드러난다. 이같이 세태를 거리를 두고 과장되게 보여주는 희곡적 글쓰기는 그의 본령이 아니다. 또한 신고송으로 짐작되는 고향 선배의 권유에 의해 썼다는 점도 1943년의 상황에서 있을 수 있는 일이라 여겨진다. 동경 유학시절부터 교분을 이어온 신고송은 당시 국민극 운동에 가담하고 있었고 해방 이후 김정한과 함께 '희망좌'에서 연극운동을 하게 된다. 「인가지」는 조선어 허용이라는 틈새를 활용하면서 강요된 협력이라는 제국의 폭력에 대처할 수밖에 없었던 작가의 고뇌의 산물이다. 하지만 식민지 회색지대에서 그 또한 일상과 생활을 유지하기 위한 방편으로 일정한 협력을 피할 수 없었던 일은 사실이다.

행동과 글쓰기라는 관점에서 등단 이후 30년대 후반은 김정한에게 있어서 글쓰기의 시대였다. 그의 행동은 와세다에서 귀국한 1932년 여름에 직접적인 사회적 실천의 형태로 나타난다. 와

세다에서 체화된 사회주의 사상은 그를 양산농민봉기사건에 개입하게 하면서 피검되는 양상으로 나타난다. 그의 사회주의는 지식인의 민중 지향적 성격을 지닌다. 양산농민봉기사건의 경우 피해조사과정과 조합 재건에 개입하는 형태를 보인다. 이 일 이후 김정한은 남해에서 교원으로 생활하며 문인-지식인으로서 일상적 수준의 저항 의식을 담보한 글쓰기를 견지한다. 1940년 3월 교원직을 사직하기까지 그의 삶은 그리 큰 굴곡이 없었다 하겠다. 1940년 시작한 <동아일보> 동래지국 일도 신문 폐간과 더불어 문을 닫고 이후 경남도청 상공과 산하 면포조합 서기로 취직하여 해방될 때까지 근무한 것으로 알려져 있다.[162] 생활의 측면에서 그는 비교적 안정적인 처지에 있었다.

김정한은 첫 소설집 『낙일홍』(세기문화사, 1956) 「후기」를 통해 "흩어진 옛 작품을 주워 모으면서 누구나 으레 느끼는 자기 작품에 대한 불만과 과거의 문학적 정열에 대한 향수 이외에, 형편이 다른 나는, 십년을 꼬박 침묵 속에서 보내다시피 한 자신의 무능과 게으름과 혹은 그 밖에 어떤 까닭이 있었다면 그러한 것들에 대한 안타까움과 막연한 반발 같은 것도 마음 아프게 느꼈다"라고 술회한다. 고통스러웠던 과거에 대한 회한이 느껴지는 대목이다. 그렇다면 그를 침묵하게 한 "그 밖에 어떤 까닭"이란 무엇일까? 그에게 닥쳐온 해방공간의 격량이 아닐까?

강대홍과 김정한의 관계는 신고송과의 관계에 못지않은 듯하다. 이는 일찍이 그가 동아일보 동래지국을 맡을 당시 강대홍이 동아일보 부산지국장을 맡고 있었다는 사실과 그와 더불어 김정한이 해방의 소식을 주고받으며 활동을 시작하였다는 데서 알 수 있다. 강대홍은 건국준비위원회 경남지부 총무부장을 맡는 한

편 10월엔 부산시 인민위원회 위원장이 된다. 이어서 1946년 1월 결성된 민주주의민족전선 부위원장으로 선출되고 이해 3월에 남로당 부산시당 위원장이 된다.[163] 이러한 강대홍과 김정한이 일제 말기에 교분을 갖고 함께 해방을 맞았다는 사실은 의미심장한 바 있다. 김정한은 해방과 더불어 진정한 민족문화를 수립한다는 기치 아래 '인민예술좌'라는 연극운동에 관여한다. 아울러 1946년 2월 10일 조선문학가동맹 부산지부장을 맡는다.(위원장 김정한, 서기장 류열, 서무부장 정용수, 재정부장 홍남식 등) 아울러 이해 2월 14일 조선예술연맹 부산지구협의회가 결성되는데 그는 이 단체의 위원장으로 피선된다. 이때 도인민위원장인 노백용이 축사를 하였다. 또한 그는 부산 민주주의 민족전선에 참여한 바 있고 이후 미군정이 민전을 탄압하는 등의 정세 변화에 대처하면서 1947년 7월 27일에는 공위 경축 민주 임정 촉진 인민대회에 문화인대표로도 참석한다.[164] 이러한 일련의 사실을 통해 우리는 두 가지 사실을 확인할 수 있다. 그 하나는 김정한이 철저하게 지역을 근거로 활동하였다는 점이고 다른 하나는 그가 "건준-인민위원회-민주주의민족전선"으로 전개된 중도좌파 민족주의 노선을 실천해 나갔다는 사실이다. 김정한은 이러한 정치 참여로 인하여 1949년 6월 5일 이승만 정권에 의하여 결성된 국민보도연맹에 가입하지 않을 수 없게 되고 한국전쟁 발발과 더불어 목숨이 위협받는 위기에 직면하여 구사일생으로 생존하게 된다.

한국전쟁으로 정치적 위기에서 벗어나 권력을 공고히 한 이승만 정권은 주지하다시피 반공 메카시즘을 통치 수단으로 사용한다. 이승만 정권의 반공주의가 지배하면서 친일파 청산과 함께 자주적 민주주의 국가를 건설하려던 민주주의민족전선은 와

해되며 침묵한다. 이러한 가운데서도 부산지역의 민주 민족 지향의 인사들은 재기의 기회를 엿보며 힘을 결집한다. 1954년 무렵 부산대학교 교수인 이종률과 김정한을 중심으로 결성된 '민족문화협회'에는 부산·경남 진보적 지식인들이 대거 참여하고 있다. '민족문화협회'의 활동은 항일 민족운동을 주제로 하는 강연회가 중심이었고, 이를 통해 민주적 자주 의식을 대중들에게 고취하려 하였고 암울한 현실 아래서 민주 민족진영의 결속을 다지는 역할을 하였다.[165] 이러한 과정을 거쳐 남한 좌파 민족문학의 유일한 생존자인 김정한은 "빛나는 4월"과 더불어 부활한다.

해방공간에서의 김정한은 행동하는 지식인의 모습을 보였다. 식민 상태에서 벗어나 이상적인 국민-국가 건설에 동참한다. 이러한 과정에서 그는 두 편의 소설 「옥중회갑」(1946)과 「설날」(1947)을 발표한다. 두 편 모두 김해 출신의 사회주의자 노백용 일가와 연관된다. 그런데 소품에 불과한 「옥중회갑」이 던지는 메시지는 단순하지 않다. 먼저 일생을 민족을 위해 싸워온 지도자에 대한 '나'의 존경심을 들 수 있다. 이러한 존경심은 또한 '나'의 삶에 대한 부끄러움의 감정을 유발한다. 여기서 부끄러움은 주체를 변화시키는 심리적 기제, 마르크스가 말한 혁명적 정서이다. 다음으로 모스크바 삼상회의의 결정을 기다리는 가운데 가해지는 우익측의 테러와 미군에 의한 노선생 체포라는 당시의 정황을 알리고 있다. 이러한 정황은 이상적 국민-국가 건설의 험난한 여정을 시사한다. 「설날」 또한 10월 인민항쟁으로 투옥된 노백용 일가의 모습을 그리고 있다. 가족의 한 단면이 아니라 새로운 국가 건설을 위한 노씨 일가의 영웅적인 정신을 전하는 한편 이들이 지닌 낙관적 전망을 말하고 있다. 하지만 작가의 이러한 의도와 달리 객관적인 정세는 크게 악화한다.

아래로부터의 국가 건설이 좌절되면서 김정한의 행동은 침묵으로 바뀌게 된다. 남한만의 단독 국가가 건립되면서 국가에 의한 사상 탄압과 폭력이 계속되는 가운데 그는 1947년 교사의 길을 선택한다. 앞서 말한 대로 해방공간에서의 그의 활동으로 후일 국민보도연맹에 연루되지만, 다행스럽게도 이러한 위기를 피하게 된다. 그러나 옥중에서 그에게 호를 지어준 김동산과 해방 후 그를 이끌어준 강대홍은 희생되고 만다. 그는 자전적 소설 「슬픈 해후」(1985)를 통하여 이 당시 그의 처지를 전하고 있다. 이 소설과 더불어 이어지는 자전적인 연작 소설을 구상하였으나 아쉽게도 이것이 그의 마지막 작품이 되고 말았다. 따라서 김정한의 문학적 생애 재구성에 있어 한국전쟁 전후와 이승만 정권 초기 활동은 그리 잘 알려지지 않는다. 여러 편의 꽁트와 연재소설 『농촌세시기』(1954-1955) 그리고 단편 「액년」(1956)을 남기고 있을 뿐이다. 아울러 50년대 후반부터 신문 잡지 등에 쓴 에세이가 적지 않다. 이러한 에세이 쓰기는 이후 평생 지속된다. 그의 글쓰기에서 에세이가 차지하는 비중은 유달리 크게 보인다. 그는 에세이를 통하여 시대와 현실 그리고 자기에 대한 발언을 그치지 않았다.

4월 혁명으로 이승만 정권이 무너졌지만 김정한의 고난은 이에 그치지 않는다. 그는 다시 군사정권에 의한 해직과 복직의 고통을 겪게 된다. 이러한 고통 이후에 스스로 복귀라고 규정한 「모래톱 이야기」(1966)가 등장한다. 실로 '복귀'라는 말에 값하는 의미를 지닌다 하겠다. 그러함에도 이는 단순한 문단 복귀로 해석될 수 없는 일이다. 작가의 측에서 볼 때 이것은 자신의 세계관을 다시 소설 쓰기를 통해 표출하는 것이고 한국문학을 바라보는 측에서는 억압되었던 전통의 복원이라는 '문학사적 사건'이다. 그의 복귀는 최원식의 지적처럼 '단절된 카프전통의 복원', '해방 직후 좌파의 부활', ''변경의 혼'의 중심부 진입'으로 그 의미가 매겨지고 있다.[166] 이처럼 그의 '복귀'는 '복원', '부활', '진입'이라는 무게를 가진다. 실제 김정한 문학은 몇 번의 침묵에도 불구하고 연속성을 지닌다. 제국과 식민지 민중의 문제, 국가와 민중의 문제는 복귀 전후 그의 문학의 일관된 주제이다. 이러한 주제는 그가 문학적으로 침묵하던 시기에도 지속적으로 고민해 오던 사항이다. 해방공간에서 그는 행동으로 이상적인 국민-국가 만들기에 나선 바 있다. 이승만 정권하에서 그는 폭압적인 국가가 민중의 권리를 어떻게 수탈하는가를 보아왔다. 그 또한 식민지 시대와 다를 바 없이 국민-되기를 강요받았다.

> 이십 년이 넘도록 내처 붓을 꺾어 오던 내가 새삼 이런 글을 끄적거리게 된 건 별안간 무슨 기발한 생각이 떠올라서가 아니다. 오랫동안 교원노릇을 해오던 탓으로 우연히 알게 된 한 소년과, 그의 젊은 홀어머니, 할아버지, 그리고 그들이 살아오던 낙동강 하류의 어떤 외진 모래톱—이들에 관한 그 기막힌 사연들조차도, 마치 지나가는 남의 땅 이야기나, 아득한 옛날이야기처럼 세상에서 버려져 있는 데 대해서까지 차마 묵묵할 도리가 없었기 때문이다. (「모래톱 이야기」)

복귀의 변이라 할 수 있는 이 작품의 서두가 시사하는 의미는 두 가지이다. 그 하나는 스스로 민중과 그들의 땅에 관하여 이야기하겠다는 의지이고 다른 하나는 아무도 이러한 민중 이야기를 하지 않는다는 사실이다. 이로부터 그는 십 년 동안 많은 민중 이야기를 쏟아낸다. 그에게 민중은 누구인가? 그들은 자기 땅으로부터 소외되고 국가로부터 격리되거나 추방되는 자이다. 「모래톱이야기」와 「유채」에서 주인공들은 오래도록 지어오던 땅을 국가 권력에 의해 수탈당한다. 주거공간을 빼앗기고 굴에서 짐승처럼 살거나(「굴살이」) 가진 게 없어 변두리 고지대에 무허가 판자집을 짓고 사는(「산거족」) 이들은 국가로부터 어떠한 보호도 받지 못한다. 이들은 국가가 만든 사회적 기준에 따를 때 유령과 같은 존재들이다. 불법적으로 거주하고 노동하는 사람들에게 국가는 없다. 이들은 국가를 구성하는 주체가 못 된다. 그렇다면 이들이 무엇을 할 수 있는가? 스스로 주체가 되는 것은 가능한 일인가? 「인간단지」가 시사하듯 그들만의 세계는 구성되지 못한다. 이 소설을 두고 인간성 회복이니 인간주의 운운하는 것은 단순하다. 국가로부터 낙인이 찍혀 추방되거나 격리된 이들에게 인간주의는 가장 낮은 이념에 불과하다. 그들만의 세계를 형성하려는 노력은 어떠한 외부도 인정하지 않으려는 국가와의 투쟁으로 귀결될 수밖에 없다. 이미 김정한은 식민지 시대 작품을 통하여 방화와 폭력과 자살이라는 양상들을 보인 바 있다. 저항과 폭력은 그의 문학의 또 다른 주제이다. 그는 비폭력을 옹호하지 않을 뿐 아니라 폭력에 폭력을 가하는 보복과는 다른 의미의 폭력을 제시하고 있는데, 이는 대항폭력(counter-violence)과 다른 반폭력(anti-violence)라 할 수 있겠다.

김정한이 민중을 이야기한다는 것은 또한 국가의 조건을 생각한다는 의미이다. 국민-국가라고 했을 때 국민은 누구이고 국가는 무엇인가? 김정한 문학의 핵심은 이러한 질문 속에 고스란히 담겨 있다. 일제시대에 독립운동을 하거나 농민운동을 한 사람들이 해방된 국가에서 핍박을 받는 이유가 무엇인가? 민중을 위한 나라를 만들자는 사람들이 '빨갱이'로 내몰리는 까닭은 무엇인가? 또한 국가는 왜 진실을 말하는 지식인의 입을 막으려 하는가? 모든 해답이 국가(nation)의 상태(state)에 있다. 복귀 후 그의 문학은 식민지 지배 질서와 해방 이후의 국가가 그 상태에 있어 크게 다를 바 없다고 이야기한다. 「수라도」에서 독립 운동가를 배출한 집안보다 친일파 집안이 득세하며 독립 유공자 후손인 「독메」의 주인공은 가난의 되물림에서 벗어나지 못한다. 「지옥변」과 「오끼나와에서 온 편지」는 일제하 강제 징용피해자의 후손들이 겪는 비참한 삶을 서술한다. 「과정」은 국가를 보호해야 한다는 명목으로 양심적인 학자를 심문하고 고문한다. 허약한 국가의 상태를 국가보안법이라는 제도적 폭력을 통해 지키려 한다. 김정한의 민중은 특정 계급으로 환원되지 않는 유연한 범주이다. 말할 것도 없이 그의 문학이 농적(農的) 가치 위에 있는 것은 사실이다. 하지만 단순한 농민문학이 아니라 땅이라는 근본적인 토대를 말하고 있기에 그의 문학이 거듭 새롭게 읽힐 소지는 크다. 그의 민중은 오늘날 소수자, 사회적 약자, 하위주체(subaltern) 등으로 그 개념이 이월되면서 재인식될 수 있을 것이다. 하위 주체가 소수자와 사회적 약자를 포괄하는 개념으로 설정될 수 있다면 김정한의 민중문학은 이제 하위주체의 문학이 된다. 원래 프롤레타리아에서 출발한 개념인 하위주체는 오늘날 성, 인종, 문화적으로 주변부에 속하는 사람들로 확장될 수 있다. 신자유주의적 세계화로 자본과 국가로부터 소외되는 하위주체는 더욱 늘어난다. 그렇다면 "따라지"들을 천착해온 그의 문학은 이제 하위

주체에 대한 탐문으로 나아가야 한다.

민중 개념이 그러하듯 김정한의 문학을 리얼리즘으로 제약하는 것은 잘못이다. 첫머리에서도 말했듯이 그는 리얼리즘을 자신의 창작방법론으로 전제하지 않았다. 오히려 앞서 인용한 「모래톱이야기」의 서두나 "역사를 공부하는 사람들이 먼 옛날의 인류생활의 실태를 파악하기 위하여 도처에서 열심히 고분을 파헤치듯이, 나는 오늘날의 우리들의 진실의 한 부분을 알아보기 위해, 지난 여름 강원도의 탄광지대를 몇 군데 돌아다닌 일이 있다."라는 「오끼나와에서 온 편지」의 첫머리처럼 그는, 고고학자가 하듯이 민중 사실을 파헤쳐 그것을 우리에게 이야기하려 한다. 이러한 그의 태도는 참여-관찰이라는 변증법적 방법을 선택하여 민족지를 기술하는 인류학자를 닮았다. 그의 소설, 나아가 그의 글쓰기에서 주목해야 하는 것은 개방성이다. 그의 글은 변증법의 끝을 목표로 하지 않는다. 실제 그는 대화상대인 독자가 누구인가를 염두에 두고 글을 쓴다.[167] 이야기는 공동체를 구성하는 매개물이다. 어찌 보면 그는 소설을 이야기하듯 써 왔다 하겠다.

김정한이 땅의 문학을 옹호한다고 하여 그가 특정한 장소라는 소재주의에 머물렀다고 보는 것은 한계가 있다. 그는 무엇보다 자기 땅으로부터 소외된 삶을 경계하였다. 여기서 땅은 국가와 지역으로 확장될 수 있다. 「산서동 뒷이야기」와 「오끼나와에서 온 편지」를 통해 읽을 수 있듯이 그의 관심은 아시아 민중 연대로 발전할 수 있는 소지가 있다. 제국과 식민의 경험, 국가 폭력의 경험을 공유하고 있는 아시아 민중의 사랑 이야기는 이미 그로부터 시사되고 있다. 그는 또한 땅의 문제를 생태환경의 문제로 보았다. 매립과 매축이 가져다주는 환경 재앙을 고발하고 있는 「모래톱이야기」와 「지옥변」, 공업화로 인한 해양 오염을 말하고 있는 「교수와 모래무지」는 한국 생태환경 문학의 시발로 평가하기에 족하다. '낙동강의 파수꾼'인 그는 이러한 소설뿐만 아니라 많은 에세이를 통하여 생태환경 문제를 제기해 두었다. 땅과 민중에 대한 관심의 기저에 모든 생명체에 대한 사랑이라는 의식이 깔려 있었다. 이러한 점에서 그의 문학은 새로운 글쓰기의 과제를 제기하기도 한다. 인간 중심의 문학에서 인간과 자연을 하나의 전체로 바라보는 글쓰기가 필요하다는 전망이다.

김정한의 문학은 철저한 지역문학이다. 그의 문학만큼 지역의 장소와 공간에 뿌리를 둔 경우도 드물다. 땅으로부터의 소외는 생활로부터, 궁극적으로는 민중으로부터의 소외를 뜻한다.[168] 그는 항상 대지의 경험을 근거로 글을 썼다. 오늘날 이러한 경험적 글쓰기는 크게 후퇴하고 있다. 다시 땅으로, 생활로, 민중으로 돌아가야 할 때가 아닌가 한다. "왜 이러한 아름다운 산들이 몇몇 사람들에게만 독차지 돼야 하는가?" 「산거족」 주인공이 부르짖는 말이다. 국가는 무엇을 하고 있는가? 민중은 왜 고통에서 벗어나지 못하며, 왜 저항을 통해서만 자기를 확인할 수밖에 없는가? 김정한의 물음은 오늘 우리에게도 여전히 중요한 질문이 되고 있다.

해양문학의 발흥

부산은 한국 해양문학의 메카다. 이 명제를 설명하기 위하여 먼저 해양문학의 개념적 정의를 할 필요가 있다. 그동안 이어진 모호함에서 벗어나기 위함이다. 해양문학(maritime literature)은 기본적으로 대양(ocean)과 항해(navigation)를 요건으로 하며 해양경제(maritime economy)의 토대 위에 있다. 어업과 상업의 선상 경험을 바탕으로 삼아 문학적 장치를 활용하면서 생산한다. 항해는 당연한 서사의 골격이고 항해에 관한 지식(nautical literacy), 선상 크로노토프, 바다 여행(sea voyage), 선원의 일과 하위문화, 항해문화-문화교섭(cultural interactions), 문화접변(acculturation), 다문화(multiculture), 혼종화(hybridity), 해항도시(seaport city) 네트워크, 디아스포라와 해외(overseas)등을 맥락 속에 포함한다. 이러한 까닭에 해양문학은 경험의 지위가 높으나 내용의 폭이 매우 넓다. 작가의 공부 여하에 따라서 문학적 성취의 가능성은 늘 열려 있다.

그렇다면 부산이 왜 해양문학의 메카인가? 이러한 질문에 답하기 위하여 약간의 우회가 필요하다. 무엇보다 먼저 세계문학의 차원에서 해양문학의 발생론적인 구조를 알아야 한다. 칼 슈미트(Carl Schmitt)가 말한 '대양적 전회'(oceanic turn)와 더불어 해양 근대성(maritime modernity)을 살펴야 한다. 세계사를 땅과 바다의 투쟁(베헤모스와 리바이어던의 싸움)으로 설명하는 그는 지중해에서 대서양시대로 나아가는 데서 땅에서 바다로의 '원소적 전환'을 확인한다. 여기서 우리는 하천, 연안, 해양, 세계 해양으로 전개해온 인류의 활동을 주목한다. 당연히 선박의 형태도 노젓는 배(갤리선), 범선, 증기선 등으로 발전한다. 서구의 관점에서 지중해에서 나와서 대서양과 태평양으로 전개하는 전 지구적 차원의 공간 혁명이 이루어지는데 아시아의 관점에서 이는 남중국해와 해상 실크로드와의 접속으로 이해된다. 이로써 바다의 관점에서 대양적 실존이 형성되었으며, 해양문학의 발생은 이러한 시기와 맞물린다.

스페인의 세르반테스(Cervantes, 1547. 9. 29-1616. 4. 23)는 유태인 출신으로 레판토 해전에 참전하여 왼팔을 잃고 해적에게 납치되어 구금에서 몸값을 주고 풀려나기도 하였으나 신분적 처지 때문에 생계를 위한 글쓰기를 하였다. 해양 경험보다 스페인 사회를 풍자하는 데 더 치중하였다. 포르투갈의 루이스 바스 드 까몽이스(Luis vaz de Camoes, 1524-1580. 6. 10)는 서사시인으로 국가 해양을 찬양했다. 하지만 이들보다 더 해양에 적극적인 이는 영국의 셰익스피어(Shakespeare, 1564. 4. 26-1616. 4. 23)이다. 그는 무역업자와 탐험가를 연구하고 버지니아 회자에 투자하는 한편 무역업자의 후원을 받기도 하였다. 플리머스에서 신대륙 버지니아로 가다 허리케인을 만나 버뮤다 제도에서 거대한 암초 사이에 파선한 씨벤처호 사건(1609)의 기록을 「폭풍」을 쓰면서 참고하였다. 어쩌면 서구 해양문학의 전통은 셰익스피어부터라고 할 수 있겠다. 허먼 멜빌(Herman Melville)과 조지프 콘래드(Joseph Conrad)는 주된 참조 대상으로 셰익스피어를 삼았다. 물론 본격적인 출발은 다니엘 디포(1660-1731)의 『로빈슨 크루소』(1719)이다. 이로써 서구 근대문학이 시작되고 해양 근대성이 문학사적 중심에 놓인다. 20세기에 이르러 『로빈슨 크루소』는 윌리엄 골딩의 『파리대왕』(1954)이나 미셸 투르니에(Michel Tournier)의 『방드르디, 태평양의 끝』(1967)으로 패러디된다. 그만큼 18세기 발흥기의 해양문학과의 편차를 보여준다. 네덜란드 해양화(marine paintings)가 그러하듯이 발흥의 시기에 나타나는 문화는 사실주의이다. 경험 사실을 제대로 전달하려는 의지의 표출이다. 이러한 해양문학의 사실주의는 허먼 멜빌(1819-1891)에 이르러 정점을 이룬다. 멜빌은 뉴욕 태생으로 유복한 어린 시절을 보내지만 1832년 아버지가 사업 실패 후 사망해 은행원, 점원, 교사, 상선의 사환 등 여러 직업을 전전하다 1841년 포경선 선원으로 항해를 떠나 선장의 폭압과 격무 탓에 이듬해 탈주해 타히티섬을 비롯한 폴리네시아의 여러 섬에서 생활한다. 1843년 미 해군에 입대했고 제대 후 자신의 경험을 바탕으로 한 첫 장편소설 『타이피』를 집필하며 1846년과 1847년에 각각 출간한 『타이피』와 『오무』로 모험 작가로서의 명성과 인기를 얻는다. 1850년 그의 문학적 여정의 동반자인 너새니얼 호손(Nathaniel Hawthorne)을 만났고, 이듬해 출간한 여섯 번째 장편소설 『모비딕』을 그에게 헌정하였다. 당시 생소한 형식과 신성모독적 서술 탓에 혹평을 받으면서 영국과 미국에서 주목을 받지 못한다. 1860년부터는 시작에 매진하지만 더는 작가적 명성을 누리지 못하다 「선원, 빌리버드」를 미완으로 남긴 채 1891년 심장발작으로 사망한다. 멜빌의 간략한 연보가 말하듯이 몇 년에 걸친 포경선과 해군 경험이 그의 문학의 바탕이다. 『모비딕』은 1차 세계대전 이후에 다시 발견된 이후로 세계 해양문학의 전범으로 여전히 우뚝하다. D. H. 로런스(David Herbert Lawrence)는 "지금껏 쓰인 가장 위대한 해양소설"이라 하였고 W. 포크너(William Faulkner)는 "손을 내려놓자마자 내가 썼더라면 좋았을걸 하고 생각한 책"이라 하였다. E. 헤밍웨이(Ernest Hemingway)는 "넘지 못한 유일한 작가"라고 칭송한다. 노벨 문학상을 받은 밥 딜런(Bob Dylan)도 "가장 지속적인 영향을 끼친 두 작품(찰스 디킨스(Charles Dickens) 『두 도시 이야기』) 가운데 하나"라고 했다. 오늘날까지 해양문학의 가장 높은 봉우리임에 틀림이 없다.

지난 2019년은 허먼 멜빌 탄생 200주년이다. 세계적으로 그를 되새기는 사업을 전개하였는데 한국에서도 새 번역본 『모비 딕』(문학동네, 황유원 역)을 발간하였는데, 따로 록웰 켄트(Rockwell Kent)의 삽화가 들어간 번역본(문학동네, 황유원 역)도 내었다. 아울러 크리스토프 샤부테(Christophe Chaboute) 각색 만화 번역본(문학동네, 이현희 역)을 발간하였는데 에이허브 선장과 스타벅 일등항해사의 관계 중심으로 서술하고 있다. 이와 더불어 패트릭 네스(Patrick Ness, 글))/로비나 카이(Rovina Cai, 그림)(김지연 역), 『바다는 우리의 하늘이었다』(지학사아르볼)을 또한 주목한다. 고래와 인간의 대결을 다루되 인간을 사냥하는 고래들을 그림으로써 『모비 딕』을 뒤집어 패러디하고 있다. 이슈미얼(인간)("Call me Ishmael")은 밧세바(고래)("Call me Bathsheba")로 바뀌어 시작한다. 앞서 말한 『로빈슨 크루소』와 『방드르디, 태평양의 끝』(미셸 투르니에)의 관계와 유사한 패러디 방식이다. 무엇보다 『모비딕』의 창작과정(포경선 에식스호의 비극)을 넌픽션으로 그린 너새니얼 필브릭(Nathaniel Philbrick)의 *In the Heart of the Sea*를 주목하지 않을 수 없다.(『바다 한 가운데서』로 번역되고 <허트 오브 씨>로 영화화됨) 더불어 그의 『사악한 책, 모비 딕(Why Read Moby-Dick)』(홍한별 역, 저녁의 책, 2017)은 『모비 딕』에 대한 좋은 해설서이다.

해양문학의 발생론적 구조는 '해양 체험+해양 견문과 지식+허구적 상상력+작가의 세계관'이라고 할 수 있겠다. 물론 해양 근대성이나 해양 자본주의는 기본 전제조건이다. 다니엘 디포의 『로빈슨 크루소』(1719)는 동인도회사와 남해회사를 경영하던 영국 팽창 시기의 산물로 문명화와 제국주의적 비전을 포지한다. 허먼 멜빌의 『모비 딕』(1851)은 석유 발견 이전의 자본주의 사회와 미국의 팽창과 내적 모순(내전의 전야)을 담지한다. 조지프 콘래드(Joseph Conrad, 1857-1924)는 영국 패권 해체기로 이어지는 시기이자 범선에서 증기선으로 산업화가 전환되는 시대의 해양문학이다. 여기서 조지프 콘래드의 중요한 명제가 발생한다. "해양문학은 범선 시대의 문학이다." 영국 런던에서 호주와 동남아를 오가는 상선을 탄 조지프 콘래드의 경험적 발화이다. 이 명제는 두 가지 문제를 파생한다. 1) 범선과 달리 동력선이 등장하면서 해양문학이 약화한다. 이는 오늘날 첨단선박에서 해양문학이 발상할 수 없는 사정과 이어진다. 2) 조지프 콘래드는 상선과 어선의 차이를 간과하였다. 어선은 여전히 해양문학의 주요 무대이다. 3) 작가의 체험과 세계관의 문제가 중요하다. 단지 경험 서사에 머물지 않아야 한다. 4) 자동화 선박 시대의 해양문학, 기후위기와 해양 오염을 해양문학의 가능성과 함께 논의해야 한다. 이처럼 조지프 콘래드가 던진 명제는 해양문학의 맥락을 새롭게 하는 계기로 인식될 수 있다. 20세기 해양문학으로 어니스트 헤밍웨이(1899-1961)의 『노인과 바다』(1952)를 들 수 있다. 하지만 이 작품은 헤밍웨이의 특이한 체험(쿠바 코히마르에서의 낚시)과 노년 의식을 담는다. 해양문학임과 동시에 노년소설이다.

여기서 세계 해양문학과 연관한 세 가지 쟁점을 논의하고자 한다. 1) 해양문학과 오리엔탈리즘-해양문학은 서구중심주의의 표상인가? 호머(Homer)의 『오딧세이아』는 지중해를 중심으로 전개한 해양서사이다. 칼 슈미트에 기댈 때에 이는 본격 해양문학이 못 된다. 7세기부터 13세기까지 이슬람이 해상 실크로

드를 경영한 사실을 상기할 수도 있다. 『천일야화』 속의 신드바드의 모험은 아시아의 해양문학이라 하겠다. 명나라 정화(鄭和)의 7차에 걸친 대원정(1405-1433)은 콜럼버스(Columbus)의 항해(1492)보다 훨씬 앞선다. 대항해시대는 서구와 아시아의 위대한 만남(1500-1800)으로 이어졌다. 서구와 아시아의 균형이 기운 시기는 아편전쟁(1842) 이후이다. 하지만 에드워드 사이드(Edward Said)가 말했듯이 해양문학에서 오리엔탈리즘은 피할 수 없는 일이다. 2) 범선과 증기선, 어선과 상선의 해양문학 차원의 지속 가능성-20세기 해양문학의 주요 무대는 어선이다. 앞에서 말한 조지프 콘래드의 명제는 "해양문학의 중심은 어선이다"라고 바뀌어야 한다. 3) 허먼 멜빌과 『모비 딕』의 위상-해양문학의 전범은 헤밍웨이의 『노인과 바다』가 아니며 허먼 멜빌의 『모비 딕』이다. 이처럼 세 가지 쟁점은 오늘날에도 유효하다.

한국의 근대는 불행하게도 해양 세력을 등에 업은 유사 해양국가인 일본의 식민지로 시작한다. 최남선이 자유 대양을 강조하였지만 현해탄을 벗어나지 못한다. 관부연락선이 주요 무대일 수밖에 없다. 염상섭의 「만세전」은 해양소설이 아니나 선상 크로노토프가 잘 드러난다. 정지용의 「선취」가 해양시에 육박하나 대양으로 나아간 경험은 아니다. 1945년 해방은 해양의 해방이다. 박인환이 미국계 상선회사인 대한해운공사 사무장으로 남해호를 타고 태평양으로 출항한 날은 1955년 3월 5일이다. 그는 「태평양에서」를 위시한 해양시를 10여 편 남겼다. 최초의 원양어선 지남호가 출항한 해는 1957년 6월이다. 이로써 대양으로 항해가 시작되었다. 이어진 근대화와는 달리 해양화이다. 한국의 본격적인 해양문학사는 60, 70년대에 시작된다. 어선을 탄 천금성의 해양

소설과 상선을 탄 김성식의 해양시가 출현한다.

원양어업사와 해운사에 대한 미시사적 접근은 여전히 부족하다. 해기사협회의 월간 『해기』(1966. 8-현재)의 역할을 살펴보면 법과 제도, 해양기술, 해양산업, 선박 운항, 대양, 항구, 선원 소식 등 전반적인 흐름을 이해하게 하는 자료임을 알 수 있다. 월간 『해기』는 M. Arnold의 「Dover Beach」(1호)를 시작으로 J. Masefield의 「Sea Fever」(6호)로 이어진다. 먼저 번역으로 해양시에 접근하고 있음을 알 수 있다. 박성애의 「좌상」(7호)은 해양시의 요건에 미달이지만 선원 가족의 시편이다. S. J. H, 「바다에의 찬가」(8호)에 이르러 해양시에 육박하는 작품이 등장한다. 다음은 「바다에의 찬가」전문이다.

푸르름이 한태엉켜 태산이 될지라도 나는 도라가야겠네
수억 년을 두고 변함없는 백파 부디치는 진주의 나라
낙망(樂望)의 노래가 넘치는 곳으로 나는 도라가야겠네

계절마다 마련된 인생의 제전처럼
구리빛 얼굴들엔 두려움이 보이지 않는다
젊음에 약동하는 뇌우같은 기함(起陥)이 있을 뿐이다
청자빛 저무는 해원을 쉬지 않고 달리노라면
선배들의 한결같은 지침이 바다에 가득하려니
비록 노도에 지쳐 흔들리는 뱃전이 있을망정
지고에 얽히고 땀으로 이룩된 수기(水氣)어린 마음은
웃음지며 낙망(樂望)의 노래 끝없이 불려지러니

어스름 등화심지에 넘쳐 감도는 화정(火情)에
밤 새워 듣고 읽는 기쁨 그지 없으리니
끝내 심원의 나라 마음바쳐 뉘우침없을 세계
피와 땀과 힘을 아낌없이 바칠 수 있는 곳에
푸르름이 흩어져 재가 될지라도 나는 도라가야겠네

바다를 향한 의지적 자아의 낙관주의가 뚜렷하게 표출되고 있다. 최호연의 「고백」(10호), S. J. H의 「바다의 염원」(12호), 손명자의 「소라」(13호) 등으로 발표되나 「고백」은 해양시가 아니다. 또한 송용무의 「대양 위에 더있는 푸른 진주」(16호)는 수필이다. 과테말라의 시인 미겔 아스트리아스(Miguel Angel Asturias)의 「항구」(20호)가 번역되기도 하고, 작자 미상의 「해변에 서서」(21호), 김춘방의 「영지시초」(22호), 김정길의 「메아리는 지금도」(26호)로 발표가 계속된다. 김정길은 범양전용선주식회사 엔젤파크호 3기사라고 자신의 신원을 그대로 보이는데 이 이후에 이러한 현상은 빈번해진다. 다음은 「메아리는 지금도」 전문이다.

태양도 잠이 든
깊은 밤줄을 뚫고
뿌리의 삭이 스쿠류를 고동시켰다

보슬비 내리는 고독한 등대
불태웠던 연인의 아픈 마음인양
태우는 듯 녹아내리는 갈증
별리는 그토록!

빠알갛고 푸르렀던 미련지우듯

한줄기 희망만은 간직하고서
무한의 항해는 시작되었다

어느날 새하얀 초록빛
향기인양 맑은 정기
신선한 새아침의
한아름 상봉이 시작되기까지는
아프리카에로의 의지는
희망봉을 돌아
콜럼버스 후예는 파도를 헤친다

야무진 예지의 메아리
한줌씩 부리면서
지금도……
메아리는 지금도──

만남과 헤어짐이 있으나 대양의 항해가 새로운 희망임을 전한다. 인도양에서 대서양을 향하는 항해의 과정에 힘찬 자부가 담겨 있다. 공대천의 「밤0시 그 떨어진 시간」(29호), 작자 미상의 「PASANG-GEL」(30호), 작자 미상의 「비바람 속에서」(31호)이 게재되었고 오리엔탈 스타 2기사 이정길의 「기적」(32호)이 주목된다.

꿈은 언제나 현해탄을 지난다

밤마다 기구의 뒤안에서
전설처럼 열리는
귀향의 여로

갈매기도 낯설은
이방의 해협에서
망향의 깃발을 흔들어 흔들어
유형된 청춘을 울렸다

눈을 들면
선창 너머로
동지나해의 항로가
부침하는 바다!

아-아 언젠가
해후가 끝난 항구에서
붉은 눈망울로 돌아선
여인의 어깨 너머로
비등하던 바다!

소리쳐 소리쳐
너를 부르며
비정한 청춘의 유형지에서
나
영원한

에뜨랑제는

향수의 해벽을 오르고 있다

동아시아 지중해를 항해하면서 영원한 나그네의 심사로 바다를 "비정한 청춘의 유형지"라고 생각한다. 하지만 향수와 모험의 의지 사이에 선 자아의 표정은 희망차다. 강원길의 「스쿠류」(33호, POPEYE호 3기사)가 있고 김정남 생환수기 「표류」(34호-37호)가 발표되면서 서사의 가능성이 제시된다. 이니셜로 자신을 자주 내어 보인 S. J. H의 「체념의 변」(34호)은 수준을 유지한다. 영덕호 항해사 공장영의 「바다」(37호)는 동지나 해상에서 쓴 시편이다. ORIENTAL STAR호 기관사 전강주의 「박쥐」(38호), 박우석의 「섬」(41호)이 실리는데 박우석은 한국연근해어업기술훈련소 선박과에 근무한다. 다시 전강주가 「종장」(42호)을 싣고 CRYSTAL MAGNOLIA호 항해사인 이식이 「세월에」(43호)를 투고한다. 작자 미상의 「바다」(44호)가 주목된다.

투망보다 치밀한 일력을 매고

회색 안개를 여미는 청소한 아침

태산을 버티는 나의 노동이여-

해저의 푸르름을 단번에 느껴보네

기다림이 엇는 난무의 광장에서

오늘도 일월을 장식하네

지혜의 눈은 아직도 멀고
아직 열을 간직한 나의 의지도
왜곡된 대화에 영그는가

하나뿐인 진로 위에 놓여진 납덩이 같은 시간의 무게여

언젠가의 승리감을 축복 받고저
내던져진 망각의 세계에서
어둠보다 늦어진 귀로의 허탈

흐느적거리는 곡에사는
뒤덮힌 광장의 그림자 속에서
이념을 다지는 심지의 분노에 불을 당기네
머리 조아린 태양의 저만큼에서
흩어진 의식의 파편을 줍네
깊이모를 푸르름의 저편에서

해양과 선상의 노동 경험이 내면 의식과 겹쳐 표백한다. 권의명은 한국연근해어업기술훈련소에 근무하며 「항구에서」(45호)를 선보인다. RELIANCE SERENITY 2기사로 자리를 옮긴 전강주는 계속하여 「사선」(46호), 「바람아 너만이라도」(47호)을 발표하는데 후자를 쓸 당시 2기사에서 기관사로 그 직책이 바뀌어 있다. 어느 외항선원이라 표명한 이의 「망각」(48호), ASIA MONO 항해사 한만숙의 「사선」(50호), 작자 미상의 「몽목」(51호)이 게재되고 마침내 1971년 한국일보 신춘문예 당선작인 김성식의

「청진항」(52호, 1971, 5)이 등장한다. 김성식은 SAMUELS 2항사의 직책을 밝히면서 이어 「항해」(53호)를 발표하고 있다. 이처럼 『해기』를 통하여 1966년부터 1971년에 이르는 해양시의 발생과정을 추적하였다. 김성식의 출현을 한국해양문학사의 사건으로 인식할 수 있겠다. 그런데 『해기』의 자료는 상선의 시정적 지향성을 잘 드러낸다. 반면 어선은 서사적 지향성이 뚜렷하다.

해항 도시 부산은 한국 해양문학의 메카이다. 천금성(어선, 소설), 김성식(상선, 시), 김종찬(어선, 소설), 옥태권(상선, 소설), 김부상(어선, 소설), 이윤길(어선, 시와 소설), 장세진(어선, 소설), 하동현(어선, 소설), 유연희(소설), 심호섭(상선, 시) 등이 문학적 관습을 쇄신하면서 계속 작품을 생산하고 있다. 이윤길의 장편 『남극해』는 괄목할 만한 성취로 평가된다. 천금성에서 시작한 해양소설의 전통을 계승하면서 한 단계 높이려는 의욕이 눈부시다. 얼음이 깔린 남극해의 항해가 박진감을 가지며 선상 다문화 현실과 기후 위기 등의 변화를 포함한다. 공간적으로 인도양, 태평양을 넘어서 남극해에 이른 지점도 눈여겨보아야 한다.

해양은 근대의 산물이다. 그것은 근대에 의해 발견되었다. 따라서 근대(modern), 근대성(modernity)을 논외로 하고 해양문화나 해양문학을 논하긴 힘들다. 표상체계는 근대를 설명하는 여러 틀 가운데 하나이다. 표상은 심적 현상이자 구체적인 형상이다. 이는 뭔가를 마음속에 떠올리는 심적인 조작에 관련된 면과 어떤 것의 대체물을 구체적으로 제시하는 물질적인 행위와 관련되는 면을 지닌 것으로, 실재를 심적으로든 물리적으로든 재현전화(再現前化)한 것(representation)이라 할 수 있다. 그런데 이러한 표상의 과정은 시대와 사회 그리고 문화에 따라 달라지게 된다. 즉 표상작용은 사회문화적 산물이다. 표상에 변화가 생겼다는 것은 사회문화적 표현코드에 변동이 생겼음을 뜻한다. 근대화는 이러한 표상체계의 결정적이고 비약적인 변동에 상응한다. 언어, 복제기술, 교육, 교통 등 근대화의 중심 매체의 변동으로 달라진 표상들을 일일이 예거할 필요는 없다. 다만 설명의 편의를 위하여 원근법 체계에 의한 풍경화의 등장을 예로 들 수 있다. 원근법이라는 새로운 표상체계에 의해 풍경은 새롭게 발견되고 새로운 풍경화도 등장하게 되는데, 이처럼 해양도 근대적인 표상체계에 의해 발견된 풍경이라 할 수 있다. 근대적 문물이 들여진 항구도시와 항만 그리고 바다 위의 상선과 어선과 군함 들은 확실히 다른 표상공간이다. 해양은 이러한 표상들과 함께하는 근대적인 풍경이다. 이러한 근대적 해양 풍경은 최남선의 「海에게서 少年에게」에서 보인다. 이 시에서 해양은 연안에 닿아 있는 관조의 대상이나 생활의 공간이 아니다. 그것은 외적인 세계와 근대 문명의 표상이다. 여기서 해양은 내/외, 주체/타자를 구별하고 국가(nation)의 경계를 만들면서 세계를 인식시킨다. 다시 말해서 근대적인 국민/국가의 표상시스템에 투영되어 발견된 풍경이라 할 수 있다. 이처럼 해양은 근대의 표지를 지니는바, 해양문학 또한 이러한 해양에 기원을 두고 있다. 그런데 최남선의 해양은 제국의 시선을 좇아 대륙으로 퇴각한다.

해양을 근대적 표상으로 받아들이는 관점에서 볼 때, 해양문학은 근대성의 산물이다. 즉 이것은 근대의 이상과 모순과 한계를 그 내용으로 한다. 따라서 이는 근대성의 두 양상을 나타내는 리얼리즘과 모더니즘의 형태로 발현된다. 근대 한국에서 미약하나마 해양문학이 등장하는 것은 1930년대이다. 이는 이 시기에 이 땅에 자본주의적 근대가 뿌리내린 현실에 상응한다. 경성이 근대도시의 면모를 보이게 되고 인천과 부산 등이 근대적인 항구도시의 모습을 형성한 것은 1930년대이다. 소설가 박태원이 경성의 풍경을 그리고 있다면 김기림의 어떤 시들은 인천 등 항구도시의 풍경을 묘사한다.

모더니즘 시인으로 평가되고 있는 김기림과 정지용은 다른 한편 근대의 대표적인 해양시인으로 다시 자리매김될 수 있다. 이들은 많은 시에서 근대적 표상인 항구, 부두, 해양, 기적, 항해 등을 시적 제재로 삼고 있다. 김기림은 누구보다 해양문학과 근대성의 관계를 빨리 인식한 시인이다. 하지만 그는 근대성 인식의 천박으로 실패한 모더니스트로 분류된다. 그의 실패는 곧 그 당시의 근대 해양시의 수준을 의미하는 것이기도 하다. 그의 해양 인식은 관념적이다. 수심도 모르면서 달려간 근대에 익사할지도 모른다는 불안이 생기게 된다. 근대성의 내용이 아니라 그 외양에 매달린 그로써 피할 수 없었던 일이다. 제대로 근대를 인식하기도 전에 유럽의 전장을 근대 몰락의 풍경으로 받아들였으니 그가 해양으로부터 퇴각하여 눈을 돌리게 된 것은 당연하다. 유럽의 근대 대신에 일본의 아시아가 기다리고 있었다. 이러한 그에게서 30년대 근대와 해양문학의 특징과 한계를 알 수 있다.

우리나라에서 본격적인 해양문학은 70년대 김성식과 천금성으로 대표된다.[169] 근대적인 해양문학이 본격적인 근대화 과정에 형성되었다는 사실은 매우 중요하다. 냉전체제의 축소판인 분단체제에서 섬이 된 한국사회의 근대화 출구가 부산이 되었고 이와 더불어 부산지역에서 김성식과 천금성 등 대표적인 해양문학 작가가 등장한다. 김성식은 선장으로서의 해양체험을 해양시로 표출하였고 천금성은 원양조업의 체험을 해양소설로 서술하였다. 모두 선원으로서의 생활양식을 표현하고 재현했다. 이처럼 김성식과 천금성의 등장은 해양문학의 사회적 토대가 형성되었다는 문화유물론적 설명을 가능하게 한다.

무엇보다 이들의 해양문학이 내포하는 근대성에 대한 해명이 중요하다. 근대성과 항해의 유비(類比)는 『계몽의 변증법』의 저자들에 의해 오딧세우스를 통해 나타난 바 있다.[170] 항해란 무엇인가? 각양각색의 위험과 고난 그리고 유혹과 쾌락을 극복하고 마침내 그 목적지에 도달하는 것이 아닌가? 이를 근대적인 목적론과 합리성에 견주는 것은 타당하다. 비록 낭만의 채색이 있다 하더라도 이는 근대성의 장식에 불과할 뿐이다. 김성식이 자신의 시적 지향을 보들레르(Baudelaire)의 『엘바트로스』에 대한 모방적 극복에 둔 것[171]과 천금성이 멜빌의 『모비딕』을 창작의 전범으로 삼되 이를 극복하려 한 것[172]은 비록 우회적 설명이나 이들의 해양문학이 근대성을 추구했음을 시사하는 것이라 할 수 있다. 보들레르의 항해는 일반적인 근대에 저항하는 미적 근대성의 실현으로 보아진다. 김성식 또한 항해를 통하여 근대 사회의 모순을 미적으로 극복하고자 하였다. 멜빌의 『모비딕』이 근대성의 두 측면을 동시에 보여준다는 견해는 매우 설득력이 있다. 이는 합리성에 대한 지향과 그 과정에서 나타나는 난폭한 불합리라는, 근대의 양면성이다.[173] 천금성의 해양소설 또한 이러한 양면성을 보이고 있다.

김성식과 천금성의 해양문학은 근대세계로서의 해양에 대한 인식과 선원의 생활양식을 보여주고 있다는 점에서 육지에 대응하는 의미에서의 바다 문학(Sea Literature)을 넘어서 대양을 향한 해양 문학(Maritime Literature)을 형성한다. 영미에서 해양문학은 Maritime Literature이다. 특히 영국의 경우 이의 하위 장르인 해군문학(Naval Literature)이 매우 발달해 있다. 김성식이 장보고와 이순신을 제재로 삼은 시를 쓴 것이나 천금성이 해군소설을 시도한 것은 주목의 대상이다. 이들에 의해 제1해양화 시대의 한국해양문학이 정립된 것이라 하겠다.

제2의 해양화와 더불어 해양문학의 지평은 열리고 있다. 여기서 해양문학의 지평을 장르론과 연계하면서 크게 세 가지로 나누어보고자 한다. 그 첫째 유형은 제1해양화 시대의 해양문학의 주축을 이룬 Maritime Literature이다. 실제 해양 국가 영국의 경우 근대소설은 해양소설 『로빈슨 크루소』(1719)로부터 시작된다. 이를 필두로 보들레르(Baudelaire), 찰스 디킨스(Charles Dickens), 제임스 페니모어 쿠퍼(James Fenimore Cooper), 애드가 앨런 포(Edgar Allan Poe), 허만 멜빌, 로로버트 루이스 스티븐슨(Robert Louis Balfour Stevenson), 러디어드 키플링(Rudyard Kipling), 조셉 콘라드(Joseph Conrad) 등으로 이어지는 해양문학의 역사를 보인다.[174] 뒤늦게 해양을 지향한 우리의 경우 1960년대 이래 꾸준하게 해양문학이 발달해 오고 있다. 하지만 "해양화의 세계화"에 상응하는 작품이 생산되고 있지 못하다. 해양을 주무대로 하면서 해양도시를 잇는 거대 공간을 재현하고, 월경적이고 다문화적인 상상력을 내용으로 하는 서사가 요청된다. 둘째 유형은 해군소설(Naval Novel)이다. 제인 오스틴과 해군의 관련성은 말할 것도 없지만[175] 영국의 경우 Nelson 등 실명의 해군에 관한 소설들이 매우 발달해 있다. 우리의 경우 해군소설의 전통이 없는 것은 아니다. 이순신 서사에 대한 종합적인 검토가 요청되는 한편

현대적인 해군소설의 가능성을 탐문해가야 할 시점을 맞고 있다. 세 번째 유형은 연안역 문학이다. 선진국의 경우 해양정책의 핵심 가운데 하나가 연안역 관리이다. 연안역 문학은 해양생태문학으로 발전할 수 있다. 지구적 시각에서 지역적 연안 문제를 재현하는 해양생태환경문학은 해양문학의 중요한 하위장르로 위상을 갖게 될 전망이다. 이 밖에도 연안역 해양문학은 다양한 해양문화 콘텐츠를 배경으로 창작될 수 있다. 어촌과 어항, 등대, 항구, 해수욕장 등 바닷가 모든 공간이 작품의 무대가 될 수 있다.

어떤 의미에서 그동안 경험이라는 준거를 강조하는 동안 작가들이 해양문학의 바탕이 되는 콘텐츠 탐구에 집중하지 않는 측면도 없지 않았다. 해양문학에 있어 경험의 강조는 해양문학의 성취를 이끌어내려는 기본적인 비평 전략에 불과하다. 특히 초기 논의는 해양문학의 범주를 지나치게 확대하는 데 대한 반담론의 성격이 컸다. 이를 통해 해양문학의 제 위상을 만들려 했다.[176] 그렇지만 연구자들이 "경험의 작품화"라는 창작방법론의 측면에서 해양문학을 논의해온 것이 사실이다. 말할 것도 없이 경험의 재현이 지니는 문학적 성과는 간과할 수 없다. 이러한 점을 전제하면서 이제 해양문학은 문화콘텐츠라는 관점에서 영역을 확장하고 해양 이해력 확대를 위한 과정이라는 점에서 열린 지평에서 생산되어야 한다.

해양문학의 전성기가 있었다. 바다로 나아가 자원을 얻고 활발하게 교역을 하면서 새로운 시장을 개척하던 근대의 전반기가 그렇다. 18세기 초반 다니엘 디포의 『로빈슨 크루소』이래 디킨즈, 포, 멜빌, 콘라드 등으로 이어지는 근대 영미 문학의 전통은 해양문학이라고 해도 과언이 아니다. 한국의 경우 앞서 말했듯이 근대화가 시작된 1960년대 후반부터 본격적인 해양문학의 시대가 열렸고 김성식의 해양시와 천금성의 해양소설은 한국해양문학의 전범을 이뤘다. 안타깝게도 이들 기라성 같은 해양문학가의 출현 이후 30년이 지난 여지껏 현대 한국해양문학사는 이들을 넘어설 전통을 만들고 있지 못하다. 물론 해양문학을 생산하는 시인과 작가들이 늘지 않는 것은 아니다. 하지만 이들이 새로운 다양성을 창출하지 못하고 있는 것도 사실이다.

그 유산의 위대함에도 불구하고 근대의 해양문학에는 지역발명, 식민지배, 타자정복이라는 근대적 주체의 시각이 고스란히 작동하고 있음을 알 수 있다. 근대의 바다는 제국의 경계를 확장하는 무대였다. 교역과 교류의 열린 공간이 아니라 국민국가의 역장에 따라 변경들이 사라지면서 다양한 해양문화 또한 줄어든 것이다. 어찌 보면 역설적이게도 해양문학의 전성기는 해양문화의 다양성이 축소되는 과정이기도 하다. 따라잡기형 근대화를 반영하고 있는 한국의 해양문학도 다양한 해양문화에 착목하기보다 국가의 경계를 넘어 근대세계를 향하는 모험의 서사에 주력한 것이 사실이다. 이래서 우리는, 그동안 단순화된 한국 해양문학의 문법을 염려하고 있다.

21세기를 사람들은 새로운 해양의 시대라고 한다. 근대화의 해양화와는 다른 세계화의 해양화를 맞고 있기 때문이다. 그렇지만 세계화의 해양화가 제국과 식민의 고리를 끊고 바다를 교역과 교류의 열린 공간으로 만들 것이라 낙관할 수는 없다. 바다가 영토의 연장으로 인식되거나 자원의 보고라는 미명 하에 또 다른 착취의 대상이 될 공산이 크기 때문이다. 이러한 경향을 "신해양시대"라고 한다면 결국 우리는 더 악화된 해양 세기를 직면하고 있는 셈이 된다. 지구 온난화로 인한 해수면 상승과 기후 변화, 내륙의 개발로 인한 해양 오염 등을 극복하는 것이야말로 새로운 해양 세기의 최우선 과제가 되어야 한다. 생산력의 환상에서 깨어나 거대한 전환을 만들어내지 않으면 가이아의 복수는 피할 수 없다.

새로운 지구 환경과 21세기 세계화의 상황에 대처하는 해양문학의 과제 또한 만만찮다. 뭍과 바다의 이분법을 불식하는 한편 국민국가의 억압으로 사라져가는 변경의 해양문화를 살려내고 이주와 교역과 교류가 만들어내는 문화변동을 담아내어야 한 이다. 그동안 한국의 해양문학은 해양으로 나아가려는 충일한 의지를 보여 왔다. 이러한 의지를 바탕으로 내륙적 세계관을 탈피하고 억압된 타자들을 복원하면서 문화적 세계화를 추동하는 장이 되어야 한다. 이제 한국해양문학은 세계 해양문학을 뒤따르는 일에서 벗어나 새로운 가능성의 지평을 만들면서 그 지평을 융합하는 경지로 나아가야 할 단계를 맞고 있다. 달라지는 한국해양문학의 지평은 보다 유연하고 풍부한 해양문학들을 만들어낼 전망이다.

하마시타 다케시(浜下武志)는 홍콩의 중국 반환이 중국이 바다로 열리는 계기임을 지적하며 중국이 "해역시점"을 가지게 되었다고 말한 바 있다.[177] 그의 이러한 발언은 우리가 간과할 수 없는 의미들을 함축하고 있다. 홍콩이 네크워크 도시라는 점에서 해역시점은 한 도시가 바다를 통하여 세계와 연계하는 과정을 이해하게 한다. 즉 해역으로 상호 연관되는 관계 혹은 바다와 육지의 역동적인 상호관계가 중요하다는 사실이다. 이처럼 해역시점은 세계화, 전 지구적 시각, 월경적인 지역권 구상 등으로 의미가 확장되고 있다. 그런데 해역시점은 일찌감치 일본 학자들이 내세우고 있는 관점이라는 사실을 상기할 필요가 있다. 메이지 이후의 해양국가의 논리를 세계화 시대에 변용된 형태로 뒷받침하는 형국은 아닐까? 그러함에도 해역시점은 우리에게도 시사하는 바 없지 않다.

(補) 김성식론

김성식의 출현 과정을 자세히 살펴보려 한다. 김성식은 1942년 일제가 태평양전쟁을 일으켜 조선을 전시동원체제로 재편한 때에 서울에서 태어났다. 호적에 기재된 그의 생년월일은 1942년 5월 15일이다. 그의 부친은 김철수(1904 또는 1918-?)로 함경남도 이원에서 태어나 함흥고보를 나와 원산보통학교에서 교편을 잡다 일본으로 유학, 일본대학 법정학부를 졸업하고 1930년대에 《조선일보》, 《동아일보》, 《신동아》 등의 신문과 잡지에 시, 소설, 아동문학을 발표한 문인으로 한국전쟁 때 납북되어 그 생사를 알 수 없다.[178] 아마 전쟁 발발 직후 인공치하 때 일어난 일이라 짐작된다. 김성식이 9살 때의 일이다.

김성식의 부친 김철수는 요산 김정한의 술회에 따르면 그와 비슷한 시기에 문학 활동을 시작한다. 1933년 8월의 《조선일보》 현상 장편소설 응모작 예심 입선자 명단 속에 둘은 함께 그 이름을 보인다. 이후 김철수는 동화 「정의의 가위」로 이 신문 신춘문예에 당선되고 김정한은 소설 「사하촌」으로 당선한다.[179] 김성식의 부친 김철수에 대한 저간의 연구 연보는 1918년생으로 되어있다. 김용직은 김철수를 다음처럼 소개하고 있다. "김철수(1918-): 1930년대 초기부터 작품을 발표. 《동아일보》1930년 9

월 2일자에 「처녀송」이 게재되었고, 다음 해에는 「기적아 울지마라」 「도회의 가로등」을 발표했다. 그러나 이후 작품은 간헐적이었고, 어떤 유파에 가담해서 활동한 바도 없다. 그의 시가 갖는 경향은 전통적인 서정시의 시품에, 다소간의 감상과 향수의 편에 속하는 정서를 빌려 인생의 외로움을 노래한 데 있다. 8·15후 조선문학가동맹에 참여. 1946년도판 문학가동맹의 『연간시집』에는 「피」가 실려 있다. 그 마지막은 "보라 여기/겨레의 先頭에/찬란히 알리노니/피!/피의 旗발"로 되어 있다. 문학동맹 시부위원 겸 서울시 지부맹원으로 활약. 6·25 동란 때 행방 불명. 망실상태가 된 시인이다. 생전에 남긴 유일한 시집으로 『추풍령』이 있다. 1949년 산호장 발간. 국판 106면."[180] 하지만 권영민 편저의 『한국문인대사전』에는 출생 미상이다.[181] 그런데 김성식이 남긴 호적에 의하면 그는 분명 1904년생이다. 그가 남긴 호적에는 "서기 1955년 2월 15일 취적신고에 의하여(원적 함경남도 梨原郡 東面 渭湲里 47번지) 본 호적을 편제. 연월일 불상 일부 멸실 우려로 인하여 서기 일구육십년 7월 23일 본호적을 再製."라고 기재하고 있다. 이리하여 가본적으로 서울시 용산구 이태원동 117번지가 된다. 이 호적에 따르면 김철수의 본관은 경주이고 1904년 9월 4일생으로 1925년 3월 12일 정명자(본관 연일)와 혼인한 것으로 되어 있다. 하지만 "연월일 불상"이라는 대목이 눈길을 끈다.

필자가 조사한 바에 의하면 김철수라는 이름으로 발표한 작품은 대략 다음과 같다.

「기적아 울지마라」(시)(《동아일보》1931 1.2), 「도회의 가로」(시)(《동아일보》1931. 4. 17), 「가로수」(시)(《동아일보》1931. 7), 「어둠 속에 사라진 여자」(掌篇)(《신동아》1932년 10월호), 「도회의 가을」(수필)(《신동아》1932년 11월호), 「思華抄」(《시건설》1935년 10월호), 「마리아」(시)(《비판》1939년 7월호), 「영국의 馬來침략사」(논문)(《대동아》1942년 5월호), 「초석」(소설)(《무궁화》1945년 12월), 「피」(시)(《학병》1946년 3월호), 「畢冬」(시)(《신문학》1946년 6월호), 「두견의 노래」(시)(《신천지》1947년 3·4월호), 「호외」(시)(《신문논평》1947년 4월호), 「역마차」(시)(《신천지》1948년 2월호), 「雪夜」(시)(《신세대》1948년 5월호), 「푸른 산맥을 타고서」(수필)(《신천지》1948년 6월호), 「시의 위치」(평론)(《문학》1948년 7월호), 「바다」(수필)(《개벽》1948년 8월호), 「愁雨」(시)(《민정》1948년 9월호), 「시인의 초상-임학수론」(평론)(《민성》1948년 10월호), 「상여」(시)(《신천지》1949년 2월호), 「사월의 바보」(수필)(《민성》1949년 4월호), 「기상도의 논리-김기림론」(평론)(《민성》1949년 11월). 수필집(김동석, 배호 공저), 『토끼와 시계와 회심곡』(서울출판사, 1946). 시집 『추풍령』(산호장, 1949).

이러한 목록을 통해 알 수 있는 것은 해방 이후 그가 중도 좌파의 길을 걸었거나 동명의 이인이 있음을 추측하게 한다. 중도 좌파의 잡지에 글을 실은 이는 다른 김철수일 수 있다. 후자는 해방공간에서 조선문학가동맹에 가입하여 활동한다. 그러니까 김동석, 배호와 활동한 김철수는 김성식의 부친 김철수가 아닐 가능성도 없지 않다.

그런데 여기서 제시된 목록에는 아동문학이 빠져 있다. 그가 남긴 아동문학은 김민식, 김성식, 김경원 형제에 의하며 1989년 『김철수 아동문학 행복을 꿈꾸고서』(아동문예)로 간행된 바 있다.

실제 해방공간의 활동에 있어 아동문학 또한 중요한 자리를 차지한 것으로 원종찬 등의 연구는 지적하고 있다. 그는 조선문학가동맹 아동문학부에 소속되었던 것으로 되며 1945년 창간된《새 동무》를 위시하여 《진달래》(1947. 1-1950. 6), 《아동문화》(1948.11), 《어린이 나라》(1949. 1-1950.5) 등을 주된 활동무대로 하였다. 원종찬에 의하면 김철수는 중간노선을 허용치 않는 냉전의 구도 아래서 '보도연맹'에 끼였다가 6.25동란 때 월북한 것으로 알려졌다고 한다.[182] 납북되었다는 가족 측의 주장과 다른 셈이다.

그렇다면 김성식의 부친과 관련하여 몇 가지 의문이 생긴다. 먼저 그 출생년도다. 김용직의 1918년설이 어디에 근거하고 있는지는 알 수 없으나 일정한 근거가 있으리라고 짐작된다. 여기서 호적의 1904년과 김용직의 1918년 가운데 하나가 아니거나 동명이인이 있을 것으로 추정할 수 있다. 그런데 『토끼와 시계와 회심곡』과 『추풍령』의 김철수는 1918년에 가깝다. 왜냐하면 해방공간에서 나이를 "삼십대"라고 진술하고 있기 때문이다.[183] 호적은 김철수가 혼인한 해를 1925년으로 기술하고 있다. 그런데 장남 면식의 출생은 1937년이다. 결혼 후 12년 만에 장남을 얻었다는 것인데 뭔가 호적에 오류가 있을 가능성이 제기된다. 당시 조혼 풍습을 염두에 둘 때 1918년생의 김철수가 1937년에 장남을 얻을 가능성은 높다. 이러한 점에 비춰 동명이인이 아니라 호적이 틀렸을 가능성을 제기해 볼 수도 있으나 이는 단지 가정일 뿐이다.

그런데 『토끼와 시계와 회심곡』의 김철수와 『추풍령』의 김철수가 동일인임은 여러 문맥으로 짐작된다. 특히 회심곡과 진달래와 고향 등에 대한 공통제재는 이를 증명하기에 족하다. 따라서 이러한 김철수와 『김철수 아동문학 행복을 꿈꾸고서』의 전기적 정보와 상관성을 따져볼 필요가 있다. 『토끼와 시계와 회심곡』에 실려 있는 김철수의 수필에 의하면 그의 고향은 북한 땅이고[184] 중학시절 《별나라》와 《어린이》그리고 《신소년》 등을 읽으며 아동문학에 대한 꿈을 키운 바 있고[185] 일본 유학을 한 바 있다.[186] 아울러 서울에 산 것이 해방공간의 시점에서 "어언 십여 년"이라는 진술[187]도 있으니 1942년생인 김성식이 태어난 곳은 서울이라 할 수 있다. 김성식은 첫시집에서 서울출생이라 하나 둘째 시집에선 출생지를 명기하지 않는다. 그리고 삼, 사 시집에서는 다 같이 함경남도 이원으로 표기한다. 아버지의 고향을 그의 고향으로 내세우고자 하는 의도가 반영되었다.

속초 앞바다 허물을 벗어
하얀 살갗을
드러낼 때쯤이면
여름은
제비 날개 따라
남쪽으로 쫓겨 가지만

겨울이 오면 에미나이야
상처 난 가슴
더욱 굳어져
거북이 등이 됐다 홀라당 벗겨지길
마흔 번쯤 지내는 새
한시도 못떠난 다리 밑을
단청 아바이와 북청 큰엄마

한단 이모들이 몰려 들어

동해로 빠지는 개울물에

풍더덩 들어가길

삼만육천오백 번을 할 동안

행여

속초 앞바다 허물이 나아

파란 살결

돋아 올릴 때마다

함경남도 이원군 동면 이개리

이갯다리 위로

내가 걸어갈 날

있을까

만져도 보았다만

겨울이 오면 에미나이야

호호 백발 할머니가 될 때까지

기다려

기다리다 지치거든

돌이 되어 차라리 돌이 되어

날리는 눈송이가

덮힌 후에도

쌓인 눈 녹아 흘러

내 터진 아픔을

건드려라 건드려

두고 온 에미나이야

(「함경남도 이원군 동면 이개리」전문)

이는 고향에 대한 화자의 추억이기보다 아버지와 일가들의 고향에 대한 그리움을 표출하고 있다. 김성식은 이산의 아픔을 가지고 고향을 생각하면서 난폭한 근대에 직면하였다. 바다는 그에게 이러한 의식의 표상이 된다. 김성식의 문학적 재능은 그의 아버지에서 연원한다고 할 수 있다. 그의 형 김민식의 술회처럼 해방공간에서 그의 형제는 아버지의 아동문학을 함께 읽으며 자랐다. 김철수는 직장에서 돌아오면 이들 형제에게 읽었던 동화의 내용을 다시 물어보곤 했다. 이리하여 이들은 감수성이 예민하고 호기심이 많던 소년 시절에 동시, 동화와 함께 성장한다. 그리고 김성식은 이러한 아버지의 문학적 후계자가 된다.[188] 김철수의 유고 동화집은 그의 시집 『추풍령』 6부의 동시와 동시풍 시와 상응한다. 이 점에서 볼 때 김성식의 부친 김철수는 시집 『추풍령』의 시인이기도 하다.

어린 시절 이러한 문학적 분위기에서 자란 김성식은 바다를 통해 동경과 그리움을 키운다. 그는 동화 속의 바다를 먼저 만나고 다음으로 실제의 바다를 갈망한다.

내가 바다야 하고
중얼거리면
바다는 정말 입술 새를 비집어
불가사리 성게 돌미역들까지
조금씩 몰고 와 입 안에

비릿한 갯내음을 풍기고

바다야 바다야
크게 부르면
바다는 정말 새우떼를 좇는
향유고래 대왕고래 돌고래들까지
입 안 그득 몰고 들어와
성난 목소리로 몸을 뒤채고

내가 바다야 바다야 바다야 하고
온 몸으로 고함을 지르면
바다는 정말 저 먼저
머언 남쪽나라 끝에서
꽃씨를 가득 실어다
내 입술에 살며시 물려주며
종달새 소리로 노래부르며

(「동화 속의 바다」전문)

제4시집 『이 세상 가장 높은 곳에 바다가 있네』(찬섬, 1999)에 실려 있는 그의 후기시이지만 동심의 바다를 그린 것으로 어린 시절 자전적 경험과 무관하지 않을 것이라 본다. 이러한 동심의 바다에 그 동경의 열기를 더한 것은 한국전쟁이 터지기 전 서울 용산의 그의 집 문간방에 세들어 살던 백계 러시아 할머니가 보여준 그림책이다. 이 그림책엔 커다란 범선이 바람을 가득 담아 바다를 항주하는 장면들로 그득했는데 그는 이 그림들을 보면서 커서 이런 배를 타고 이상한 나라들을 찾아 나설 것이라고 결심한다.[189] 이처럼 그는 어릴 때부터 대양에 대한 꿈을 간직한다. 아동문학에 대한 그의 일정한 경사는 인용시 외에 미발표 동시와 동화 여러 편을 남기고 있는 데서 알 수 있다. 「바다에서 크는 아이」는 대표적인 예다. 이 작품 상단에 "중앙일보사, 소년중앙" 등의 메모가 있는 것으로 볼 때 동화 작가에 대한 그의 열망이 없지 않았음을 알 수 있다. 바닷일을 나간 아버지를 기다리는 소년의 심정과 상상을 이야기하고 있는 동화인데 현실성과 환상성이 상호 교직된 작품으로 동화의 요건을 갖추고 있는 것으로 평가된다. 아마 어린 시절 아버지로부터 받은 영향을 실현하려는 데서 쓰인 작품이 아닌가 한다.

이처럼 문학에 대한 김성식의 열망은 소년 시절부터 싹튼다. 대부분 기록을 노트와 스크랩으로 남기고 있는 터라 나는 이러한 그의 열망을 쉽게 확인할 수 있었다.[190] 중학생 시절부터 그는 습작 노트를 남기고 있다. 그의 문학적 시도는 시, 소설, 희곡, 동시와 동화 그리고 드라마와 사나리오에 이르기까지 다양한 스펙트럼을 가지고 있다. 특정 장르에 매달리기보다 글쓰기 행위 그 자체에 의미를 부여한 것으로 보인다. 이러한 그의 태도는 평생 지속된다. 다만 시의 영역에서 그의 문학이 더 빛났을 뿐이다. 김성식의 다양한 문학적 시도는 그의 열린 세계인식과 모험적이고 진취적인 태도와 연관된다고 할 수 있다. 이러한 그의 태도는 선린상고 3학년 시절에 쓴 다음과 같은 서간문에 잘 드러난다.

> 오빠!
>
> 전 조용히 입술 속에서 오빠의 이름을 뇌까려 봅니다. 그리고 그

앞에다 마도로스 고추 오빠라고 덧붙여 불러보는 것입니다.
왠지 모르게 저의 보랏빛 꿈을 장식하여 주는 마드로스의 생활이란 저의 꿈이요 동경이었으며 하루도 빼지 않고 오빠의 환영을 더듬는 유일한 원인이었습니다.
아마도 오빠는 이 편지를 보시고 웃음을 참고 계시든지 그렇지 않으면 널따란 바다위에 그대로 뭉쳐진 폭소를 내던지시겠지요.
어떻든 저는 그런 것에 상관치 않고 다음을 잇겠습니다.
오빤 오빠답지 않게 고독하시다고 하셨어요.
휘황한 이국의 항구 아래에서 물결처럼 스미어 드는 노스텔쟈의 손수건으로 가만히 눈시울을 적신다고……
저는 그 편지를 읽어 내려가는 순간 오빠의 전매특허품이신 "나야말로 거대한 실존이야"라고 부르짖던 오빠 자신을 약한 인간이라 회의도 해 보았어요. 허나 끝에 가서 "성난 파도도 나를 보고 흠칠하고 광풍마저 내 무서워 피하느나"하는 시의 일절을 읽고 역시 오빤 오빠다웁다고 생각했답니다.
여기까지 쓰고보니 불현듯 오빠가 저리도록 보고 싶군요.
그리고 나와 떨어질 수 없다시던 묘하게 생긴 마도로스 팔프도 보고 싶습니다.
오빠!
오빤 절 더러 이렇게 말씀하셨지요.
너 같은 문학소녀는 한참 보랏빛 꿈을 그릴 때지. 허나 한번 출가하면 그것은 무참하게 부엌 속에 파묻혀버리게 되는 거야 그리곤 말끝마다 "애! 넌 쟌느가 되지말아 그렇다고 해서 노라까지 되서는 안돼 안되구말구"하고 짓궂게 웃으시며 말씀하시던 그때의 모습이 아찔해 오며 얼른 떨어지지가 않습니다. 오빠도 한때는 문학을 하신다고 하셨지요.

공연히 고독은 인간의 심볼이니 고독을 밥 먹듯이 한다느니 하고 떠들어 대셨지요? 그러시던 오빠께서 한번 뱃사람이 되시더니 모든 것이 변하였음을 저는 읽었어요.

오빠의 커다란 눈동자 속에서 무한히 넓은 바다의 신비를 보았고 억세인 팔뚝 속에서 성낸 파도를 읽었답니다.

아아! 벌써 한시를 치는군요. 전 남양의 어느 항구에서 로맨틱한 분위기를 안고 계시는지 혹은 이지러진 달빛을 담뿍 안고 남양 특유의 만가를 읊조리며 고향 생각에 잠기셨는지 저는 제멋대로의 공상을 안고 오빠의 몸 편안하심을 아울러 빌며 되지 못한 난필을 놓겠습니다.

그럼 안녕히 계세요.

「마도로스 오빠에게」란 제목을 달고 쓴 그의 글이다. 먼저 마드로스가 된 자신을 상상하면서 마드로스에게 편지를 쓰는 한 여성이라는 정황을 설정한 것이 흥미롭다. 일견 유치한 듯한 내용이지만 이 글이 시사하는 바는 많다. 무엇보다 그가 글쓰는 마드로스를 이상적 자아의 한 양상으로 설정하고 있기 때문이다. 다음으로 이국에 대한 동경이나 새로운 세계에 대한 낭만적 모험 의식이 돋보인다. 또한 인간존재를 단독자의 고독이라는 관점에서 이해하는 실존주의도 주목된다. 한국전쟁 이후 풍미한 실존주의를 염두에 둘 때 김성식이 일찍부터 문학에 대한 높은 관심을 지니고 있었음을 추론할 수 있게 한다. 아울러 이 글은 그의 여성에 대한 진보적 인식을 엿보게 한다. 그는 삶의 조건들에 관한 인식에서 조숙하였다.

문학에 대한 김성식의 본격적인 탐구는 그가 선린상고를 졸업하고 한국해양대에 진학하면서 시작된다. 이 시기 그가 남긴 다양한 문학적 시도를 열거하면 다음과 같다.

1960년: 「비해(悲海)」(수필). 「거리의 메뉴」(시나리오). 「항구 일화(항구 이야기)」(꽁트), 「Nostagia」(수필), 「地獄船」(소설), 「계단의 이름」(시), 「바다」(시), 「봄」(시), 「사람」(시), 「수평선」(시), 「교차 항구」(소설), 「출항가」(시), 「상실된 침실」(시), 「항해의 노래」(시), 「축배가」(시), 「잃어버린 항로(열세 번째의 항로)」(라디오드라마). 「젊은 수부들」(해양서사시).

1960년에 그가 쓴 습작품들이다. 작품의 수준과 완성도에서 아직 평가할만한 단계는 아니다. 가령 「수평선」이라는 시를 예로 들면 "수평선!/가물//똑딱선!/통통//금물결!/촬랑//해변가/모래"와 같이 그 명랑한 감각을 제외하고 시적 조사가 전혀 이뤄지고 있지 않다. 하지만 그의 다양한 장르 실험과 해양문학에 대한 열정은 주목하지 않을 수 없다. 특히 시작 단계에 머물고 있지만 「地獄船」의 경우 그 상단에 "신춘문예"라고 명기함으로써 등단에 대한 의지를 읽게 한다. 아울러 라디오드라마 「잃어버린 항로(열세 번째의 항로)」는 야심작이며 해양 서사시를 시도하였다는 사실도 각별하게 기억될 필요가 있다.

1961년: 「여름」(동시), 「꼬부랑 할머니 댁」(장편동화), 「산직이 할아버지」(동화), 「바다는 변덕쟁이」(동시), 「모래 발자국」(동시), 「바다는 바보」(동시), 「사월은 잔인한 달」(시), 「사월」(시), 「맹목의 애정」(수필), 「부랑아 선도의 구체적 방안」(수필), 「마지막 남은 것은」(소설).

특히 동시와 동화를 써둔 자리에 <소년한국신인문학상> 사고를 스크랩해 두거나 장편동화 「꼬부랑 할머니 댁」을 써나가면서 상단에 김철수, 김민식 등 부형의 이름을 써 두고 있어 부친의 아동문학에 관한 애정과 계승 의지를 은연중 보이기도 한다.[191] 특히 소설 「마지막 남은 것은」은 《해대학보》에 분재하여 발표하고 있다. 이 밖에도 1962년부터 교내사건으로 대학을 중도에 그만둘 때까지 쓴 작품들 또한 적지 않다.

1962년 이후: 「신이 나를 버리실 때」(소설), 「선장 황포」(소설), 「무덤없는 사내들」(소설), 「아기와 바다」(동시), 「海情의 辯」(수필), 「이상한 별명」(소설), 「기름을 끓인다」(단막극), 「내일 없는 항로」(시), 「해도」(시).

이러한 글들을 쓰는 가운데 그는 <모비 딕에 대한 해양문학사적 고찰> 혹은 <해양문학사적 견지에서 본 모비 딕>이라는 평론을 기획하는 메모를 남기기도 한다. 해양문학에 대한 그의 열의를 짐작하고도 남음이 있다. 그는 한편으로 다양한 장르의 해양문학을 시도하면서 다른 한편으로 세계 해양문학의 수준을 탐문하는 노력을 계속한다. 앞서 제시한 목록들이 증거하듯이 그만큼 해양문학에 삶을 건 이는 없다고 생각한다. 그는 한국문학사의 한 사건이라 할 수 있다. 그렇지만 이처럼 많은 시도에도 불구하고 그가 공적 문학 장에 등장하는 것은 1971년을 지나서 가능했다. 그렇다면 1963년 이후 그의 작업은 단절되었는가? 그렇지 않다. 심지어 군 복무시절조차 그는 많은 습작품을 남기고 있다. 군복무기간 그는 「내 청춘 바다에 지다」라는 시나리오를 남긴다. 또한 해양소설 「고정된 해류」와 동화 「호박꽃과 칸나」를 남기고 있다. 이러한 습작품들 속에서 1965년 11월 30일 마감의 <조선일보 신춘문예> 사고를 발견할 수 있었다. 정황으로 보아 해양소설 「고정된 해류」와 동화 「호박꽃과 칸나」를 이 해 신춘문예에 투고한 것이 아닌가 한다.[192] 1966년경에 그가 쓴 작품으로 「신이 버린 바다」(꽁트), 「올뺌이」(시), 「올뺌이의 생리」(시), 「어머니의 집」(시), 「엄마의 노란집」(동시), 「겨울 항해」(소설), 「주차장」(시), 「군항 지부랄탈」(시), 「아스팔트」(시), 「자랑스런 개」(동화), 「세종로」(시), 「훔쳐간 동심」(시), 「산길」(동시), 「아가와 꿈」(동시), 「갯가에서 크는 아이」(동시), 「상선 북해호」(시) 「욱이와 시험(시험과 욱이)」(동화), 「포세이돈의 言 」(서사시) 등을 들 수 있는데 소설 「겨울 항해」에는 신춘문예투고 작품이라는 메모가 놓여 있어 1966년에도 신춘문예에 도전하였음을 알 수 있게 한다. 이는 또한 중앙일보사 신춘문예와 관련하여"동화(30매 내외) 3만 원, 동요(1인 2편가)"라는 메모를 남김으로써 증명되는 바이기도 하다. 이처럼 그는 60년대 중반부터 끊임없이 신춘문예를 통한 등단을 시도하였다. 그에게 문학은 치유할 수 없는 질병이 아니라 삶의 조건 그 자체였다고 해도 과언이 아니다.

김성식은 장편소설 『日附變更線-데이트 라인』을 남기고 있다. 이 장편이 써진 시기는 정확하지 않다. 일단 그 내용에 대한 검토는 차후로 미루더라도 그 분량에 놀라지 않을 수 없다. 200자 원고지로 1500매는 족히 넘을 것으로 추정되는 양이다. 이 소설에 대하여 그는 "한국에서 최초로 시도된 해양문학의 대 로망스"(뉴욕 타임스), "전연 새로운 수법을 구사한 해양소설로써 이처럼 적나라한 인간상을 부각시킨 책이 일찍이 한국문단엔 부재

했었다"(한국일보), "일찌기 이처럼 더러운 이야기는 구경을 못했다. 헨리 밀러(Henry Miller)가 추구한 싸늘하고 메카닉한 성 속에 인간 부재를 그려 보았다면 이 책은 한 마디로 인간 부재를 거대한 대양을 배경으로 공동변소처럼 지저분한 성 안에다 집어 쳐 놓은 것이다"(주간 한국)라는 등 가상의 논평을 덧붙이고 있어 그 내용을 짐작하게 한다. 이는 월간 《해기》에 연재된 『선상 데카메론』과 일정 부분 연관되는 것으로도 보인다.[193] 김성식은 항해 경험담을 「지구촌 女情」(《일요건강》), 「세계의 旅情」(《부산일보》) 등으로도 발표한다. 하지만 아무래도 그의 문학적 본령은 이러한 산문에 없는 것으로 판단된다. 그의 문학은 해양시에서 일가를 이룬다. 말할 것도 없이 1971년 《조선일보》에 「청진항」이 당선되고 난 뒤에도 그는 1980년 「통신장 곽복순씨의 어떤 날」이라는 단편을 《동아일보》신춘문예에 공모하였으나 낙방한다. 소설에 대한 애착과 집념이 오래갔다. 이는 그가 장보고와 해적에 관한 많은 자료들을 모아 둔 일에서도 확인된다. 그가 장보고와 해적에 관한 소설을 쓸 계획을 오래 품고 있었다.

1971년 《조선일보》에 「청진항」이 당선되었을 때 그는 포트랜드에 있었다. 그에 대한 시상은 1972년 당선자들과 함께 이뤄진다. 당선 시기의 미발표작으로 여럿이 남아 있다. 「파도 속을 알몸으로」, 「작은 소망」, 「카프리」, 「해돋이」, 「바다로」 등이다. 모두 초기시의 건강한 감수성이 번득이는 작품들이다. 첫시집 『청진항』(수문서관, 1977) 외 그는 3권의 시집을 더 상재한다. 『바다는 언제 잠드는가』(청하, 1986), 『누이야 청진의 누이야』(빛남, 1991), 『이 세상 가장 높은 곳에 바다가 있네』(찬섬, 1995). 그런데 시집에 실리지 않은 작품들이 많이 있다. 더러 미완성도 없지 않지만, 완성작 가운데 시집에서 배제된 것들이 많다. 또한 네 번째 시집 이후의 작품들 가운데 유고로 남은 것도 적지 않다.

「저 큰 바다를 향해」(《해원노보》 1990년 1월 1일)

「바다여, 바다여!」(《해양대학 동창회보》 제3호 1988년 여름)

이 두 편은 제3시집에 수록하려다 뺀 작품들이다. '경우의 시'이거나 생경한 의미가 그대로 드러난 점을 고려한 것으로 보인다. 이처럼 그는 시집에 실린 시 외에도 많은 시편을 남겨 놓고 있다. 이를 목록으로 제시하면 다음과 같다.

제4시집 발간 시기(1999년)까지

「파도 속을 알몸으로」, 「작은 소망」, 「카프리」, 「해돋이」, 「바다로」 「작은 소망」(《현대시학》1972년 1월호) 「해돋이」(《현대시학》 72년 1월호. 월간 《해양한국》1972년 9월호) 「차거운 별」. 「여름 아이들」(《부산일보》1972년?월?일) 「4부두」(《국제신문》00년?월?일). 「엄마의 치마」(《조선일보》 화요시단 1972년 12월 17일) 「나무 피를 토하다」(《국제신문》1972년 4월 4일) 「진주조개」(《부산문학》 제6집 1973년 12월) 「항로변경」(《조선일보》1974년 4월 24일) 「해적의 꿈」(《현대시학》1975년 1월) 「어시장」(《주간조선》 1975년 4월 30일) 「백원짜리 주전」(《부산문학》 1977) 「다섯개의 바다를 지날 때」(《해운항만》1977년 8월) 「해파리의 잇발」(《남부의 시》 4 1977년 9월) 「바다가 될 때」(《해양한국》1978년 8월) 「귀항 2」(《부산일보》1978년 9월 8일) 「폐선 위에 내리는 비」(《부산일보》1979년 12월 ?일) 「누이의 바다」(《남부의 시》6 1980년 11

월) 「돌아온 해적」(《남부의 시》7 1981년 12월) 「온실 속에 자라는 그 모든 것들」(《남부의 시》10 1984년 12월) 「적도항해」(《부산문학》17 1985년 9월) 「야간향해」(《부산문학》1986년 19호) 「항해, 그리고 항해」(《부산일보》1986년 6월 21일) 「여름·항해일지」(《소설문학》 1986년 8월) 「바다여 바다여!」(《해양대학 동창회보》 제3호 1988년 여름) 「바다위에 내리는 계절」(《월간 해외취업 선원》 1988년 7월) 「저 큰 바다를 향해」(《선원노보》1990년 1월 1일) 「항구 6」(《스포츠 서울-시가 있는 목요일》1990년 6월 21일) 「봄을 몰고 온 분은」(《국제신문》1990년 5월 4일; 《해양한국》1992년 4월) 「더 큰 범양이 온 세계로」(《범양사보》1991년 7월) 「광안리 해변에서」(《부산일보》1991년 8월 2일) 「겨울 광안리」(《현장》 1991년 12월) 「바다로 나갈 때」(《남부의 시》18 1991년 겨울) 「바다를 열어 그 바다를」(《해운경제신문》1992년 1월 6일 창간 7돌 기념축시) 「바다는 늘 새롭게 저물어가고」(《해기》1992년 12월호) 「우리별 1호」(《부산일보》1992년 ?월 ?일) 「해는 새롭게 수평선 위로 떠오르고」(《범양사보》1993년 봄) 「아내의 웃음」(《월간 한국시》1994년 4월) 「파도가 되어 광안리 해변을」, 「광안리에 내리는 비」(《남천문예》1994년 11월) 「다시 황금빛 햇살로 일어서서」(《범양사보》1996년 여름) 「바다를 파는 횟집」(《수영문예》 창간호 1996년 8월) 「연어의 항해」(《부산매일》1997년 9월 23일) 「오대호」(《남부의 시》 30 1999년 2월)

제4시집 이후

「바다」(『시간의 스케치(2000년 한국시인협회 시선집)』) 「솔로몬해근처」, 「화냥녀」, 「처녀항해」(《시의 나라》 2000년 가을

호)「길」,「그 자리」,「그 여자의 창문」(《문예시대》 2000년 겨울호)「암병동-내가 썩어 암이 되다」(《문학공간》 2002년 2월)「슬픈 외항선」,「바다에 갇히다」(《월간문학》 2002년 3월)

기타

「북의 하늘」「火害」「바다 한 왕국에」「한낮」 제목없는 시(풍랑 속의 배를 거인으로 묘사한 시)「거친바다를 항주할 때」「巨木」「누가 나의 季節을」「甲種船長」「보트 피플(난민시)」「누나야, 증섬이 누나야」「바다 위에 새해가」(범양상선 송년행사 낭송시. 1984년 12월 28일)「秀翼이 안경알 너머엔」「수출용 민주주의」「자화상」「바다에 관한 아포리즘」「편지」「책상위에서 태풍 피하기」「떠돌이 김씨」「항해일지(2)」「북으로 간 소(?)」「편지」「조선개항실록서설」「암병동2-간호사 문현숙씨」「이빨뽑기」

이처럼 많은 해양시를 써온 시인은 한국문학사는 물론 세계문학사에 유례가 없을 것이다. 확실히 김성식은 해양문학사, 세계문학사의 사건이다. 그에 대한 평가는 먼저 그의 해양시에 집중되어야 한다. 많은 시도에도 불구하고 해양소설에는 그가 성공작을 남기고 있지 못하다. 특히 해적과 장보고에 대한 그의 서사적 집념이 일정한 성취로 귀결되지 못한 점은 매우 아쉽다. 하지만 해양과 항구도시의 인간상에 대한 그의 서사는 너무 많은 흥미소의 나열로 일정한 문학적 수준을 담보하지 못한다. 따라서 김성식은 해양시로도 평가받기에 족하다. 번역작업을 통하여 그의 해양시가 세계해양문학에 소개되는 날이 오기를 바란다.[194]

제 6 장

낙동강 유역의 문학

내가 가까이 가자
필사적으로 햇빛을 붙들고 있던 강이 묵묵히 굶은 어깨를 내보였다,
내가 가까이 가자
필사적으로 바람을 붙들고 있던 강 곁, 나무 한 그루가 다소곳이
얽은 허리와 얼룩 잎을 내보였다,
내가 가까이 가자 필사적으로 물을 붙들고 있던 작은 배 몇 척이
헌데투성이 얼굴을 씻고 있다가 힐끔 나를 바라보았다,

끙끙— 끙끙—
신음소리 새나는
보랏빛 입술.

(강은교, 「낙동강」 전문)

낙동강은 가까이 다가가기에 너무 멀어져 있다. 각종 제방과

둑 그리고 다리와 도로가 걸쳐진 낙동강은 거듭 표정을 바꾸었다. 구포다리도 사라졌고 을숙도며 명지도 그 친숙하던 옛 얼굴이 아니다. 어느새 서로가 멀어지는 관계가 되었다. 그러나 시인의 말처럼 "내가 가까이 가자." 그러면 강도 "곪은 어깨"를 내보이고 강가 나무는 "얽은 허리와 얼룩 잎"을 드러낸다. "헌데투성이" "작은 배 한 척"도 힐끔 돌아보지 않겠는가?

꼴라쥬 형상의 유역

강은 지속과 변화의 상징이다. 인간이 있기 이전부터 흘러온 강은 문명과 더불어 그 모양을 달리해 왔다. 근원의 샘으로부터 많은 지천을 거느리면서 먼바다에서 제 몸을 풀어 놓기까지 유역의 생명체들과 인간의 삶과 함께한다. 물은 불과 더불어 인간의 운명을 결정짓는다. 인간은 불을 발명하고 과학 기술을 발전시키면서 강변에 대도시를 건설하였다. 개발로 인하여 강이 오염되고 식수가 부족해지는 현상이 나타나기도 하지만 물 없는 삶은 생각할 수 없다. 인간에게 치수는 오랜 역사다. 홍수와 범람과 가뭄을 이겨내면서 강과 더불어 살아왔다. 5000년 전의 농업혁명은 대규모 관개사업을 통해 강물을 통제하는 수리 기술을 발전시켰다. 운하를 건설하고 물류의 이동을 쉽게 하면서 상업을 발달시켰다. 산업혁명 이후 강은 도시에 필요한 식수와 공업용수의 공급원이 되었다. 역사상 언제나 물의 통제와 조정은 인간의 힘과 성취의 주축을 이루었다. 물은 늘 필수 불가결한 자원이었다.[195] 페르낭 브로델(Fernad Braudel)이 말한 것처럼 물은 모든 종류의 자연현상과 섞이고 인류의 특정한 운명과도 섞인다.

'한강의 기적'은 곧 '낙동강의 기적'이다. 낙동강 강변을 잇는 공단 벨트야말로 부산항과 더불어 근대화의 주역이기 때문이다. 서부산 낙동강은 행정구역상으로 부산에 속한 낙동강을 의미한다. 그래서 '부산낙동강'[196]으로 명명되기도 한다. 위로는 양산의 화제 고개를 넘어 물금에 이르면 만나게 되는 매리취수장이 '실질적 기점'이라 할 수 있다. 매리취수장은 부산시민의 식수원이므로 낙동강의 상태를 알 수 있는 바로미터에 가깝다. 행정구역으로는 양산천이 유입되는 지점을 시작으로 보아도 무방하나 모든 것이 이어진 강을 두고 기점을 논란하는 일이 그리 큰 의미는 없다. 유역과 해역은 온통 하나의 정체(整體)이다. 요산 김정한의 소설 「수라도」에서 주인공 '가야부인'은 염전으로 유명한 명지의 명호 마을에서 배를 이용하여 화제로 시집을 온다. 물길이 막히거나 갈라졌다 하더라도 강은 유구하다. 낙동강은 아래로 가덕도에 이르는 유역을 아우를 수 있다. 다대포 몰운대에서 광활한 하구를 볼 수 있다. 하구 남단에는 일곱 개의 섬들이 물이 실어 나르는 모래를 받아 알게 모르게 쉼 없이 몸을 바꾼다. "몰운대 쪽에 어깨를 대고 있는 도요등도 어느덧 키가 커져 버렸고 가덕도에 이웃하고 있는 진우도는 벌써 청년처럼 훌쩍 커 버렸다. 도요등 백합등 명금머리 장자도 대마등 신자도 진우도의 하구 섬 7형제는 1900년대 초에 불쑥 나타나버린 을숙도의 존재처럼 언젠가는 낙동강 하구를 크게 변화시킬 것이다."[197]

부산에 속한 낙동강은 그 길이로 보면 22㎞, 60리 정도이지만 매우 다층적이고 복잡한 공간을 형성하고 있다. 근대의 낙동강에 큰 변화가 생긴 것은 대동수문이 건설되어 낙동강의 본류가 동쪽으로 이동하는 데서 시작한다. 잦은 범람을 예방하면서 대규모의 농경지를 조성하기 위하여 본디 흐르던 본류를 제방과 수문으로 막는 공사를 하였다. 이것이 1931년 착공한 대동수문이다. 제방과 대동수문이 건설되면서 낙동강의 본류는 구포와 사상 방향으로 이동한다. 이에 연동하여 강변이 정비되면서 구포시장이 조성되면서 구포가 번성하고 나아가 후일에 건설될 사상, 하단, 장림, 엄궁에 이르는 공단 벨트의 기반이 형성된다. 녹산수문은 대동수문으로 들어온 물을 배출하는 출구이다. 본래 '녹산배수갑문'이라 불렸으나 줄여 녹산수문으로 통칭된다. 대동에서 녹산에 이르는 대규모 농지는 일제에 의한 수탈의 현장이었다. 이 지역에서 농민운동이 활발하게 일어나고 저항이 거셌던 까닭이 여기에 있다. 농경사회에서 산업사회를 경유하면서 강의 역할과 모양도 변화하였다. 대동수문 건설 이후 변모해온 서낙동강 하구유역은 이미 거의 모든 원형을 잃었다. 녹산과 같은 농업지역이 잔존하지만, 그 아래 신호공단과 거대항만인 부산신항이 놓여있다. 중간 지역인 대저는 곁에 김해국제공항을 두고서 도농복합지역으로 자리하고 있으며 에코델타시티 조성과 같은 계획들이 상당 부분 진행되고 있다. 낙동강의 둔치는 오래전부터 주거지역으로 바뀐 곳이 많다. 화명둔치, 대저둔치, 삼락둔치, 염막둔치 등은 위락시설이 들어선 친수공간이 되거나 일부 주거지구로 전환되었다. 강안습지를 보전하면서 지속 가능성을 확보하는 일이 요긴하다. 서쪽과 동쪽으로 흐르는 강 가운데 을숙도와 일웅도와 같은 모래톱은 하구기수지구로 천연기념물 179호로 지정되어 생태환경이 보전되면서 오래된 미래를 지향하는 공간으로 거듭나고 있다. 옛부터 염전과 김 양식 등으로 유명한 명지에는 명지주거단지와 같은 주거공간이 자리한다. 본류가 흐르는 동쪽변으로 시장과 교통의 요충지 구포와 같은 공간이 있는가 하면 사상, 엄궁 등 공단이 이어진다. 다대포에서 가덕도에 이르는 하구는 강과 바다가 만나 서로 섞이는 곳이다. 하단에서 을숙도를 잇는 하구언은 바닷물을 유입을 막기 위해 설치한 거대 토목 장치이다. 바닷물이 밀물 때 물금까지 유입되어 식수원에 영향을 미치는 것을 방비할 의도에서 비롯한 것이지만 오늘날 강의 순환을 위해 해체해야 한다는 여론이 비등한다. 가덕신공항 논란을 뒤로 하고 낙동강 하구는 서쪽의 신도시, 중간지역의 생태환경보전지역, 동쪽의 도시재생 지역으로 다채롭게 펼쳐져 있다. 이처럼 낙동강 유역은 자연 보전지역과 예스런 장소, 개발된 지역과 재생을 기다리는 공간, 새롭게 개발되어 부상하는 지구 등이 혼재되어 있고 자연환경과 인위적 공간이 분할되어 배치된 양상을 보인다.

교통로는 물류(物流), 문류(文流) 그리고 인류(人流)를 잇는다. 낙동강은 그 유역의 사람들이 교류하는 미디어 공간이었다. 운항수단이던 배의 역할이 줄었지만 오랫동안 포구와 나루는 서로를 이어주는 지점들이다. 이 가운데 하단포의 위상은 매우 컸던 것으로 보인다. 낙동강 하류에 위치한 이곳에는 일찍이 사람들이 모여들었다. 1876년 개항 당시 부산으로 들어오던 물자들이 이곳에 집적되었다 낙동강을 타고 내륙으로 이동하였다. 특히 상인은 인근 명지에서 생산되는 소금을 싣고 삼랑진과 왜관을 드나들었다고 한다. 하단포에 나락을 도정하는 객주업이 발달하고 소금과 곡식이 넘쳐났다. 배를 통한 이동은 육상교통의 발달로 쇠퇴하게 된다. 철도는 강의 물류가 줄어들게 한 가장 큰 요인이다. 그런데 조선의 철도왕 박기종은 초량사람으로 일찌감치 하단포의 중요성을 간파한다. 부산에서 출생한 그는 하층민으로 태어나 조선 상인과 일본 상인 주변에서 일본어와 상업을 배워 거간 일을 맡고 역관이 되었다. 그리고 경남 제일의 재력가 혹은 사업가로 호칭되며 중추원 의관과 판리공사 등 관직을 역임한다. 그는 철도와 교육이 조선의 근대를 실행할 수 있는 최우선의 방법이라고 생각하였다. 그리하여 일평생을 철도부설사업과 교육사업에 헌신한다. 1897년 부산철도회사를 조직하여 농상공부에 허가를 신청하면서 그가 눈여겨본 곳은 하단포였다. 강화도조약을 체결하고 조선 최초로 부산이 개항된 이후, 전국의 물산들이 더욱 집중되었다. 부산항 서쪽에는 낙동강 하구가 있었고, 낙동강은 내륙으로부터 쌀을 비롯한 물산들을 배로 실어 나르는 중요한 물길이었다. 더군다나 하구 끝에 위치한 명지는 전국 최대의 염전으로 명성이 높았다. 하단포는 바다와 육지의 산물을 교환하며 번성한 포구였다. 박기종은 경무관에 취임하면서 하단포와 부산항을 연결하여 각종 산물을 실어 나를 수 있는 운송 수단을 생각했다. 그의 머릿속에 떠오른 것은 요코하마에서 보았던 장행랑이었다. 그가 처음으로 기획했던 '부하철도'는 수차례 측량을 실시한 후, 공사에 착수했다고 한다. 그러나 기술과 자금의 부족은 해결할 수 없는 난관이었다. 무엇보다 청일전쟁 이후 일본이 본격적으로 경부선 부설을 추진하면서 부하철도의 사업성은 현저히 낮아졌다. 한반도를 관통하며 왜관-삼랑진-구포 등 낙동강 중하류의 주요 포구를 경유하는 경부선의 개통이 확정되면서 낙동강 하구에서 부산항을 연결하는 철도를 따로 건설할 필요가 없어진 셈이다.[198]

끝없이 서로 습치 못할
슬픈 운명으로 매련된 두줄 레일이여

우리들의 가장 소중한
국토의 가슴 우에 금을 그어서
그대 목매인 듯 무슨 아우성이
또 절망의 울음을 던지고 사라지느냐
옛날 제국주의의 모진 채쭉을 실어올 때부터
우리들의 자랑스러운 푸른 하늘에
검은 연기만 끝없이 토해왔느냐

농민들의 허리가 고목처럼 말러가도
밤을 새워 침략자의 무기를 실어날른 너
열 손까락으로 깍지끼어 끌어안은
어머니의 아들을 빼어서가든 너

京釜線이여
가난한 백성들의 서름과 노염을
枕木처럼 깔고 너는 달리느냐
눈이 멀도록 기다리는
우리의 새나라를 실어올 날은 언제냐

釜山 항구에 낯선 貿易船이 다으면
산떼미처럼 쌓인 상품을
부지런히 부지런히 실어 날르는

倭敵의 그날부터 한길밖에 굴글 줄 모르는
너는 어찌하야 불을 먹고 사느냐

아아 이 車室에 가득
답답한 사람들은 모도 어데로 가는가
헤여나지 못할 숨막힐 기류 속에
누가 마구 쓰러져 울고 있다

꿈많은 나의 어린 시절을 실어날르던
나의 육체의 굵은 血脈처럼
끊임없이 오르나리는 잔인한 車輪이여
다시 자식을 빼앗긴 어머니의 눈알과
양담배 팔기에 입이 부은
이당 어린 것들의 처량한 목소리 속에
너는 무엇을 위하야 숨이 가뿌냐

(김상훈, 「경부선」, 『신천지』 3권 1호, 1948년 1월호)

식민지 시기 경부철도가 지닌 의미를 잘 표현한 절창이다. 철도는 빠른 이동과 통합을 초래한다. 제국의 질서 속에 조선이 편입되면서 낙동강의 역사 또한 바뀌게 된다. 낙동강을 생각하면서 다시 박기종의 부산-하단 철도를 상상해 본다. 만일 그의 구상이 실현되었다면 낙동강 하구는 크게 변하였을 것임에 틀림없다. 부산역에서 하단을 거쳐 낙동강변을 따라 구포를 잇는 철도가 형성되었다면 서부산권의 도시 지형은 지금과 매우 달라졌으리라 생각한다. 어쩌면 오늘에 이르러 낙동강 유역이 중요한 지역으로 떠오른 것도 박기종의 선각적인 구상과 무관하다 할 수 없다. 오랫동안 경부철도의 결절지 가운데 하나인 구포가 번성하였다. 특히 낙동강 본류가 동쪽으로 이동하면서 구포가 물류의 거점이 되었다. 부산신항이 건설되고 강서에 많은 공단이 설립되면서 서부산권이 크게 요동하고 있다. 김해국제공항이 가덕도 신공항으로 확장되는 계획이 확정되면서 서부산권의 혼돈은 가중되고 있다. 복합적이고 다층적인 꼴라쥬의 형상을 하게 되었다. 이처럼 급격한 변화가 이뤄지고 있는 가운데 낙동강 유역의 기억들이 사라지는 위기를 맞고 있다. 새로운 도시가 형성된다고 하더라도 자연과 인간, 전통과 현대의 조화는 반드시 지켜져야 할 가치이다. 특히 문화적 발전을 강조하는 21세기 도시에 있어서 내재한 기억의 두께는 도시 가치의 척도가 된다. 이러한 점에서 낙동강의 기억을 담고 있는 문학작품을 중심으로 기억과 정동을 이끌어내는 일의 의미가 있다.

가령 문학지도 그리기는 문학작품 속에 등장하는 장소와 공간을 추적하고 등장인물들의 삶을 따라 장소의 기억을 되새기고 이를 통해 지금의 현실을 돌아보는 일이다. 작가에 따라서 장소의 기억은 두께가 다르다. 장소가 하나의 색인으로 기입되는 경우가 있는가 하면 그 안에서의 사람들의 온전한 삶이 구체적인 형태로 서술되기도 한다. 로컬의 삶이 핍진하게 그려진 작품을 만나면서 우리는 달라진 공간을 살다간 사람들을 기억하고 오늘의 현실을 반성하면서 내일을 기획할 수 있다. 공간의 변화에 개입하는 여러 벡터가 섬세하면서 구체적인 연관 속에서 통찰된 작품은 여전히 감동적이다. 가령 요산 김정한의 소설이 그러하다. 그는 남산동에서 성장하면서 일본 유학을 하거나 남해에서 교원 생활을 한 것을 제외하고 부산에 살면서 낙동강 유역을 무대로 소설을 썼다. 그를 두고 "낙동강의 파수꾼"이라고 한 데 그만한 까닭이 있다. 위로는 삼랑진 오우진(뒷기미 나루)으로부터 아래로 을숙도와 엄궁에 이르는 서부산 낙동강 유역의 사람들의 구체적인 삶을 소설 속에 담았다. 낙동강 유역 문학의 중심에 단연 그가 놓이는 것은 자명하다. 그가 중심에 놓이고 그 가장자리에 포석 조명희, 이문열, 강인수 등의 소설이 배치된다. 또한 많은 시인이 낙동강 유역을 노래하였다. 하지만 시가 지니는 서정적 추상성으로 인하여 구체적인 장소의 기억을 되살리는 일에 한계가 있어 풍경을 재생하고 장소의 감각을 회복하는 보충재로 활용한다. 장소와 공간의 변형에 관한 지도를 확보하고 역사적 시기에 따라서 사람들의 이주와 이동을 추적할 필요가 있다. 강의 변형과 도로와 교량이 새로 놓이면서 해체되거나 생성한 마을과 주거지에 대한 세심한 공간 지리적 접근도 요구된다. 새롭게 형성된 산업 경관이 이 지역에 가져올 파장도 예견해 볼 수 있다. 낙동강 유역의 주인공은 사람들만 아니다. 강과 모래와 모든 생명체가 그 주역이다. 이러한 주역들에 대하여 다각적인 탐문이 있어야 한다.[199] 무엇보다 유역은 해역으로 이어진다. 유역을 해역을 아울러 바라보고 이해하는 전망이 필요하다.

소금뱃길과 민중의 애환

김용호(1912-1973)는 마산에서 출생하여 1935년 『동아일보』에 「출범」과 「입항」, 『신인문학』에 「내 사랑하는 여인아」, 「첫 여름 밤에 귀를 기울이다」를 발표하면서 활동을 시작한다. 그가 1937년에 발간하려 한 시집은 『낙동강』이다. 그러나 검열까지 마친 이 시집을 간행하지 않고 1938년 메이지대학에 입학하던 해에 『사해공론』을 통해 장시 「낙동강」을 발표한다. "내 사랑의 강! 낙동의 강아!"라는 부제가 붙은 이 시는 일제의 수탈과 유민 현상을 낙동강 이야기에 담아내고 있다. 10장 197행으로 구성된 이 시는 민족의 젖줄인 낙동강을 등지고 떠나는 화자의 비탄에 찬 목소리를 통하여 민중의 수난을 서술하고 있다. 어린아이들의 낙원인 낙동강이 일제의 강이 되어 수탈의 현장으로 변하는 과정을 잘 그려낸 역작이다. 철도부설이나 토지조사사업과 같은 식민정책에 대한 고발도 삽입되어 있다.

김정한의 「수라도」의 무대는 오봉산 자락에 자리한 물금 화제마을이다. 그런데 이 소설의 주인공인 가야부인의 본가는 "김해고을에서도 저 남쪽 끝에 가 붙은 명호란 소금곳"이다. 지금 명호초등학교가 있는 명지를 가리킨다. 가야부인이 돌부처를 모신 미륵당은 오늘날 '용화사'로 보이며 그 앞에 "태고란 나룻터"가 있고 그곳으로 "소금배"가 와 닿았다. 낙동강 소금뱃길을 따라 시집을 온 가야부인은 나루터에서 친정의 소식을 듣곤 한다. 용화사 약간 위쪽에 자리한 '개목나루'라 할 수 있겠다.[200]

> 아무튼 그런 먼 곳에서, 차도 발동선도 없던 옛날에, 바다같은 강까지 건너가며 시집을 오자니 사흘이 걸렸다는 것도 거짓말은 아니었다. 할머니(가야부인-인용자)의 말로는 하늘이 안 보일 정도로 길길이 자란 갈밭 속을 십 리도 더 빠져 나와야 되는데, 그 갈밭 속 길이란 게 또 예사로 미끄럽지가 않는 데다 돌이 지난 첫아

이까지 달고서 가마를 탔으니까, 네 사람이 메는 가마라 하지만 교군꾼들이 땀을 팥죽같이 흘렸더란 거다. 게다가 강기슭에 나와서도, 하필 시위가 내린 위에 바람까지 어떻게 사나웠던지, 배끌기(배에 줄을 매어 어깨로 끄는 사람)들의 어깨가 뭉개질 정도가 되어도 어찌할 도리가 없어서, 두 차례나 팟자를 놓았다고 한다. 이러다간 아무 일도 되지 않으리라는 공론이 돌아서, 결국 시위나불을 무릅쓰고 강을 건너는 판인데, 만약에 파선이 되거나 한다면 아기와 함께 죽을 작정으로 신부(할머니)는 젖먹이를 자기의 앞배에다 층층 동여매었더란 거다. 그때만 해도 할머니의 친정은 명호서도 울리던 집안이라, 배도 예사 크지 않은 고물대 이물대가 다 갖춰진 큰 배였지만, 덩그런 사인교에다, 상객, 몸종, 하님, 교군꾼들까지 합쳐서 자그마치 일행이 열다섯도 넘는데, 오라범이 타신 청노새를 비롯해서 말까지 세 필이나 실어 놓았으니, 그런 난리가 어디 있겠느냐는 할머니의 이야기였다.

가야부인이 본가에서 "대례를 마친 뒤에도 고풍을 따라 삼 년을 친정에서 묵고" 아이를 낳아 시아버지 오봉선생이 시댁으로 오는 장면이다. 명호에서 "황산 앞벌" 이르는 뱃길인데 사흘이 걸렸다는 이야기이다. 가야부인의 친정이 소유한 염전은 "신도"라는 섬에서 가장 컸다고 한다. 나중 "염전을 하는 친정오라범이 막내 동생인 그녀와 그 절을 위해서 대동면에 사준 논 열두 마지기의 수입으로 미륵당의 유지가 가능"했다.

강서구 명지동은 낙동강 하구 삼각주의 최남단에 있다. 지금은 뭍이 되었지만 이전에는 '명지도(鳴旨島)', 혹은 '명호도(鳴湖島)'로 불리는 섬이었다. 큰비나 큰바람 등의 천재지변이 있을 때

지천에 널린 갈대밭에서 북소리나 종소리가 울렸다는 전설에서 유래한다. 「수라도」의 한 장면처럼 이 섬에는 갈대와 소금이 유명하다. 낙동강 하구에 소금 생산지가 여럿 있었다. 녹산의 송정과 사암에 염전이 있었고, 신호도라는 작은 섬은 아예 전체가 염전이어서 모두 소금 생산으로 먹고 살았다. 명지 염전이 위치한 삼각주는 낙동강이 운반한 토사들이 퇴적되어 만들어졌다. 이러한 연유로 염전을 만드는 데 필요한 모래와 진흙을 쉽게 구할 수 있었다. 낙동강 하구는 남해안 해풍의 영향으로 기온의 계절차가 적어 겨울철에도 염전에서 일할 수 있었다. 이뿐만 아니라 풍부한 갈대는 소금을 굽는 데 필요한 연료가 되었다. 무엇보다 명지 소금의 성공 요인은 낙동강 수운을 이용한 편리한 운송에 있다. 낙동강 하구의 명지 염전은 그야말로 최적의 조건을 갖춘 곳이었다고 하겠다.

봄 안개가 자욱한 강물 위로
물새들은 싱그러운 물결 소리를 내고.

산수유 꽃 피는 모래 언덕 아래로
나루터 가는 길이 햇살 속에 부풀면,

—멀리서/소금배가 온다.

치마폭만한 누우런 돛을 달고,
긴 허리띠를 푸는 봄 강물의

비늘 돋은 물결을 밀어내며,
천천히 배가 온다.

지게를 지고, 달구지를 끌고
함지박을 인 사람들이 기다리던 나루.

장 담그는 봄철의
낙동강 소금배여.

여름날 맛나던 저 갈밭의 게장도
실어다주고,

밤에는 등불을 밝히고
나루터에 잠을 자던 배.

멀리 강물 위로 흔들리던
그리운 그 등불 빛.

(이달희, 「낙동강 소금배—낙동강 10」)

이달희의 시집 『낙동강』에는 여러 편의 「낙동강」 연작이 실려 있다. 인용한 시는 "낙동강 소금배"를 아름답고 경쾌하게 노래한다. 낙동강 하구에서 올라가는 소금배는 북쪽으로 상주, 서쪽으로 단성까지 이른다. 영남의 동북쪽 지역은 동해에서 소금을 운송하기 어렵기에 낙동강에서 올라온 소금을 살 수밖에 없었다. 소금값은 낙동강 상류로 올라갈수록 높아져 최고 5배 이상의 이익을 보았다고 한다.

강인수의 『낙동강』은 낙동강을 배경으로 5대에 걸친 가족사를 서술하고 있다. 6월 항쟁의 현시점으로부터 4.19와 5.16을 거쳐, 한국전쟁과 3.1운동 그리고 동학혁명과 임술 진주민란에 이른다. 낙동강과 관련하여 이 소설에서 가장 흥미진진한 대목은 소금뱃길에 대한 서술이다.

> 넓은 소금밭 끝 바다 쪽에는 제방이 쌓여 있었다. 수문들을 열어 놓아 바닷물을 염밭에 가두었다가 그 바닷물을 햇빛에 쬐어 수분을 증발시키고 소금기가 배인 모래땅에 계속 바닷물을 끌여들여 소금기를 흠씬 배게 하여 그 소금모래를 섶이란 여과장치에 걸러 소금물을 만든다고 했다. 그 물을 커다란 가마솥에 퍼넣고 며칠이고 불을 때면 흰 결정체의 소금이 되고, 이것을 본염이라 하는데 모통 한 가마솥에 소금 대여섯 오재기가 나온다고 했다. 보통 한 염전에 가마가 서너 개는 있고, 소금흙을 만드는 일과 운반하는 일 소금굽는 일 창고에 쌓은 일 화목을 장만하는 일 등으로 늦가을부터 설아래의 청명한 한철은 염전으로서는 농사철인 셈이다. 설날을 사흘 앞두고 해질녘 순달이 가족이 남부여대하여 사암을 찾아왔다.

> 정월 대보름이 지난 후 을미년의 첫 소금배가 떠날 때 순달 가족과 만중이 형제는 도사공 이씨가 모는 소금배에 탔다. 도사공 이씨의 권유로 밤마리나루터에 내려 그곳에 농사를 지으면서 농사철이 아닐 때는 사람으로 내려와 염전일을 하거나 소금배를 타기로 했다. 밤마리에는 낙동강물이 범람하여 버려진 땅이 많으므로 없는 사람은 두판지기하고 농사를 짓는다면 해볼 만하다고 했다.

동학군에 참여한 인물들이 염전에 숨어들고 소금뱃길을 따라 피신하는 정황을 서술하고 있다. "소금배는 소금 100오재기를 싣고 정월 열이렛 날 아침 물금을 지나 용당에 이르러 모든 선원은 돼지머리를 얹어놓고 용왕제를 지냈다. 이곳은 낙동강 7백 리에서 가장 물이 깊고 물이 휘돌아나가기 때문에 간간이 배가 난파되는 곳이므로 사공들은 용당 앞에서는 반드시 제사를 지냈다. 배는 동남풍에 돛을 달아 해질녘에는 삼랑리 조창 앞을 지나게 되었다. 고디꾼들이 배를 끌지 않아도 배는 순풍을 만나 쉽게 강을 거슬러 올라갔다. 삼랑리에 이르자 강에는 배들로 붐볐다. 삼랑리 조창은 낙동강변에서 모은 세곡의 집합지로서 사공 300여 명이 조창 뒤편 통창골에 살고 있을 정도로 붐볐다. 조창에 모인 세곡은 구포를 거쳐 남해 서해안을 돌아 한강을 거쳐 한양에 운반된다." 이처럼 소금뱃길은 조창에 모인 세곡을 바다로 이동하는 뱃길이기도 하다. 강인수의 『낙동강』에는 낙동강 유역의 나루들이 잘 나타나 있다.

낙동강 하류 지역은 강을 통한 물류의 이동이 많고 삼각주, 하중도가 발달하여 크고 작은 섬들 간을 왕래하기 위한 나루터가 자연스럽게 만다라 모양으로 발생하였다. 서부산 낙동강에 나루터의 지명이 전해 오는 곳은 강서구 대저동에 14곳, 강동동에 8곳, 녹산동에 10곳, 명지동에 6곳이 있다. 그리고 강동 쪽에는 북구 10곳, 사상구 9곳, 사하구 4곳 등 70여 곳의 나루터가 확인된다. 강서의 경우 1980년대까지 있었으나 육로가 발달하고 교량이 개설되면서 거의 사라지고 말았다. 그중 일부는 복원이 추진되고 있지만, 급속한 생활의 변화로 대부분 흔적도 찾을 수 없다.

낙동강 유역에 만다라처럼 포구들이 즐비했다. 그런데 명지 소금은 앞서 말하였듯이 낙동강 수운을 통해 돛단배에 실려 멀리 경상북도 안동까지 올라갔고, 서쪽으로는 지리산 인근의 단성까지 전해졌다. 낙동강 수운을 이용하는 방식은 조선 후기의 상업 발달로 인하여 급속히 성장하였으나, 한말 경부선 철도가 부설되고 일제 시대에 들어 신작로가 정비되면서 그 기능이 쇠퇴하였다. 그러나 영남의 중요한 교통로로서의 역할은 1950년대까지 이어졌다. 소금 배는 일종의 화물선인 광선(廣船)이어서 소금 100가마를 족히 실었다. 이 배가 낙동강을 거슬러 내륙 지방을 오가는 데는 2개월 내지 6개월이 걸렸다. 낙동강이 결빙되는 11월 중순부터 2월 중순까지는 선운이 중단되었고, 선운 도중 결빙기에 걸리면 가까운 포구에 정박하여 야적한 상태로 해빙을 기다려야 하였다. 그리고 소금을 실었기에 운행 도중 비를 맞지 않기 위해 비상 수단이 동원되기도 했다. 바람을 이용하여 운행하므로 바람이 잦아들기라도 하면 삿대질을 하여 오르다가 수심이 얕은 곳에서는 고딧줄[삼줄을 엮어 만든 굵은 줄]을 매어 강가에서 배를 끌어당겨 가면서 오가야 했다. 고딧줄을 당기는 고딧줄꾼은 배의 크기에 따라 적게는 2~3명, 많게는 6~7명이 필요하였다. 고딧줄을 지네발처럼 따로따로 걸어서 어깨에 얽어매고 배를 끌어당기며 부르는 노동요 '고딧줄꾼 소리' 한 자락에 소금 배는 그렇게 구름에 달 가듯 낙동강 15만 7,090m[400리] 길을 거슬러 올랐다.

낙동강 하구에서 소금배가 출발하는 주요한 포구는 하단이다. 소금이 유통되는 주요 집산지로는 대구를 중심으로 이남에는 사문·현풍·초계·창녕·양산·밀양·김해·의령·진주 등이 있고, 이북에는 성주·인동·선산·상주 등이 있다. 이들 중간 기항지의 나루터에는 소금 객주들이 자리잡고 소금 중개 교역을 하였으며, 함께 싣고 간 어물·젓갈·해초류 등이 그 지역의 곡물·과일·채소 등과 교환되었다. 즉 소금과 해물을 싣고 간 소금 배가 내려오면서는 내륙의 토산품을 싣고 오는 방식이었다. 고령의 개포, 성주의 무릉리, 대구의 사문진, 인동의 왜관, 선산의 매정과 상주의 낙동 나루터 등에서 특히 소금 거래가 왕성하였다. 이렇게 낙동강 선운을 통해 낙동강 인근 지역에서 주로 명지 소금이 소비되었지만, 경부선 개통 후에는 구포와 삼랑진에서 철도편에 실려 청도·유천·김천 방면으로도 운송·판매되었다.

한말까지 성행하였던 명지도의 염전은 일제시대를 거치면서 약 60%는 사라졌다. 이는 1930년대 시행된 낙동강 제방 공사 때문으로, 일제는 김해의 농토를 확장하려고 서낙동강의 상·하단에 각각 대동 수문과 녹산 수문을 설치하였으나, 조류의 변경으로 명지 염전에는 매우 큰 타격을 주었다. 게다가 수입염과 재제염이 밀려오고 서해안에서 생산된 천일염도 영남 지역까지 들어오면서 이곳의 소금 생산은 위축될 수밖에 없었다. 열악한 상황에서도 염민들은 소금 생산을 포기하지 않았다. 광복과 6·25 전쟁 후 소금에 대한 수요가 늘면서 일시적으로 부흥을 맞는 듯하였다. 그러나 인생사 새옹지마라고 하였던가, 1959년 9월 태풍 사라는 염전을 모두 쓸어 갔다. 또 당시는 천일염이 과잉 생산되어 정부가 염전을 없애는 정책 기조를 강하게 밀고 가는 상황이었다. 이로써 수백 년을 이어 온 명지도 제염의 역사는 종말을 고하고, 염전은 하나 둘 경지로 개간되었다. 1960년대 후반에는 대규모 간척 사업이 벌어져 녹산과 신호도 사이의 바다를 매립하고 농토로 바꾸는 등 염전으로 가득하였던 섬은 육지가 되어 갔다. 1990년대는 송정리 앞바다에 간척 사업을 벌여 녹산 국가 산업 단지와 신호 일반 산업 단지 등 공단이 들어섰다.

갈잎이 덮어 놓은 길을 지나옵니다 숨죽은 배추잎 거적대기 바닥에 닿여 도는 가마우지 인화되지 않는 몇 마리를 북쪽으로 날립니다 물에 물살이 부닺쳐 이루는 작은 그늘에 숭어가 썩고 멀리는 일웅등 첫물까지 파꽃이 하얗게 피었습니다 이웅벽이 삭고 다시 사람들이 일어서고 하는.

(박태일, 「명지 물끝 1」 전문)

현재 명지의 옛 염전은 대부분 파밭으로 바뀌었다. 파가 이곳의 특산물이 되었다. 소금기 머금은 모래밭 파가 맛이 뛰어나고 성장률도 높다. 한때 전국 파 생산의 70%를 웃돌았을 정도이니, 소금 대신 파가 명지의 명산물이 된 지 이미 오래다. 그러나 각종 개발 사업이 드넓은 파밭에도 불어닥치고 있다. 명지주거단지가 건설되었고 인근에 산업경관이 펼쳐져 있다.

뻗쳐 있는 정열이
유구 칠백 리에 이르러도
강 두렁 마슬에는
싸움이 그치지 않는다

물과 사람과
그리고 사람과 사람끼리

조개 갈쿠리

칼날을 세워도
혓바닥에 녹아드는
낙동강 잉어회
통발을 메워도 메워도
강물보다 오히려 무서운
가난이 여기 있다

옥답은 모래밭이 아니라서
강물이 고이는데
쌀이사 유명한 저 경상도 쌀
백옥인 양 이는데
은혜 받아 본 적 없는 강물은
때로 누굴 위하여
하늘 대신
이리 노여워하였는가?

강아!
넘쳐 흘러 칠백 리
구비치는 탁류도
그예 바다로 가고야마는
너의 정열이 나는 미쁘다

(정진업, 「낙동강」 전문)

정진업은 낙동강 유역 민중의 삶을 곡진하게 표현하였다. 재난과 가난을 겪으면서 생명을 가진 사물과 더불어 산 역사의 유역이다. 박정애의 『엄마야, 어무이요, 오, 낙동강아!』(전망, 2010)는 도보로 순례하면서 낙동강을 노래한 시편들의 모음이다. 황지에서 다대포까지 걸으면서 몸살을 앓거나 병들어 죽어가는 강의 모습을 느끼면서 쓴 비가들로 가득하다. "민족의 영산 태백에서 을숙도가지/산과 물길이 서로 배려하고 응원하는/수려한 우리의 산하를 보았다"(「아, 낙동강-2009년 도보순례」에서)로 시작하는 첫 시편의 첫 구절이 말하고 있듯이 도보순례를 기록한다. 김용호와 정진업의 시를 계승하면서 더 넓게 더 많은 생명을 시의 품에 안았다.

앞날이 캄캄한 어둠 속에서도 하얗게 빛나는 물줄기
대지를 어루만지며 흐르는
낙동강 금모래 은모래 우는 소리
살아서 서럽고 외로운 우리 어머니
어찌 살고 어찌 살꼬
두 다리 뻗고 땅을 치며
목 놓아 우는 소리

서시의 끝 연으로 시인의 마음이 요약된 듯하다. 낙동강을 어머니에 비유할뿐더러 그 어머니가 호곡하는 상태임을 알린다.

낙동강과 문인의 자취

금수현 그네 노래비와 김말봉

구포대교를 지나 제방을 따라가면 나타나는 낙동강 제방 공원에 1990년에 세워진 시비와 노래비가 있고 그 첫머리에서 금수현의 노래비를 보게 된다. 반달 모양의 경사면에 관악기를 올려놓은 형상인데 대리석 위에 「그네」의 악보가 새겨져 있다. 작곡가 금수현의 자필 악보와 글씨이다. 그네를 작사한 이는 금수현의 장모인 김말봉이다. 김말봉은 『밀림』, 『찔레꽃』 등 장편소설을 쓴 소설가이다.

세모시 옥색치마 금박물린 저 댕기가 창공을 차고 나가
구름 속 나부낀다. 제비도 놀란 양 나래 쉬고 보더라
한번 구르니 나무 끝에 아련하고 두 번을 거듭하니
사바가 발아래라, 마음의 일만 근심을 바람이 실어가네.

김말봉이 쓴 「그네」다. 금수현은 대저동에서 1919년 태어나 일본 도쿄음악대학 성악과를 졸업했다. 그가 작곡가로 데뷔한 것은 1946년 「그네」를 작곡한 데서 시작한다. 금수현의 둘째 아들 금누리는 조각가이다. 노래비를 조각한 이가 바로 금누리이다. 김말봉은 한국전쟁기에 오영수와 더불어 피란 문인들을 거두었다. 김동리의 「밀다원시대」에 나오는 인물 가운데 하나다.

낙동강 제방 공원에는 이 노래비 외에도 많은 시비가 건립되어 있다. 금수현 노래비를 시작으로 공원을 따라 이은상, 배재황, 조지훈, 박목월, 이주홍 등의 시비가 놓여 있다. 이은상의 시비는

1977년 재일본 경남도민회가 만든 것으로 「고향길」이 새겨져 있다. 그리고 1992년에 이은상의 시비가 한 기 더 세워지는데 거기에는 「낙동강」을 담는다. 조지훈과 박목월 시비는 나란히 서 있다. 각각 「완화삼」과 「나그네」를 품었다.

가덕도

가덕도는 한반도의 동남단에 자리잡아 동으로는 다대포, 서남북은 거제도 바다, 북으로는 유라시아와 환태평양의 관문이면서, 동북아 허브항만으로 건설한 부산신항과 접하고 있다. 섬은 전체적으로 남북으로 길게 뻗어 있으며, 주변에 11개의 무인도가 있다. 높은 산이 많고, 대부분 급경사를 이룬다. 최고봉인 동쪽 연대봉(459m)은 조선 시대부터 봉화를 올려 뱃길을 안내하였다. 부산시에서 유일한 섬 산행지로 연대봉에 올라서면 진해만과 거제도를 한눈에 볼 수 있고, 몰운대와 대마도도 조망권에 든다.

영도의 1.6배로 부산서 가장 큰 섬으로써 섬 전역이 산지로 이루어졌으나, 일부 평지에 마을이 형성되어 보리, 양파, 마늘 등을 재배하며, 연안에서는 굴 양식이 활발하다. 주로 숭어, 대구, 청어 등이 많이 잡히며, 미역 홍합, 바지락, 조개류 등도 많이 채취된다. 특히 양파는 맛이 좋기로 유명하다. 남단에 유형문화재 가덕도 등대가 있다. 문화재로 천성진성(부산기념물 34호), 가덕도 척화비(부산기념물 35호), 연대봉 봉수대, 가덕도 자생동백군(부산기념물 36호) 등이 있다. 해안은 동쪽과 남쪽이 단조로운 반면, 서쪽과 북쪽은 소규모의 갑과 만이 연이어져 드나듦이 심하고, 북쪽 해안을 제외한 대부분이 가파른 해식애를 이룬다. 기후는 동한난류의 영향을 받아 비교적 따뜻하며, 주민 반 이상이 농업에 종사한다.

강서구 천가동에 속한 섬으로 남해로 흘러드는 낙동강 하구의 오른쪽에 있는 가덕도는 1914년 행정구역 개편 이래 창원군에 속했으나, 1980년 창원시 승격으로 의창군에 편입되었다가, 1989년 부산시 강서구로 편입되었다. 1992년 박물관 조사단에 따르면, 가덕도 대항마을과 외양포 등지에는 패총과 토기가 발견되었으며, 두문마을에는 지석묘가, 선창마을에는 청자편이 발견됐다는 사실을 미루어볼 때, 가덕도에는 선사시대부터 가야시대, 고려, 조선시대에 이르기까지 사람이 살고 있었던 것으로 분석된다.

1544년 가덕진과 천성진을 설치하면서 가덕도는 해상교류 및 군사적으로 더욱 중요시되었다. 임진왜란 때는 치열한 격전장이기도 했으며, 현재 진해만으로 들어가는 중요 요충지였고, 이순신 장군이 하루를 묵고 갔다는 설도 있다. 강서구 녹산동과 천가동 그리고 진해시의 경계 지점을 중심으로 벌어졌던 전쟁 중 이순신 장군이 승리한 이른바 안골포해전(1592)이 있고, 정유재란 때에 원균이 패한 가덕도해전이 있었다. 가덕도해전에 패함으로써 조선의 3도 수군은 일시에 무너졌다. 조정에서는 이 패보를 듣고 크게 놀라 백의종군하던 이순신에게 흩어진 병력과 배를 수집·점검할 것을 명하고, 같은 달 22일에 이순신을 다시 전라좌수군절도사 겸 3도통제사로 임명했다. 또 지금의 덕문중·고등학교 자리에는 조선 시대의 병기제작소였던 곳집 흔적이 조선말까지 있었다고 한다. 1936년 암울했던 이 시기에 성북마을의 고 김도근 옹은 항일친목단체를 결성, 조국독립을 위해 항거하다 일경에 체포돼 감옥살이를 하는 등 섬사람으로서 독립에 큰 공을 세우기도 하였다.

가덕도와 녹산 사이의 바다를 매립하여 건설한 국제물류의 중심 '부산신항만'이 위용을 자랑한다. 가덕도 천성에서 거제도 장목으로 연결되는 8.2km 왕복 4차로의 국내 최장교량 '부산~거제도 간 연결도로 거가대교도 스펙터클을 형성한다. 육역과 해역이 만나 대양을 향하는 형국이다.

입이 큰 그 생선을 슬픔처럼 널던 날이 있었다.
어머니는 가덕 어디 깊은 바다에서 잡은 것이라 했다.

그런 날은 어머니는 밤새 아버지를 생각하시고,

조선무 풍덩풍덩 빚어넣어 끓인 생선국물로 속을 푸시던
술 좋아하시던 아버지를 생각하시고,

새벽 일찍부터 연탄아궁이 위에는 물이 끓어
어린 내 잠속까지 바다 깊은 곳과
어머니 눈물의 밑바닥이 끓는 냄새가 났다.

나도 언제 한번 술이나 마셔볼까,
그런 못된 다짐을 하는 사이
한 번씩 폭설이 내려 생선들의 아픈 옆구리가 젖었고
다시 마르는 사이 봄이 오고 있었다.

달력에는 아버지의 기일이 가까워지고 있었다.

(정일근, 「가덕 대구」 전문)

가덕도는 부산해안길 306.2 Km의 출발점이라고 할 수 있다. 지금 가덕도는 부산신항과 거가대교, 가덕대교로 섬 전체의 형태가 변하였다. 또한 부산신항의 유치로 들썩인다. 기후 변화와 해양 환경 변화로 '가덕 대구'와 같은 추억이 밀려나고 있는 형편이다. 천혜의 어장들이 사라져감에도 불구하고 가덕도는 아직은 부산 해역에서 가장 평온한 어촌이다. 이곳은 낙동강 유역과 해역이 새로운 전망이라는 사실을 웅변한다.

다대포

제 몸에 비치는 모든 그림자를 끌어안던 강물이 몸을 푸는 곳, 바다. 강이 바다에 이르는 그 길목은 언제나 역동감으로 출렁인다. 낙동강, 서낙동강, 조만강, 평강천, 지사천, 맥도강 그리고 샛강들. 이 강들이 바다와 만나는 낙동강 하구, 다대포.

바다에 이르러
강은 이름을 잃어버린다.
강과 바다 사이에서
흐름은 잠시 머뭇거린다.

그때 강은 슬프게도 아름다운
연한 초록빛 물이 된다.

물결 틈으로
잠시 모습을 비쳤다 사라지는
섭섭함 같은 빛깔.

적멸의 아름다움.

미지에 대한 두려움과
커다란 긍정 사이에서
서걱이는 갈숲에 떨어지는
가을 햇살처럼
강의 최후는
부드럽고 해맑고 침착하다.

두려워 마라, 흐름이여
너는 어머니의 품에 돌아가리니
일곱 가지 슬픔의 어머니.

죽음을 매개로 한 조용한 전신(轉身).
강은 바다의 일부가 되어
비로소 자기를 완성한다.

(허만하, 「낙동강 하구에서」)

다대포(多大浦). 지명의 유래를 알 길이 없지만, 그 말뜻만으로도 크고[大] 많았을[多] 것이라는 상상을 불러일으키는 곳이다. 이만큼 넓고 큰 포구도 드물다. 해수욕장의 광활한 모래사장을 지나 낙동강 하구로 뻗쳐 있었으니 넓이와 길이에서 견줄 곳이 있었겠는가. 그렇다면 많다는 것이 지칭한 것은 무엇이었을까. 물고기가 아니었을까. 민물과 바닷물이 섞이는 다대포 바다에서 잡히는 어족들은 그 종류와 양에서 엄청났을 것이라 생각된다. 그러나 섬을 육지로 이어놓을 정도로 퇴적하는 시간은 자연과 삶의 지형을 바꾸어 놓았다. 다대포의 몰운대는 본래 섬이었다. 낙동강으로부터 밀려온 토사가 쌓이고 쌓여 섬을 뭍으로 만들어 놓았다. 몰운대는 몰운도에서 유래하는바, 자주 바다 안개에 가렸다 떠오르는 비경이었음에 틀림이 없다. 오랫동안 섬과 내륙을 가르는 바다가 성속의 경계가 되었을 터이다. 아름다움이 생겨나는 곳은 이러한 경계다. 세속에서 선경을 접하니 그 아름다움으로 존재가 고양되지 않을 수 없다. 강은교의 『시간은 주머니에 은빛별 하나 넣고 다녔다』(문학사상사, 2002)는 다대포에 바쳐진 시집이다.

구름은 어둠의 드넓은 입술
이 섬의 허리도 핥아보고
저 섬의 허리도 핥아보고
이쪽 어둠의 어깨도 쓰다듬어보고
저쪽 어둠의 어깨도 쓰다듬어보고
그러다 얼른 별 하나 꺼내 드네

가슴을 콕콕 찔러대는 별빛 하나.

(강은교, 「별 한 개 머리에 인 구름, 섬 사이로 걸어오네」 전문)

다대포 시편의 첫 번째 시로서 몰운대를 노래하고 있는 것으로 보인다. 이 시집에 담긴 다대포 시편은 모두 27편이다. 한동안 다대포에 살면서 쓴 시편들이다. 다대포가 서정의 거처가 되었다. 시인은 "다대포 모래밭"이 "하늘의 정거장"이고 "하늘의 꿈밭"이었다고 한다.

갈대의 등을 밀며 바람이 분다 개개비 몇 발끝 들고
엄낭게 갯벌 물고 뒤척거린다 날마다 제 가슴 위에
거룻배 한 척 올려놓는 갈대밭 산다는 건 갈대처럼
천만번 흔들리는 일이었으나 실패한 삶도 때론 무엇인가
남긴다 남긴다고 다 남는 것일까 순천(順天)은 벌써
나를 알아버린 듯 마음의 물결까지 출렁거린다 섬은
발목 잡혀 꿈쩍 않는데 물거품이 해안까지 따라온다
언제 꽃을 바람처럼 피운 갈대들 그들이 환하다 문득
느낀다 내 어둠이 나에게서 떨어지지 않는다 언제나 낮게
엎드린 포구 수평선 바라보다 나는 겨우 세상은 공평한가
묻고 말았다 방파제 너머 파도가 밀려간다 밀려간 것은
물결만이 아니다 날마다 내 속으로 밀려온 갈대들 오늘은
다대포에 들고 말았네

(천양희, 「다대포에 들다」, 『너무 많은 입』, 창비, 2005)

몰운대는 이제 뭍이 되었으니 과거의 경계는 밀려나 사라졌다. 시인은 사물에서 순천(順天)을 배운다. 유역을 형성하는 생명과 해역이 만드는 평등을 생각한다. 다대포에서 사람 사는 이치를 고민한다. 개별적인 열정이며 질주하는 문명들이 모두 상처가 될 것이라는 예감이 든다. 그러나 사람은 새잎을 피울 수 없으니 덧나는 상처를 가릴 힘도 없다. 몰운대를 오르면 이미 커다란 운동장으로 풍경의 상처가 되어버린 다대포 백사장을 바라볼 수 있다.

세상을 떠나 여기까지 오면

우리에겐 오직 꿈꾸는 일만 남았다

(정대영, 「몰운대」 전문)

풍경의 경계는 몰운대에서 만나는 다대포 객사에서 다시 엇갈린다. 이것이 원래 있던 자리는 현재의 다대초등학교 위치의 다대포성이었고 다대포 첨사가 손님을 맞는 집이었다. 이것이 몰운대의 꼭대기에 옮겨졌으니 이제 다대포 첨사가 아니라 몰운대 신선이 사람을 맞게 되었다. 자연이야말로 신선의 다른 이름이 아니겠는가. 멀리 남해로부터 불어오는 바람에서 훈기가 느껴진다. 만일 다대포성이 복원되고 다시 객사를 그 성안으로 옮겨간다면 어떨까. 그리고 섬을 뭍으로 만든 토사를 파내어 물이 통하게 하고 그 위로 다리를 놓는다면 그나마 예의 경계를 되살릴 수 있을까. 이러한 상상이 결코 부질없다고 생각하지 않는다. 아직 성문의 주춧돌이 남아 있고 성벽도 그 흔적이 있으니 이를 통해 옛 풍경을 되살릴 수 있다. 가령 동서남북의 사대문을 다시 세우고 객사를 제자리에 옮겨 놓는다면 다대포는 그야말로 전통과 현대가 조화를 이루는 풍경을 만들지 않겠는가. 따지고 보면 다대포는 매우 유서 깊은 곳이다. 예로부터 요충지였으므로 중앙정부에서도 많은 관심을 기울였다. 이 점은 다대포 첨사의 지위가 정삼품에 해당한다는 사실에서 증명된다. 또한 임진왜란으로 성곽이 무너지고 이 일대가 피비린내 나는 전장이 된 바도 있다. 다대포의 윤공단은 임진왜란 때 순국한 다대포 첨사 윤흥신을 기려 만들었다.

이렇게 보면 다대포는 서로 다른 경계들이 만나는 접점들을 많이 갖고 있다. 먼저 바다와 강이 만나는 접점이 있고 몰운대 풍경에서 성과 속이 만나는 접점이 있다. 또한 다대포성은 전통과 현대의 접점이 되며 윤공단은 이민족과의 접점이 된다. 이 많은 접점을 유기적 풍경으로 조화시킨다면 다대포는 부산의 끝자락이 아니라 부산의 처음이 된다. 유역이 해역으로 펼쳐지는 시발점이다.

몰운대의 저녁을 보지 않고
내게 사랑에 대해 말하지 마라
멀리 태백산 피재에서 시작된
한 방울의 물이 낙동강을 만들어
길고 긴 물길 남해로 돌아갈 때
강의 팔짱을 끼고 부창부수 함께 흘러온
우리 산줄기 낙동정맥(洛東正脈)이
부산 남자처럼 작별을 하는 몰운대
구름이 안개로 부서지며 쓰러지고
산은 마침표처럼 침묵하며 바라볼 뿐인데
웅녀(熊女) 같은 땅의 강과
환웅(桓雄) 같은 하늘의 산이 나누는
아뜩한 별사를 읽지 못하고는, 감히
가벼운 세 치 혀로 사랑 타령은 하지 마라
몰운대 저녁노을이 다대포를 덮을 때
강과 산의 작별을 가슴 치며 바라보다
바다가 먼저 붉게 울어, 하늘의 눈시울이
덩달아 붉어지는 것도 보지 못한다면

사랑 때문에 울어본 적 있었냐고

그런 어둔 눈으로 내게 묻지도 마라

(정일근, 「몰운대 저녁노을」 전문)

아름다움이 경계들이 만드는 조화에서 찾아진다면 다대포 풍경에서 아름다움은 겨우 몰운대 끝자락에서 만나게 된다. 무성한 숲 사이로 잘 가꾸어진 내리막길로 내려가면 깎아지른 절벽과 함께 확 트이는 바다가 보인다. 쉴새 없이 출렁이는 물결 사이로 바다는 여러 가지 색깔로 변신한다. 많은 사람이 서귀포 바다의 물빛을 예찬하나 몰운대 바다 빛깔도 그에 크게 뒤지지 않는다. 자갈마당에 내려서면 바다는 더욱 정겹게 다가온다. 흔들리는 물살들이 온몸의 실핏줄을 타고 오른다. 삶은 추상이나 관념이 아니므로 몸으로 느끼는 것이 가장 진실되다. 그렇지만 도회에서의 느낌들은 자주 비애와 분노와 경악을 동반하는 추상이므로 우리가 이를 자기 것으로 삼기 힘들다. 어느 철학자의 말처럼 세계는 살[몸]의 텍스트이다. 우리는 매일 세계의 살과 접촉한다. 그런데 이러한 세계와의 접촉에서 조화를 찾기 힘들다. 겨우 몰운대 끝자락에서 조화의 아름다움과 만난다.

해 지는 거 보러 왔다가

해는 못 보고

해 지면서 울렁울렁 밟아놓고 간

바다의 속곳, 갯벌만 보네

해가 흘러놓고 간 명백한 지문

어서 바닷물을 보내
현장검증중인 지문을 지우지만
갯벌은 해가 남긴 길고 긴 증거를
온몸으로 사수하네

시부렁 지부렁 등을 밀어붙이며
그 지문에 다 씌어 있다고

한 여인이 재빨리 와
이 과격한 문서를
저 혼자 읽고 숨기네
뒤꿈치로 쿡쿡 밟으며
쓱쓱 지우며

(최영철, 「다대포 일몰」 전문)

풍경을 일그러뜨리고 조화의 아름다움을 파괴하는 것은 사람들이다. 먼저 핀 꽃들의 상처는 그 잎들이 감싸지만 사람이 꽃피운 흔적들은 지울 수 없는 상처로 남는다. 낙동강이 그러하고 다대포가 그렇다. 풍경이 상처가 되는 것은 사적인 추억 때문만 아니다. 물론 풍경에서 묻어나는 잊지 못할 추억이라면 그것이 상처라 하더라도 감내하기 힘들지 않다. 그러나 풍경을 다시 일어설 수 없는 불구로 만드는 문명의 파괴적 힘과 인간의 지칠 줄 모르는 욕망에 풍경은 돌이킬 수 없는 슬픔이 된다. 우리가 세운 굴뚝이며 아파트가 백사장이 사라지고 강물과 바닷물이 썩는 상황에서 무슨 의미가 있을 것인가. 아무래도 온 길을 되돌아가야 할 것 같다. 몰운도를 되찾고 해수욕장을 되살리고 아름다운 성을 복원해야 할 것 같다.

하단

하단 포구는 아직 사라진 곳이 아니다. 여전히 도심 포구로 명맥을 유지하고 있다. 물론 그런 포구의 존재 여부조차 별로 중요하지 않은 시대에 도착해버린 이상, 하단포가 있다고 말하는 것은 그리 중요한 일은 아니다. 하지만 부산항 개항 이후 교역의 핵심 장소이자 객주들로 번성했던 장소이자, 근대 철도의 아버지라고 할 수 있는 박기종의 철도 기획에 들어 있었던 하단포가 인지의 영역에서 사라진 것은 아쉬운 일이다. 하단포구는 <하단포비>와 매년 5월 초순에 열리는 <하단포구 웅어축제>를 통해서 그나마 이름을 알리고는 있지만 '낙동강 하구언'이 생긴 이후 도시화의 역학 아래 사실상 포구로서의 역할을 많이 상실한 것은 부정할 수 없는 노릇이다. 그렇지만 아직 어촌계가 살아 있을 뿐만 아니라, 수자원공사로부터 땅을 분양받아 어민들이 '하단활어회센터'를 만들어 여전히 미래를 전망하고 있기도 하다. 현재의 하단포구는 원래 그 자리에 있었던 것은 아니다. 하상이 높아지면서, 포구의 기능을 조금씩 상실한 것도 있고 1970년대부터 본격화된 무분별한 공단 개발과 그에 따른 낙동강 오염, 도시개발(가락타운)에 의해 오늘날의 위치로 옮겨갈 수밖에 없었다. 이문열의 「하구」는 개발 이전의 하단을 잘 말해준다. 현재 괴정천에 만들어진 괴정2호교를 통과(5톤 이하의 배)해야만 포구에 들어갈 수 있다.

원래 하단포구는 개항 이전부터 소금과 곡물의 집결지였다.

이를 삼랑진, 왜관, 상주를 경유해서 나락과 교환하는 시장을 형성하고 있었다. 개항 이후에는 일본인 미야꼬에 의해 김 양식을 기업화하는 등 수산물과 어패류의 집산지로 알려지기도 했다. 앞에서 말한 대로 박기종이 원래 구상했던 계획처럼, 기차역이 구포에 서지 않고 하단에 이르렀다면, 부산의 도시 형성은 많이 달라졌으리라 생각한다. 한강을 중심으로 구축된 서울처럼 낙동강을 중심에 두고 바다로 열린 도시가 구성되었으리라 짐작해볼 수 있다.

새벽마다
검은 옷과 모자를 쓴
사나이의
青銅 팔뚝
눈 부릅뜬 채 죽은
都會 퍼담는다.
낡은 짐차 한 대
발동 걸고도 코를 지고
썩어가는 냄새 밀어내지만
짐차는
다른 냄새 풍기고
사나이의 삽은
그 냄새도 퍼담는다.
都心에서 실려오는
사나이보다 백배나 더 큰
力士들.

사나이의 팔뚝

一當 千으로

거품까지 내뿜다가

한숨 돌린다.

새벽이 지나고

다른 새벽이 와도

그 팔뚝은

力士의 죽은 땀방울도

삽질한다.

(양왕용. 「분뇨 처리장 인부-하단 사람들 2」 전문)

하단의 분뇨 처리장은 강과 바다에 관한 잘못된 인식을 반영한다. 시인은 도회와 대비되는 건강한 노동을 이러한 현장에서 살렸다. 1932년 구포 다리가 놓이면서 물류 집하의 기능을 잃은 하단은 해방 이후 명지와 을숙도를 오가는 낚시꾼이나 유람객을 위한 초라한 나룻배 도선장으로 전락하였다. 1971년 4월 15일 대티 터널이 뚫리며 도선장마저 쇠락하였다. 1987년 낙동강 하구둑 매립 공사로 나루터의 기능이 사라지고 주변은 대부분 매립되었다. 현재 사하구 하단동 가락 타운 2단지 아파트 놀이터에 세워진 하단포비에서 그 흔적을 찾을 수 있을 뿐이다.

에덴공원과 을숙도

지하철 하단역에 내려 에덴공원으로 가면서 줄곧 하단의 에덴공원에 생각이 미친다. 왜 물끝[河端]에 낙원이 있는 것일까. 『성서』의 에덴도 물끝에 있었을까. 에덴에서 쫓겨난 카인의 후예들이 그토록 집착한 인공낙원은 오늘날 도시와 다를까. 에덴공원에 오르면서 낙원에 대한 상상은 빠르게 실낙원의 비애로 바뀐다. 에덴공원은 지금 사방 콘크리트로 만들어진 건물들로 둘러싸였을 뿐만 아니라 돌보지 않아 아무렇게나 흐트러진 수목들이며 무너진 언덕에서 머잖아 소멸의 예감을 느끼게 한다. 금간 상석 위에 눈여겨보지 않으면 읽히지 않는 청마 시비를 지나 정작 이 공원이 사유지임을 알리는 팻말을 접하고 나면 마음속의 에덴이 와르르 무너지는 소리를 듣지 않을 수 없다. 이미 에덴은 사라지고 없다.

초가집 갉아먹고 있다.
통기타 퉁기면서
풀잎 마르는 냄새에 취해
흙벽돌 씹고 있다.
건너편 을숙도(乙淑島)에는
새소리 찾아
일어서는 갈대.
전축(電蓄)은
강(江)물 고함지르게 하고 있다.
바람으로 더욱 날이 선
갈대
새들의 심장으로 투신(投身)하는데
통키타보다 먼저
손바닥 닳아지고 있다.
문밖에서 칼을 품고

숨죽이는 강(江)물.
통키타는
손가락마다 피 흘리며
줄넘기에 신들리고 있다.
사금파리 든 채
강(江)물 밀치고
들어서는
산(山)들과 나무.
통키타와 손바닥
비명 질러도
달빛으로 빛나는
그들의 결행(決行).
강(江)물도
칼을 뽑아
방 안으로 방 안으로
밀려들고 있다.

(양왕용, 「에덴 공원의 젊은이들-하단 사람들 6」 전문)

추억이 고통스러운 것은 과거에 집착하기 때문이다. 에덴공원의 풍경이 고통스러운 것도 이와 무관하지 않다. 지난날 공원 주위는 논밭과 물웅덩이와 갈대밭으로 채워져 있었다. 간혹 한가롭게 풀을 뜯는 소떼나 오솔길을 거니는 사람들의 풍경은 한 마디로 평화 그 자체였다. 이러한 평화의 풍경 곁, 갈대로 지붕을 이은 주점들에서 퍼져 나오는 환희의 풍경 또한 잊을 수 없다. 그때는 발산하는 젊음들이 꽃피고 갈채의 새떼들이 쉼없이 날아올랐으며, 손금을 빠져나는 물길들이 파닥였다. 그러나 지금 손을 빠져나가는 것은 한 줌 모래먼지일 뿐, 존재의 화려한 예감들은 사라지고 없다.

강 서쪽에
나도 갈대가 되어 바람에 쓸리네
아득하게
시린 분단 세월 너머
철새 몇 닢 닻소리로 흘려 보내며
저문 강물에 나도 빈 마음 풀어 적시네
옷자락에 달라붙는 풀벌레 울음 떨치고
저녁 연기 머리칼 푸는 강가 주막 찾아 들면
독한 술잔에 함부로 지는 갈잎들
핏줄이 무엇인지 그리움 무엇인지
산맥은 줄기줄기 북에서만 뻗어오고
아픈 날들의 노래 속절없이 헝클리네
상처 입지 말자 상처 입지 말자고
한 번 흘러간 강물 돌아올 줄 모르고
여린 물그림자만 가슴에 여울치는가
수양버들 한 그루 시름 풀고 선 곁에
신세 망친 나룻배 홀로 늙어 있고
아득하게 시린 분단 세월 이쪽
나도 울대 서럽게 목이 여위네

(조성래, 「을숙도 사설」 전문)

에덴공원에서 을숙도를 바라보면 아파트에 가려져 온전한 풍경을 되살릴 수 없다. 햇빛을 받아 쉴 새 없이 반짝이는 은빛 물결들과 영혼을 뒤흔들고 까맣게 몰려가는 새떼와 갈대를 눕히며 불어오는 바람이 만드는 조화를 찾을 길 없다. 기우는 해는 먼지를 뒤집어써 더욱 붉어지고 강물의 반짝임은 희뿌연 연무에 이내 가려지며 그 어디에도 영혼을 쪼아댈 새 한 마리 보이지 않는다.

을숙도. 새[乙]와 맑은 물[淑]과 섬[島]이 어울려 만들어진 장소. 이 조그만 모래톱이 가지고 있던 아름다움은 많은 이에게 장소 사랑을 갖게 한다. 하구둑이 만들어지기 전의 을숙도는 온전한 섬이었다. 에덴공원을 거쳐 나룻배를 타고 강을 가로질러 을숙도에 이르는 과정은 엄숙한 순례와도 같았고 사람들은 자주 이러한 순례에 참여하고 싶은 충동에 휩싸이곤 했다. 이러한 점에서 마음속의 에덴은 을숙도였는지도 모를 일이다. 순례자들은 을숙도의 포근한 모래 언덕에서 을숙도가 낳고 품고 기르는 생명들에 빠르게 동화되어갈 수 있었다. 을숙도는 그 형상에서 양수로 둘러싸인 자궁과 같았고, 온갖 물길로 모아진 생명의 총화였다. 그래서 을숙도는 탈주와 잠의 유혹을 의미하기도 했다.

강물을 펴서 바다를 만든 고방오리들이
다친 허리뼈로 뒤뚱거릴 때
사냥꾼이 두려운 재두루미는 외다리로 섰다
이쪽으로 빛을 몰로 오던 가느다란
도요새 떼 마지막 날아 들면
을숙 을숙 울어대던 청둥오리
죽은 입술만 푸르게 남아서

멍으로, 시간으로 혹은 쓸쓸함으로
모래 언덕은 물에 잠긴다
견디기 어려운 겨울나무 가지마다
하단 빈터 바람소리 펄럭이고
제 울음으로 저어새가 난다
철새 간 뒤 긴 잠에 든 을숙도
지평 끝에서 누가 밥을 짓는다

(강영환, 「을숙도」 전문)

하구둑이 물길을 막고부터 옛 풍경은 무너지고 말았다. 얼핏 보아도 을숙도는 이미 섬이 아니다. 명지 쪽은 매립되어 섬의 자취와 멀고 섬을 둘러싸고 흐르는 물길도 차단되었다. 둑 위에 도로를 만들고 섬에 집터를 닦고 놀이터와 운동장을 만들었으니 모든 지형이 사람의 관점에서 재구성되었다. 이러함에 인위적으로 보호되는 갈대밭에 새떼들이 찾아올 리 없다. 언제부터 사람들이 물고기와 곤충과 새 들을 기르고 보호해 왔단 말인가! 전체를 보지 못하는 인간은 모든 것을 자신의 관점으로 환원한다. 이러한 환원이 인간에게 권력이 되고 자연에게 폭력이 된다는 것을 알기 어렵지 않다. 그러므로 거대한 토목공사를 기념하여 세워진 준공기념탑은 이 공사에 힘쓴 노동자들의 노고를 뜻하는 것이 아니라 권력자의 자기 상징에 지나지 않는다. 권력을 추구하는 이는 자기의 권력을 기념할 기념비에 집착하고 이러한 권력 표현에 조급하여 자주 그릇된 개발을 일삼게 된다.

갈대들 잘리어

바람 쉴 곳 잃었다

바람 대신 간간이 날리는 눈발

온 밤을 흔들며

울음 울던 그 자리에

우뚝 솟은 가락타운

2단지 203동

504호 내 친구의 부엌 창문 너머로

길게 누운 을숙도

흐르는 낙동강이 예대로 밋밋하다

무엇을 잃고 무엇을 얻은걸까

부스스 부스스

애써 감추던 그리움

어디에다 기댈까 휘어지던 갈대숲

그걸 보러 한나절 흔들리며 차를 타고

무작정 나서던 길, 옛날만 같다

해질 무렵의 장엄함

게구멍, 기름 냄새

낙동강을 살리자, 피킷 들던 똥다리

두서없는 기억들이 을숙도를 맴돌고

어디로 가야 하나

거대한 아파트숲 낮그림자에 묻혀

트인 길 위에서도

길이 보이지 않았다

(진경옥, 「하단에서」 전문)

을숙도를 지나 하구둑이 놓인 지역을 하단이라고 부르기도 하고 하구라고도 한다. 물끝과 물입[河口]을 뜻하고 보니 서로 상반된 의미라 할 수 있다. 그렇지만 전자를 내륙의 관점, 후자를 해양의 관점이라고 한다면 관점의 차이일 뿐 의미의 상반을 뜻한다고 보긴 어렵다. 문제는 이러한 관점이 사람들에 의해 어떻게 운용되었는가에 있다. 물끝이라고 생각한 사람들은 오래 전 여기에 분뇨처리장을 설치하였는데 이곳을 배설구로 보았다. 이와 달리 물입이라고 생각한 사람들은 강물을 바닷물로부터 보호한다는 명목으로 하구언을 건설하였다. 그러나 이 두 입장 모두 한 면만을 보는 맹목을 지녔다. 그 누가 강과 바다의 경계를 나눌 수 있겠는가. 강과 바다는 시작도 없고 끝도 없다. 달리 말해 시작은 끝이고 끝은 시작이다. 모든 생명체의 삶이 그러하듯 이 둘 또한 유기적인 순환 관계를 지녔다. 물은 바다에서 구름으로 바뀌고 비로 내려 땅과 강과 호수와 지하수로 순환하고 다시 대양으로 돌아가면서 모든 생명을 기른다. 그래서 강은 바다에서 증발한 물이 비로 내린 것에 지나지 않는다.

때늦은 가을비에 을숙도가 떨고 있다
썰렁하고 생뚱맞게 서있는
낙동강 하구언 갑문은 지옥문이었다
강물은 억울한 옥살이로 사위어가고
철새들 떼 지어 노을을 흔들며 울부짖지만
백두대간이여 금수강산이여
이제는 수혈 할 피마저도 바닥났으니
태평양 물결도 넋이 빠져 속수무책

고단한 육신의 평온한 영혼을 위해
푸른 자유는 여기서 날개를 접는구나.

(이상개, 「낙동강 하구언」 전문)

하나의 장소를 함께 뜻하는 하단과 하구라는 말에서 나는 입과 배설기관이 같은 원생동물을 떠올려 본다. 강물과 바닷물이 섞여 수많은 생명들을 낳고 기르듯 을숙도는 모든 생명이 만나 교섭하는 장소이다. 인간 또한 이러한 생명 가운데 하나에 불과하다. 그러나 인간의 욕망은 자기중심의 관점에서 끊임없이 나누고 붙이고 떼어낸다. 따라서 자연을 무차별적으로 이용하고 훼손하면서 마침내 생명의 순환을 파괴하기에 이른다. 아무도 새처럼, 물고기처럼, 강처럼 생각하지 않는다. 사람들이 새처럼, 물고기처럼, 강처럼 생각하지 않으면서 새를 보호하고 물고기의 길을 만들어 기르며 강을 지킨다는 것은 망상에 가깝다.

사람들은 이제 을숙도의 풍경에서 돌이킬 수 없는 상처를 본다. 을숙도에서 본디 자연이 만든 조화의 미학을 찾기는 더욱 어렵고 가학과 피학으로 일그러진 상처의 미학과 쉽게 만나게 된다. 하구둑에서 더욱 붉어져 떨어지는 해를 본다. 몇 마리 갈매기들이 끼룩대며 날아간다. 그 위로 햇빛을 받아 눈부시게 번득이며 커다란 비행기가 날아가고 있다. 부끄럽다. 무덤같은 추억을 두고 발길을 돌린다.

구포

부산 북구의 낙동강 변에 구포가 있다. 거북이가 강물을 거슬러 오르듯, 낙동강 어귀에서 통항하는 하항(河港)의 성격을 안은 데서 붙여진 이름이다. 범선이 항해하던 조선조에 이미, 이곳은 농산물과 어염의 집산지로 활기를 띠었다. 운반 장비인 범선의 집결, 하물이 되는 물산의 집하, 활동 주체인 상인의 왕래에서 객주집과 주막이 들어섰다. 또 개화 과정에서 경부선이 이곳을 통과함으로써, 수륙 교통의 요지로 탈바꿈하게 되었다.

제방 아래 굴다리 있다

선창을 찾는 손님들과 니나노를 부르는 김양이양악양과 그들의 기둥서방과 북청물장수와 떠돌이악사와 망개떡장수와 일수쟁이가 지나다닌다 모랫배에 오르는 막노동꾼과 배의 선주들과 모래를 퍼 담는 상차꾼과 발동기를 수리하는 기름쟁이가 다닌다 어부들과 어부의 가족들과 도선을 이용하는 승객들과 낚시꾼과 순사와 물질하는 머구리가 다니고 실성한 여자와 사냥엽총을 든 미군들과 용왕을 먹이거나 푸닥거리를 하는 무당점쟁이가 다니고 집나간 아내를 붙잡아 머리채를 끌고 가는 무뢰한이 지나 다녔다 큰물이 내려 수문이 닫히면 슬레이트 지붕만 간신히 남고 모두 뿔뿔이 사라진다 선창은 한 댓새쯤 조용하다

물갈이 중이다

(김중일, 「구포일기 2-수문」 전문)

본래 동래군의 구포읍으로 출발한 것이, 부산시의 확대 과정에서 시역으로 편입되었다. 또한 서부 경남과 연결하는 구포대교가 건설되면서 번영의 전기를 맞이하게 되었다. 1978년에 구포

는 1·2동으로 분화되고, 구남(龜南)·구명(龜明)·구복(龜伏) 등의 자연 부락이 발생했으나, 다 같이 모체인 거북을 상징하는 이름에서 벗어나지 않는다. 다리와 학교 명칭에도 거북의 이름이 반영되어, 구포나루에서 출발한 지명 문화권이 형성되고 있다.

「구포 선창 노래」는 개항기에 구포 나루터의 일꾼들이 일본으로 수출하는 쌀을 배에 나르면서 부르던 운수 노동요이다. 구포 나루터는 1933년에 구포 다리[낙동장교]가 가설되면서 나루터의 옛 명성을 잃게 되었다. 「구포 선창 노래」는 독창 혹은 제창으로 불리는 노래이다. 행동의 통일이 필요한 노동을 하는 중에 부르는 노래가 아니므로 특별한 후렴은 없고, 구포 나루의 풍경이 사설에 담겨 있다.

낙동강 칠백리에 매다리 놓아놓고
물결따라 흐르는 행렬진 돛단배에
봄바람 살랑살랑 휘날리는 옷자락
구포장 선창가에 갈매기도 춤추네.

구포의 나루터는 감동포(甘同浦)로 불렸다. 조선 시대 이곳에 남창(南倉)이 설치되었는데, 그 이후부터는 남창 나루라고 불렀다고 한다. 이를 구포 사람들이 남창의 창(倉)을 창(滄)으로 고쳐서 부르기도 하였다. 남창은 조창(漕倉)으로 백성들로부터 조세(租稅)로 받은 곡물 등을 보관하던 창고이다. 이 때문에 구포에는 이 창고에 들어오고 나가는 물건들을 배에 옮기는 일꾼들이 많이 있었다. 또한 개항기에는 구포 지방에 일본으로 쌀을 수출하는 정미업이 발달했는데, 그 쌀을 배에 실어 나르는 작업을 하기 위해서 배와 육지 사이에 나무다리를 걸쳐 놓고 짐을 옮기는 노역자들이 많았다.

강 이쪽의 들판을 가로질러
기적을 뿜으며 가끔 기차들이
꽁무니를 흔들며 밀고 들어온다 반도의 남단
서울에 살며 몇 개월에 한 번씩
하행열차를 타고 낙동강 하류
유연한 줄기 위로 뻗은 다리를 넘으면
그리운 구포
우리나라 중앙 서울에서도 내 의식의 중앙은
이곳에 있었다 거대하고 씩씩하여
소름이 끼쳤던 한국의 수도는 나에게 변방
교각 밑 바위 모서리, 김해 벌판을 건너보며
시름에 젖던 스무 살처럼
중년의 나이 서울에서 자주 눈시울을 적셨다
나는 변방이었다 깡소주와 홍합 국물에 취해
지겹게 흐르는 낙동강을 향해
죄 없이 돌을 던지던 구포여
너는 이제 내 의식의 변방이며 중앙
이 땅을 가로지른 태백산맥의 줄기로 달려와
곳곳에 보기 좋은 산들을 내려놓고
칠백 리 낙동강이 반도의 아픈 허리를 쓰다듬다
바다에 이르기 전 잠시 가쁜 숨을 멈추는 곳
그곳은 내 의식의 종점이며 시발

끝없이 열린 길로 내 걸어가야 할

마지막 도정의 구포여.

(최영철, 「그리운 구포」 전문)

장날이라는 말의 자리는 추억 속에 있다. 시골에서 자란 이라면 유년기 추억의 목록에서 장날을 뺄 수 없다. 장날이 되면 어른들은 이른 아침부터 분주하다. 마치 가까운 친지의 결혼식이나 회갑연에 가는 것이 아닌가는 착각이 들 정도다. 산뜻하게 새 옷으로 단장하고 나서는 품이 도무지 장에 가는 사람들로 보이지 않는다. 돈을 사기 위해 그동안 애써 가꾸고 수확한 채소나 곡식을 이고 메고 지고 가는 이조차 옷매무새를 단정히 하는 것을 잊지 않는다. 아이들 또한 덩달아 들뜨기는 마찬가지여서 등교길이 신이 난다.

한마디로 시골 장날은 축제일에 다름없다. 모름지기 축제란 무엇인가? 한바탕 어울림을 말하는 것이리라. 장날을 기해 자주 농악이 울리는 것이 축제의 의미를 더하는 것이지만, 이러한 가시적인 형태가 아니라 하더라도 사람들이 한데 어울리는 것만으로도 시골장은 축제에 버금간다 하겠다. 여러 마을에서 몰려온 사람들이 서로의 안부를 묻고 물건을 교환하고 잔을 나누는데 이 과정이 매우 진실되고 흥겹다. 그렇기 때문에 돈의 가치만 부각되지는 않는다. 잔칫집이 걸인들까지 환대하듯 시골장도 이들을 거둔다. 장날에 공술 먹으러 나서는 사람이 없지 않는 까닭이 여기에 있다. 이리저리 기웃거리다 보면 지인들과 만나게 되고 그러다 보면 우연찮게 한잔 걸칠 기회를 얻는 법이니까.

장날이 되면 사람들의 관심이 온통 그곳으로 쏠리게 마련이다. 사람들은 이날 자연스럽게 일손을 놓고 관심을 좇아 축일(祝日)에 참여한다. 거름 지고 장에 간다라는 말이 생겨난 것을 보더라도 장날이 끄는 힘이 결코 만만치 않았음을 알 수 있다. 그런데 사람들의 이러한 관심이 새로운 물산의 구매에 한정되지는 않았다. 이보다 삶과 관련한 온갖 이야기들을 주고받는 것이 필요했다. 이래서 장날은 이야기의 장, 의사소통의 장을 만들었고 공동체의 삶에 없어서는 안 될 의례가 되었다.

구포장은 부산에서 유일하게 오일장이 유지되고 있는 곳이다. 이곳은 동래장이나 부산장(지금의 부산진장)과 더불어 개항 이전부터 열려 오랜 역사를 지녔다. 그러나 지금의 구포장은 엄밀하게 오일장이 아니다. 상설시장이 유지되고 있는 가운데 매달 3일과 8일의 오일장이 덧붙여지고 있다. 그러니까 구포장은 오일장에서 상설시장으로 고착되면서 5일장의 전통도 유지하고 있다. 백화점이나 대형유통매장이 성행하는 요즘 구포장과 같은 상설시장을 재래시장이라고 한다. 자본과 유행의 힘에 밀려났다는 의미이다. 그러나 이것이 가치의 문제가 아님은 분명하다. 사람들이 재래식 시장이라고 부르는 곳에 삶의 진정한 가치들이 더 많이 놓여 있음에도 이것이 지속적으로 주변화되는 것이 아쉽다.

> 구포역 근처에도 낙동강에 깃 내리는 철새들 많구나. 기차 오갈 때마다 수천의 날개짓 동요하고 마치도 불이 튀는 소리 같아. 무릎 자세로 담배 피우는 중년들은 불멸하나 아름다운 세월을 꿈꾸듯, 조용하고 뜨거운 허기. 문간에서 문간으로 빨래들 펄럭이며 어두운 집들도 방금 비상하는가. 기차 끊겨 적적한 골목 바닥에 꽃은 시들고 실 꾸러미들은 흩어져 먼지뿐이지만, 추억의 비밀

입구처럼 구포역 하늘엔 온갖 것이 날고 있어. 아, 나는 내 가까이 에 나의 초상 위로하는 많은 새들 갖고 있구나. 바람과 검은 부리 냄새 풍기는 온갖 새들.

(양진건, 「구포역」 전문)

성시(盛市)에는 구포역 인근까지 난전이 형성되었다고 한다. 그러나 지금은 건널목을 건너고 나서야 약전이 보이고 여기저기 채소며 과일이며 어류 등을 늘어놓은 모습이 보인다. 길 양편으로 난전이 군데군데 생긴 것이 장날임을 말하고 있다. 그렇지만 그 규모나 내용에 있어 평일에도 가능한 정도라 생각되어 오일장에 대한 기대가 줄어들기 시작했다. 가령 거의 매일 넘쳐나는 부전시장의 난전과 비교한다면 구포 오일장의 의미가 크게 퇴색하였음을 알기 어렵지 않다. 시장의 중심부에 해당하는 곳은 여전히 엄청나게 번잡하다. 건물 밖까지 상품을 내다밀고 있는 가게들이 이어져 있는 데다 과일과 채소와 어류와 패류와 고기 그리고 가전용품 등을 실은 각종 손수레들이 끊임없이 드나들어 사람들과 서로 비켜나며 부딪치며 천천히 나아갈 수밖에 없다.

제 7 장

로컬의 위상학
– 지방, 지역 그리고 세계

로컬의 감각

마이클 크로닌(Michael Krohnen)이 그의 『팽창하는 세계』 앞머리에 영화 『바벨』을 내세운 의도는 세계화가 초래한 혼란을 설명하고자 함이다.[201] 적어도 바벨과 같은 소통의 혼란을 말하고자 한다. 그런데 이러한 의도와 더불어 중심부와 반(半)주변부 그리고 주변부가 모두 연동되어 움직이는 현상은 겉으로 보이는 단순함과 달리 국지적인 로컬의 차원에서 더 복잡다단해지고 있음이 분명하다. 세계도시 도쿄의 롯폰기의 초고층 아파트에 사는 일본인이 선물로 주고 간 사냥총이 모로코의 궁벽한 마을을 요동치게 할 뿐만 아니라 그 여파가 멕시코 국경 마을에까지 미친다. 고성능 사냥총, 이는 달리 현대성의 총아로 받아들여도 무방하다. 이로써 세계는 수축하고 있다는 피상적인 이해와 달리 보다 복잡하게 팽창하고 있다는 그의 설명이 이해된다. 거시적으로 진행되는 세계화가 추상적인 이미지로 익숙해지는 반면, 끊임없이 변화하는 로컬은 미시적이고 구체적인 인식을 요구한다. 로컬의 감각은 구체성의 감각이다.

로컬은 한 개인의 신체적 삶이 펼쳐지는 가장 구체적인 공간이다. 지리학은 로컬을 몸, 가족, 커뮤니티가 있는 영역을 일컫는다.[202] 모든 사람이 이와 같은 조건의 공간에서 생활하고 있다는 점에서 로컬은 있으나마나 하는 범주로 받아들여질 수도 있다. 하지만 『바벨』이 보여주듯이 모로코 사막지대, 캘리포니아 남부 도시와 멕시코 국경 마을, 도쿄 롯폰기는 비록 서로 영향을 주고받고 있다고 하더라도 서로 다른 로컬의 양상으로 표출된다. 그 속에 개입하는 국가(natoion)와 세계(global)가 작동하는 힘의 형태가 상이하기 때문이다. 누구나 할 것 없이 삶을 구성하는 기본 장소가 로컬이라는 점에서 로컬은 없다고 할 수도 있지만, 그 삶의 양상이 다른 모습으로 표출한다는 점에서 로컬은 매우 다채롭게 존재한다. 특히 갈등과 모순이 중첩된 지점에 있는 로컬일수록 더 많은 서사의 벡터가 형성될 수밖에 없다. 중심부와 반주변부와 주변부의 로컬은 다른 서사를 지니게 마련이다. 아무래도 자본과 권력의 중심보다 여기로부터 떨어진 가장자리에서 형성적 서사(formative narratives)가 발생할 가능성이 크다고 할 수 있다.[203] 가령 중심부라고 하더라도 『바벨』처럼 말을 못하는 장애를 지닌 롯폰기의 소수자 여고생의 시각을 포착함으로써 로컬의 내부를 증폭하는 방법이 있다. 하지만 지배와 종속의 대상이 되거나 이용당하기 쉬운 반주변부나, 중심은 물론이고 반주변부에 의해서 착취의 대상이 되는 주변부의 로컬에서 서사가 활력을 얻기 쉬운 법이다. 『바벨』의 주 무대가 모로코 사막지대라는 주변부 장소임에도 이 속에 세계가 간섭하고 개입하는 양상은 매우 뚜렷하다. 외부로부터 들어온 문물이 로컬을 뒤흔들고 만다. 물론 주변부 로컬도 영화가 보여주듯이 그대로의 가치와 위엄을 지닌다. 그러니까 로컬은 지리학의 최소 스케일, 공간으로 규정되는 데 그치지 않고, 사람들의 구체적인 삶이 전개되는 장소를 의미한다. 중심부의 영향에서 멀어진 주변부의 로컬이 서사가 빈곤한 대신 시적 편향으로 기우는 경우를 지적할 수도 있다. 하지만 이 또한 로컬을 잘못 이해하는 경로가 되기 쉽다.

조갑상의 단편 「누군들 잊히지 못하는 곳이 없으랴」[204]는 일제가 지배하던 1931년 전후에 식민도시 부산의 초량정에서 벌어진 하나의 사건[205]을 원재료로 한다. 식민지 조선을 떠들썩하게 하였고 온갖 추측이 난무하였으니 그 전말(顚末)은 거의 범죄소설이나 추리소설에 가까울 만큼 흥미진진하다. 조갑상의 소설은 억울하게 죽은 조선인 하녀를 서술 화자-주인공으로 환생시켜 서사를 이끌어가게 한다. 물론 실제 사건 속의 천안 출신의 '변흥례'가 아니라 토박이 노동자의 딸 '오두점'으로 변용하면서 그녀에게 "잊히지 못하는 곳"의 의미를 부각한다. 바로 "새로 지은 백제병원과 등을 대고 있는 명태고방의 그 긴 담, 환한 달빛 아래 입술을 나누던 승덕과 나를 숨죽여 지켜보던 기와까지 붉었던 창고"의 존재를 상기하고 있다. 이는 "당신이 속한 이승의 시간으로 지난 가을에 창고가 헐리기 시작했다"라는 화자의 진술이 말하듯이 일제의 유산이지만 그 속에 "멈추어 두고 싶은 시간과 같이 하는 잊히지 못하는 곳"의 기억이 새겨져 있음을 강조하려는 의도를 품는다. 소설의 의도는 억울한 죽음으로 승덕과 '나'의 사랑이 비록 안타깝게 끝이 났지만, 그와 나눈 사랑을 기억하는 창고가 사라져서는 안 된다는 간절함을 표출한다. 이게 "쇼우와 5년, 1931년 7월 마지막 날 밤"에 죽음을 맞은 주인공이 다시 이승에 돌아와서 자신의 이야기를 들려주는 까닭이다. 도시의 자본은 로컬의 기억을 끊임없이 소거하면서 일방통행한다. 「부산 마리아 참살 사건」으로 불린 소설의 본디 이야기조차 정작 죽은 이에 대한 서사는 없다. 그녀를 주인공으로 세워서 자기의 서사를 말하게 한 점은 이 소설의 두 번째 의의이다. 일본인 하녀를 그만두고 조선방직에 취직하여 '승덕'과 함께 주변의 삶을 선택하려던 '나'의 희망은 무참하게 파괴되고 만다. 물론 그녀의 죽음에 대한 처벌은 전혀 이루어지지 않는다. 제국의 폭력적 질서가 식민도시 부산에 사는 조선인의 신체를 지배하고 있음을 엄중하게 증거하는 대목이다. 이 소설의 또 다른 의의는 염상섭의 「만세전」의 주인공 '이인화'가 걸으면서 보여준 1919년 초 식민도시 부산의 일면을, 1930년대의 현실로 다르게 그려내려 하였다는 점이다. 본정, 대청정, 초량정, 고관, 영도, 조방, 곡정 등의 지역이 시야에 들어오고, 전차역, 미나카이 백화점, 부산역, 극장, 세탁소, 사진관, 철도관사, 백제병원, 남선창고, 매축지 등 다양한 도시경관의 세목이 구체적이다. 특히 말씨와 출신에 따른 차별과 서열을 부각함으로써 제국 내의 중첩된 위계를 보여주기도 한다. 이 모두가 로컬을 두텁게 서술하려는 작가 의식의 발로라 하겠다.

조갑상의 소설은 근대 유산인 남선 창고(일명 명태 고방)가 헐리는 상황에서 촉발되어 「부산 마리아 참살 사건」을 소환하였다. 과거의 기억을 되새겨 미래가 사라지지 않기를 바라는 갈망이 내재해 있다. 장소 상실이 소설 속 주인공의 불행에 상응할 수 있다는 관념의 표백이다. 장소의 역사는 그곳에 산 사람들의 기억이 누적된 결과이다. 어쩌면 이 소설의 주인공과 같은 소수자야말로 장소의 진정한 주인이 아닌가 한다. 적어도 로컬의 감각은 이처럼 아래로부터 서술되는 데서 시작한다. "내 이야기는 끝났다. 나처럼 입을 열게 될 때 당신은 무슨 얘길 하려는가"라는 주인공의 진술은 미래는 과거의 사건에 있을 뿐만 아니라 현재에 내재해 있다는 사실을 웅변한다. 과거와 현재가 곧 미래인데 이를 가장 구체적으로 현시하는 장소가 로컬이라고 할 수 있다는 의미이다.

로컬의 위상학

로컬에 관한 가장 심각한 오해는 이를 중심부에 종속된 주변부로 이해하는 데서 비롯한다. 의외로 로컬의 개념은 가치중립적인 듯 비친다. 로컬(local), 국가(nation), 지역(region), 세계(global)의 네 층위로 분류된 지리학의 스케일에 따른 명명 가운데 하나이다. 이들 네 층위는 연동되면서 상호 중첩되는 관계를 지닌다. 앞에서 말했듯이 로컬은 존재하는 사람들의 구체적인 삶의 과정 그 자체이다. 이 과정 안에 국가나 지역 그리고 세계가 개입하는 것이 사실인데 국가, 지역, 세계는 로컬에 비할 때 훨씬 관념적이거나 추상적이다. 이러한 점에서 로컬이 장소라면 나머지는 공간이다. 존 애그뉴(John Agnew)는 로컬을 "특정 장소의 활동, 정치학, 그리고 정체성을 조직해내는 제도"라고 규정하고 여기에서 사람들은 가족, 학교, 작업장, 종교공동체, 노동조합, 정당, 사병조직, 사친회조직, 스포츠클럽 등 집단의 한 부분으로 움직이면서 이들을 상호결합하여 특정 장소의 사회적 삶을 형성한다고 설명한다.[206] 따라서 작가는 이러한 로컬을 해석하는 위치에 있으며 서로 다른 로컬의 차이와 관계를 서술할 수 있다. 장소에 대한 서로 다른 경험은 가족 관계나 사회적 관계의 차이에 의해 형성된다. 주지하듯이 누구에게 애착의 대상인 로컬이라는 장소는 다른 누구에게 벗어나고 싶은 염오(厭惡)의 대상이 되기도 한다.

단일한 하나의 로컬리티는 없다. 신체와 가족 그리고 사회적 경험이 다른 개인이 통합된 로컬리티를 견지한다는 가정은 틀리기 쉽다. 그러함에도 소속감이나 특정 장소에 대한 애착은 로컬의 구성원에게 정체성으로 작동한다. 외부와 내부를 구획하는 경계가 실행하며 심한 경우 외부에 배타적인 경향을 띠기도 한다. 반수연의 「통영」[207]은 가족사적 상처와 고통을 회피하여 캐나다 밴쿠버로 이주한 주인공이 어머니의 죽음으로 통영으로 일시 귀환하는 이야기이다. 반주변부 국가의 로컬에서 세계의 중심부에 가까운 로컬로 이주하였으나 삶의 신산함은 달라지지 않는다. 밴쿠버에서의 삶도 잘린 손가락이 말하듯이 힘겹다. 통영으로 가는 길에 택시비로 치른 달러라는 화폐가 국가 간 미디어의 차이를 말한다면 누나의 전화로 전해진 이복형제인 '현철'의 이름은 로컬의 고통스러운 기억 속으로 진입하고 있음을 의미한다. 이러한 과정에 캐나다의 아내에게서 전화가 걸려온다. 그만큼 지구촌 혹은 글로벌이라는 추상 아래, 가장 낮은 데 놓여있는 로컬의 실감이 매우 구체적이다. 첩의 자식이라는, 로컬의 내부이자 외부였던 주인공의 탈주는 어머니와 누나의 존재와 고향의 장소 경험으로 인하여 온전하게 이뤄지지 않는다. 애증의 양가감정 사이에서 요동하면서 마침내 화해의 자리를 얻는다. 이러한 가운데 갈등 당사자들의 사후라는 시간의 경과가 있고 주인공인 '현택'의 어머니를 보살핀 '현철'의 회심이 자리한다. 무엇보다 장소의 감각은 애증의 감정을 넘어선다. 이는 "숨을 곳이 없는 동굴" 같은 삶 속에서 걷고 걸어도 출구가 없던 공간이 장소의 감각으로 되살아나는 과정으로 나타난다. 가령 다음과 같은 두 대목을 비교해 보자.

> 나는 현철의 집에서 쫓겨나와 강구안을 지나 해안선을 따라 뛰듯 걸었다. 신발이 벗겨진 발밑으로 작은 돌멩이가 고스란히 밟혔다. 학교로도 집으로도 돌아갈 수 없었다. 시내를 끝에서 끝까지 걸어도 도시는 너무 작았다. 해저터널 속으로 걸어 들어갔다. 콘크리트 틈새로 들어온 바닷물에 양말이 질척하게 젖었다. 구름다리로 올라가 난간에 기대섰다. 바다를 실은 무거운 바람이 몸에 척척 달라붙었다. 검푸른 바다가 발아래서 일렁였다. 멀리 시내의 불빛들이 남의 일처럼 반짝였다. 내가 걸어온 도시를 되짚어 바라보았다. 육지와 섬이 마주 보는 양쪽 해안도로엔 노란 나트륨등이 줄 맞춰 켜져 있었다. 그 사이 바닷물이 거칠게 소용돌이쳤다. 불빛이 바다 위에서 흐르듯 흔들렸다.

> 친구들을 보내고 담배 생각이 나 장례식장을 빠져나왔다. 초여름 밤바람이 시원했다. 어디선가 갈매기가 우는 소리가 들렸다. 새터시장 쪽으로 걸어갔다. 텅 빈 시장통을 가로질러 여객선 터미널 담벼락에 기대 담배를 한 대 피웠다. 거리에는 차도 사람도 거의 없었다. 나는 해안도로를 따라 걸었다. (……) 가로등에 달린 스피커에서 음악이 흘러나왔다. 스피커는 다가가면 자동으로 커

졌다가 멀어지면 꺼졌다. 맞은편 섬의 불빛들이 여전히 바다 위에서 일렁였다. 봄 바다와 여름의 섬들, 가을의 하늘과 겨울의 시린 공기까지도 어느 하나 그립지 않은 것이 없었다. 그 바다를 선명하게 떠올리고 싶어 일부러 눈을 감아 본 적도 많았다. (……) 걷다 보니 어느새 해저터널이었다. 기억 속의 것보다 훨씬 작았지만, 외관은 깔끔하게 정비되어 있었다. 갈라진 콘크리트 틈새로 끊임없이 밀려들던 바닷물은 이제 더 이상 없었다. 바닥은 물기 없이 말끔했고 조명은 은은했다.

앞의 인용은 고등학교 2학년인 시기에 어머니의 강권으로 문상하다 쫓겨나온 뒤에 신발도 없이 방황하던 기억의 서술이다. '나'는 부재했던 아버지가 죽음의 형식으로 등장하는 사건을 겪으면서 일거에 삶의 조건이 변화하는 충격적인 사태에 직면하고 만다. 이러한 과정에서 익숙한 사물과 풍경이 낯설어지고 상처로 덧씌워지게 되며 삶은 방향을 잃는다. 바다로 열려 있던 공간은 단절과 차단의 장벽으로 변전하며 존재를 폐색하고 만다. 감미롭던 물결이나 바람도 존재를 물먹은 솜처럼 무겁게 만든다. 가로등 불빛조차 소외의 징표일 뿐이다. 육지와 섬과 바다로 구성된 풍경은 감응의 대상이 아니라 상처의 표상으로 남는다. 이처럼 장소의 감각은 삶의 사태에 따라서 급변하는 경험이 된다. 공감하던 유년의 풍경이 상처의 표상으로 바뀌면서 고향은 안주하고픈 행복의 공간이 아니라, 떠나야 할 탈주의 공간으로 변전한다. 이렇게 하여 밴쿠버의 주변에 살면서 어머니의 죽음과 더불어 이방의 상처를 안고 다시 찾아온 통영에서 '나'는 회복과 화해의 계기를 얻는다. 이는 과거의 상처 난 기억과의 화해이다. 이해와 용서는 장소의 감각을 되살리고 풍경의 의미를 바꾸어 놓는다. 뒤의 인용은 재생으로 인한 도시의 변화를 말하기도 하지만, 이보다 주인공의 의식이 달라지는 사정에 부응한다. 밤바람이며 갈매기의 울음소리가 존재를 흔들지 않는다. "봄 바다와 여름의 섬들, 가을의 하늘과 겨울의 시린 공기까지도 어느 하나 그립지 않은 것이 없었다"라는 진술이 말하듯이 로컬의 풍경은 이제 온전한 감응의 대상으로 부각한다. 바뀐 해저터널처럼 "갈라진 콘크리트 틈새로 끊임없이 밀려들던 바닷물은 이제 더 이상" 존재하지 않는다. 이처럼 로컬의 장소는 존재의 열망에 따라 변전한다. 변수연이 말하고자 하는 로컬의 위상이다.

「통영」과 같은, 이주와 귀환의 로컬이 있는가 하면 한번 떠난 뒤에 다시 돌아오지 못하는 장소도 있다. 김영하의 『검은 꽃』[208]은 러일전쟁이 정점으로 치닫는 1905년 봄에 제물포항에서 출항하여 멕시코로 향한 화물선 '일포드 호'에 탄 천 명이 넘는 조선인에 관한 이야기를 담고 있는데, 모두 멕시코의 유카탄 농장 노예로 팔려 갔다. 동아시아 질서가 일본 중심으로 재편되면서 국가의 힘이 추락하는 과정에서 벌어지는, 주변부에서 또 다른 주변부로 이주하여 노예의 삶에서 해방되는 '이정'을 위시한 조선인의 고난의 서사이다. 이에 앞선 하와이 이민의 역사를 안형주의 『1902, 조선인 하와이 이민선을 타다』[209]를 통하여 접할 수 있거니와 멕시코와 쿠바 등 라틴 아메리카로 흩어진 조선인의 이야기는 흔하지 않다. 항해 과정과 여러 농장으로 분산되어 고통스러운 노동에 시달린 이들의 삶은 자유를 향하는 투쟁으로 점철한다. 자유를 얻은 뒤에 다수가 멕시코 혁명에 참여하고 이어서 과테말라 내전에 참전하는 등의 서사 전개는 매우 흥미진진하다. 험난한 항해의 서사가 해양소설의 주된 모티프에 밑돌고 사랑과 혁명의 낭만주의가 소설의 기본 얼개로 삼으면서 세계체제의 주변부 로컬을 잇는 한인의 구체적 삶이 소거된 측면이 있지만, 스케일의 측면에서 자세히 읽기를 요청하는 장편임에 틀림이 없다. 다른 한편 이민진의 『파친코』[210]를 김영하의 『검은 꽃』과 더불어 주목하게 된다. 이 소설의 무대도 대개 주변부 로컬의 연쇄이다. 그러니까 일제의 식민도시 부산의 변경인 영도에서 제국의 제2 도시의 주변인 오사카 재일 조선인 거주지 이카이노, 일본의 주변부 도시 나가노와 세계도시 도쿄의 관문인 요코하마로 이어진다. 중심과 주변은 단순한 이항 대립이 아니라 프랙털과 같은 형국이다. 세계체제를 구성하는 중심-반주변-주변의 체계는 지역(region)에서 반복되고 일국 내에서 거듭한다. 또한 로컬에서도 나타난다. 이러한 가운데 『파친코』의 가족은 주변에서의 주변으로 이동한다. 자발적인 정체성 형성을 가로막는 차별적 위계는 곧 장소의 위치와 결합한다. 배제와 차별의 지리학은 상실한 고향에 대한 환상을 만들고, 자기의 장소를 갖지 못한 인물들이 보여주는 불우하고 난폭한 죽음이 전하듯이, 경계에서 아름다운 꽃이 피지 않음을 재현한다. 이처럼 로컬은 중첩된 경계, 지배와 종속, 차별과 연대의 과정 속에서 그 위상을 변주한다. 『파친코』의 강점은 바로 이와 같은 로컬의 구체적 장소를 삶을 결정하는 주요한 모순으로 부각한 데 있다.

비판적 로컬주의

로컬은 지방이 아니다. 서울과 지방이라는 익숙한 이분법의 심상 지리에 따라서 로컬을 지방으로 치환하는 경향이 있다. 이는 중심에 집중하는 자본주의의 운동 방향과 일치한다. 일극의 효율적인 체제가 마치 여타의 지역이 로컬인 듯 오인하게 한다. 하지만 중심부도 구체적인 삶의 자리는 모두 로컬이다. 유하가 말한 '압구정동'이나 김유담이 주목한 '강남'도 로컬이다. 물론 이 같은 주장과 다르게 자본주의는 궁극적으로 로컬의 소멸을 향하여 힘차게 진군한다. 세계화가 이를 웅변하며 필연적으로 이에 대응하는 비판적 지역주의(critical regionalism)와 비판적 로컬주의(critical localism)가 태동하였다.[211] 이러한 점에서 구체적이고 자발적인 삶의 영역을 로컬로 인식하는 후자는 저항과 생성의 출발이 된다. 거듭 말하지만, 로컬은 불균등하며 프랙털 형태로 모순이 중첩되어 있다. 바로 이와 같은 현실에 대한 거시적이고 미시적인 인식이 '형성적 서사'를 생성한다.

발표한 지 20여 년이 지났으나 이상섭의 「그곳에는 눈물들이 모인다」[212]를 '어떤 아쉬움' 탓으로 소환하여 읽는다. 이는 이 소설이 구체적인 장소 감각에 기반하여 로컬의 삶을 세심하게 그렸기 때문이다. '자갈치'라는 명시적인 명명은 없으나 바다 건너편에 '영도'를 적시한 데서 그 무대를 알 수 있다. '아이엠에프'의 경제 대란이 지나간 뒤이기에 난전에서 가판으로 생계를 잇는 이들의 삶이 더욱 신산하다. '박우열'과 아내 말순을 위시한 장모 일가를 서사의 중심축에 놓고, 그 곁에 딸이 두고 간 장애아를 키우고 사는 '함홍대', "한때 바다를 주름잡았다던 도선사(영도를 오가는 배를 모는) 천씨", 같은 가판 상인 꼬기오여사, 부둣가의 범죄를 탐문하는 문형사 등이 배치되며, 여기에 남편이 죽자 아이 셋을 데리고 가판에 나온 '연희'가 등장한다. 작가 전지이지만 이 바닥에서 오랫동안 터주로 8남매를 기른 장모를 둔 사위 '박우일'의 시점으로 서술된다. 장모 일가의 다사다난한 가족 이야기가 불우한 처지에 거의 데릴 사위역을 하는 초점 화자에 의해 전개되고, 여기에다 등장하는 여러 군상의 힘겨운 삶이 구수한 입담으로 전달된다. 특히 '연희'의 출현은 난전의 터주인 장모와 아내 말순과 자리다툼을 벌이는 투쟁의 형태로 박진감을 더한다. 이 소설의 주제 의식이나 의도가 '연희'의 존재를 향해 있음이 분명하다. 아울러 배후 지역에 아파트 공사를 위한 대형 크레인이 서 있고 구청에서 난전을 수시로 철거하는 등 개발로 인한 변화의 바람을 피할 수 없는 장소이기에 항상 긴장감이 감도는 생존의 현장이라는 사실도 소설의 긴박감을 자아낸다.

> 어둠이 깔리고 있었다. 사람들은 고름 같은 등불을 내다 거느라 종종걸음이었다. 불빛이 고여야 활기가 넘치는 이곳. 아직 흑백풍경으로 남은 도시의 낡은 모서리. 그래서일까. 이곳 사람들은 밝은 것보다 어둠에 익숙하다. 세상살이의 물살에 떠밀려 도달한 땅의 끝. 어쩌면 이곳의 안개는 그런 사람들의 한숨이 뭉친 것이고, 이곳 바닷물도 그런 사람들의 눈물이 고여 이뤄진 것일지 모른다.

모처럼 초점 화자가 아니라 작가의 목소리로 진술한 주요 대목이다. 여기에서 살아가는 사람들의 세목에 충실한 만치 그에 상응하는 서술은 이 소설의 특징이다. 다만 관찰자적이거나 국외자적인 초점 화자의 해학적인 입담으로 서사를 이끌어감으로써 풍속에 관한 자연주의를 격하하고 있음이 한계다. 장소의 유래나 기억을 밀도 있게 다루는 부분도 부족하다. 자연주의적 관찰의 좋은 방향은 루카치(Lukács)도 말했듯이 장편으로 나아가게 한다. 작가가 세심한 안목으로 포착한 소중한 로컬을 주변의 주변, "세상살이의 물살에 떠밀려 도달한 땅의 끝"으로 밀쳐버림으로써 심정적인 휴머니즘으로 퇴각하고 말았다. 비판적 로컬주의의 결락이 아쉽다.

김중미의 『곁에 있다는 것』[213]은 서로 다른 처지에 놓여있는 세 명의 여고생이 같은 장소를 중첩 서술하고 있다. 소설은 지우 이야기, 강이 이야기, 여울이 이야기, 우리 이야기의 4부로 전개된다. 이는 로컬에 대한 서로 다르고 같은 경험을 중첩하여 두텁게 말하려는 작가의 의도와 연관한다. 또한 이 소설의 무대인 '은강'이 조세희의 『난장이가 쏘아올린 작은 공』과 같은 장소라는 점에서 다시 쓰기의 시도로 이해된다. 나아가서 강경애의 『인간문제』, 현덕의 「남생이」, 자신의 『괭이부리말 아이들』까지 거슬러 오르면서 로컬 서사의 과거와 현재를 지속하려 한다. 조세희와 이를 이은 김중미의 '은강'은 실제로 '인천시 중구 만석동'이다. 서로 다른 가족과 사회적 관계가 서로 다른 장소 감각과 경험을 유발한다. 이를 포개고 가로질러 서술함으로써 작가는 로컬이 보이는 변화와 안고 있는 모순의 맥락을 구체화한다.

> 내가 사는 곳은 소설 『난장이가 쏘아올린 작은 공』의 무대인 은강이다. 이제는 서울의 위성 도시가 아니라 광역시가 된 인천의 은강구, 그곳에 1970년대의 '난장이 가족'과 다름없는 우리 가족이 산다. 1970년대와 달리 2000년대 은강에는 대학을 나오거나 고등학교를 졸업한 노동자들이 늘어났고, 판자촌 대신 빌라와 아파트가 들어섰지만 은강은 그때보다 중심부로부터 더 멀리 밀려났다. 은강이 떠밀려 간 건 아니다. 성공하고 싶거나 돈이 있는 사

람들이 은강을 떠나 새로 만든 신도시에 자리잡고 중심을 이동시켰다. 그렇게 은강은 버려진 곳이 되었다. 그러나 은강에는 여전히 영희네와 닮은 난장이 가족들이 살고 있다. 『난장이가 쏘아올린 작은 공』의 영희와 달리, 나와 내 친구들은 공장 대신 그 공장에서 가까운 고등학교에 다닌다. 그러나 우리 삶이 소설 속 주인공들과 크게 다를 것 같지 않다. 배를 곯지 않는다고 가난이 없어진 건 아니다.

앙리 르페브르(Henri Lefebvre)는 공간 생산과 재생산이 현대 자본주의 사회의 주요 모순이라고 하였다.[214] 1970년대의 '은강'의 주변부적 성격은 2000년대가 되어도 변하지 않는다. 신도시가 건설되면서 돈이 있는 사람은 그와 같은 새로운 중심으로 이주하게 되고 낙후한 은강은 더디게 변화하는 가운데 공간적 지위 변동이 일어나지 않는다. 집과 공장과 학교는 근대적 공간을 형성하는 세 가지 기본 요소이다. 그나마 일제시대에 "응봉산 북동쪽 언덕에 공립 남고와 여고가 세워졌고, 해방 뒤에 공립 여고가 한 곳 더" 들어섰고, "나름대로 명문이라는 명예를 얻었지만 고교 평준화가 되고, 돈 있는 사람들이 신도시로 나간 지금은 떠나지 못한 서민 가정의 자녀들이 주로 다니는 변두리 학교가 되었다." 설상가상으로 "역사와 전통을 자랑하는 여고 한 곳은 신도시로 이전하고" '은강여자고등학교'와 '은강고등학교'만 "지역 주민의 반대로" 눌러앉아 있는 모습이다. 그러니까 이 소설은 '은강여자고등학교'에 다니는 세 명의 3학년 여학생들이 그려낸 로컬의 섬세하고 조밀한 삶의 풍경이다. 풍속을 넘어서 로컬의 유래와 변화, 내재한 모순과 갈등에 대하여 매우 구체적으로 서술하고 있다. 다시 읽고 새롭고 두텁게 말한다. 작가는 "나는 그들이 기어코 외면하려는 가난한 사람들의 이야기를, 변두리에서 살아남기 위해 애쓰는 사람들의 이야기를, 중심이 아닌 가장자리의 눈길로 볼 때 더 빛나는 별에 대한 이야기를 하기로 했다"라고 창작 의도를 밝힌다. 비판적 로컬주의가 주요 방법임을 알게 한다.

일견 상처를 치유하는 연애 소설로 읽히는 이인휘의 『부론강』[215]도 비판적 로컬주의를 내장한다. 강원도 원주시 부론면에 일군의 사람들이 이주하여 각기 따로 또 함께 살아가는 모습을 보여주면서 로컬의 장소가 대안공간임을 부각하고 있다. 이 소설의 처음은 다음처럼 시작한다.: "욕망에 찌든 창백한 불빛들이 사라지고 있었다. 읍을 관통해 국도를 달리던 차량도 멀어져갔다. 작열하는 햇빛보다도 맹렬하게 정수리를 쪼아대던 뉴스와 광고 소리, 그리고 형형색색의 간판들도 달아났다. 상가지대를 벗어나 드문드문 서 있던 건물들마저 자취를 감춰버렸다. 꺼져가는 불빛 아래서 사람들의 그림자도 지워지고 있었다." 마치 소멸하고 있는 공간 속으로 진입하는 듯 착각하게 한다. 하지만 주인공 '원우'가 당도한 "낯선 세계"는 주류의 흐름을 벗어난 '꿈을 꾸는 사람들'의 형성적인 대안의 장소다. 여기에 모인 이들은 농촌운동을 하였거나 철학을 전공하거나 시를 쓰고 소설을 쓰거나 사진을 찍거나 목조주택을 짓는 등 다양한 이력을 지닌 예술가들이다. 이들은 각기 특이한 활동 이력을 견지하면서 필요한 만큼의 노동을 하며 주점이나 문화공간을 운영하고 때론 농부로 변신하여 농민회를 이끌기도 한다. 특히 노동소설가인 실재 작가가 '소설가 박해운'으로 슬며시 등장하여 인물 사이를 매개한다. 상당 부분 실제의 이야기라고 「작가의 말」은 밝히고 있다. 플롯의 기본 벡터는 역시 우연히 이 세계로 들어온 '원우'와 이미 그곳에 속한 '찬미'가 만나 이루는 사랑이다. 하지만 이만으로 이 소설의 설계 의도를 다 말하였다고 할 수 없다. 서술자는 '부론'을, 그 예술가 모임을 "해방구"라고 부르게 한다. 많은 경우 이들은 학생운동, 민중예술운동, 노동운동, 농민운동의 경력자들이다. 단순하게 옛 추억을 나누고자 모인 사람들이 아니며 함께 농사를 지으면서 과거의 방식을 반성하고 변화에 대응하면서 희망의 공간을 열고자 한다. 결코 단일한 이념의 결사가 아니다. 느슨하지만 우애로 만나 공통감각을 확인한다. 이는 노동의 변화, 기후 위기, 고장의 소멸에 대처하는 새로운 방식의 운동이다. 확실히 이들의 생각은 텃세를 부리는 토박이의 로컬주의와 다르다. 그렇다고 외부를 빌려 내부를 바꾸려는 외재주의자들도 아니다. 소설가 '박해운'이 "뿌리의 눈"을 강조하였듯이 이들은 부론(富論)이라는 장소에 깊은 이해와 애착을 지닌다. 이들의 장소 감각은 매우 세심하고 구체적이다. 이는 특히 중심인물인 '원우'와 '찬미'의 공동 작업으로도 나타난다. 따라서 이들이 견지한 비판적 로컬주의는 "공동체를 파괴하는 자본주의 사회"에 대한 '후위적 저항'(rearguard resistance)이라고 할 수 있겠다.[216] 이 점에서 『부론강』은 우리 시대의 새로운 소설이다.

트랜스로컬

일국적 차원에서 『부론강』은 주변부 로컬에서 형성되는 진지를 그려내고 있다. 부정하고 소거하려는 자본의 진군에 빗금을 치는 자리이다. 물론 아무런 난관이나 곤경이 없는 기획이라는 말이 아니다. 앞에서도 말했듯이 언제든지 자본주의는 이를 자기의 내부로 회수하려고 한다. 이는 아리프 딜릭(Arif Dirlik)이 말한 바의 "로컬적인 것의 곤경"에 해당한다. 로컬적인 것의 고양이나 자본에 대한 저항조차 자본의 음흉한 프로젝트일 수 있다는 말이다. 따라서 비판적 로컬주의는 로컬이 "과거로부터 물려받은 불평등과 억압을 폐지하기 위한 협상의 장소로서 가능할 때"에 구현된다. 아리프 딜릭은 로컬적 저항이 의미를 얻으려면 "의식과 행동에 있어 트랜스 로컬(translocal)이어야 한다"라고 주장한다. 물론 이는 그도 말하였듯이 많은 딜레마를 안고 있다. 그만큼 미래를 향한 연습이 힘겹다.[217]

이상섭과 김중미가 반주변부 도시(부산과 인천)에서의 주변을 포착하였다면, 박솔뫼는 중심부 서울에서 반주변부 부산으로 이동하여 로컬 학습을 수행한다. 그의 『미래 산책 연습』[218]은 그러니까 오지 않을 미래에 관한 이야기이다. 사람들이 하는 미래의 기대나 꿈은 항상 과거가 되고 만다. 가령 나뿐만 아니라 부산에서 만난 60대 '최명환'이나 서술자인 '나'가 관심을 가진 사람들(미문화원 방화사건의 주역들)의 미래도 그렇다. 하지만 '나'는 "과거의 사람들이 가져오려 애쓰던 미래는 여전히 미래로 여겨지고 내가 그리는 미래도 미래에는 다시 되살리고 싶은 미래가 될 것이다. 원하는 미래를 그리고 손으로 만져보기 위해 어떤 시간을 반복해야 할까."라는 생각을 하고서 격자 형식으로 두 이야기를 서술한다. 한 이야기는 '윤미 언니'로 불리는 '수미'의 이모, 실제 미문화원 방화범인 '김은숙' 이야기이고 다른 한 이야기는 미문화원이 근대역사관으로 바뀐 인근의 아파트에 세를 들어 살면서 이 일대를 산책하는 '나'의 이야기이다. '나'는 한 달에 한 번씩 부산에 와서 글을 쓰기로 했는데 이것이 가지는 의의가 무

엇일까? '미래 산책 연습'이라고 명명하였듯이 조심스러운 행보임에 틀림이 없다. 이것은 걸어서 장소를 구체적으로 익히고 이곳의 장소를 감각하는 데서 시작하고 거듭 반복한다. 이에 관한 기록인 이 소설은 마치 보행의 문법처럼 단문과 중문으로 짧게 되풀이되면서 다소 단조롭고 지루하게 서사를 진행한다. 그런데 이는 도시를 배회하는 룸펜 프롤레타리아트(lumpenproletariat)의 산책과 다르다. 마이클 크로닌이 레너드 코헨(Leonard Cohen)이 예찬한 와비사비(わびさび, wabi-sabi)의 미학을 로컬에 끌어왔듯이 로컬은 세계 내 존재(하이데거, Heidegger)의 구체적 삶과 연관된 장소의 감각과 경험이 먼저다. 이러한 점에서 미시적이고 고요하고 낮은 수행이 요긴하다. 물론 서울의 비싼 집값이 부산행의 요인일 수 있다. 서울의 집값은 더 비싸질 수 있지만, 이미 만원이니 더 짓지 않아야 한다. 그런 중심의 서울을 떠나서 부산으로 이사를 생각한 작가의 선택이 매우 의미 있는 실험이라 생각한다. 이 자체로 다른 로컬을 사유하는 일이 저항이 될 수 있음을 암시한다. 작가가 '미래 산책 연습'이라고 했듯이. 다만 부산과 광주, 광주와 부산을 이어가는 트랜스 로컬을 그가 얼마나 제대로 형성적인 서사로 만들어낼 것인가 궁금하다. 이러한 점들이 비판적 로컬주의의 과제인데, 무엇보다 훌륭한 작가는 주변성의 본질을 들여다보는 데서 탄생한다는 점을 다시 생각한다.

지정학과 로컬

흔히 지정학은 거대 서사로 받아들여져 미시적인 삶의 구체에 착안하는 문학과 거리가 멀다고 생각한다. 이는 대개 패권에 바탕을 둔 근대의 고전적 지정학이 제공한 관념 탓으로 보인다.

가령 해퍼드 존 매킨더(Halford John Mackinder)의 '심장 지대', 알프레드 세이어 마한(Alfred Thayer Mahan)의 '해양력', 조지 모델스키(George Modelski)의 '세계 리더십 순환 모델', 그리고 이매뉴얼 월러스틴(Immanuel Wallerstein)의 헤게모니에 기반한 세계체제론 등이 그러하다. 이들의 이론에 알게 모르게 어느 정도 영향을 받으면서 우리는, 지정학적 사고가 거시적이고 추상화된 구조를 앞세운다는 인식을 하게 되고 구체적인 문학적 서사와 어느 정도 거리가 있다고 생각한다. 하지만 중층적인 지리학적 스케일을 따라가 보면 지정학이 가장 구체적인 장소인 로컬에 도달해 있음을 알 수도 있다. 지정학적 행위자는 대체로 국가이지만 국지적인 공간에서 사는 사람들도 행위자로 참여할 수밖에 없는 현실이다. 가령 이 대목에서 조금 엉뚱하게 보일지 모르나 김정한의 「모래톱 이야기」(1966)를 예로 들 수 있다. 이 소설의 무대는 낙동강 하구에 형성된 모래섬이다. 여기에 들어와서 땅을 일구고 집을 짓고 사는 사람들이 자본과 권력과 투쟁하며 생존하는 과정의 이야기인데 일제 식민지, 해방 이후의 국가가 지배하는 시기를 두루 관통한다. 소설 속 이야기의 우여곡절을 다 말하지 않더라도 이 모래톱과 여기에 사는 사람들에게 관여하는 지정학적 문제의식이 기재되어 있음을 알기 어렵지 않다. 특히 주인공이 홍수로 범람한 모래톱을 찾으려 구포 다리를 건너고자 할 때 그 통금을 관장하는 행위자가 "한국인 순경과 미군"이라 기술한 대목을 눈여겨 읽게 된다. 이는 다시 끝(ending)에서 "황폐한 모래톱—조마이섬을 군대가 정지를 하고 있다는 소문이 들렸다"라고 서술함으로써 작가가 애써 지정학적 코드를 기입하고 있음을 알게 된다. 그러니까 시대마다 자본과 권력을 지닌 유력자들이 바뀌는데 친일파와 제국주의 일본, 분단 체제의 국가 권력과 냉전 체제의 미국이 이들의 배후에 있음을 말하고자 한다. 이러한 데서 김정한의 구체적인 위치(location) 감각을 다시 확인하게 된다. 「모래톱 이야기」를 통하여 알 수 있듯이 지정학은 거시적이면서 미시적이다. 따라서 편재되고 중첩된 인식 지도를 그리는 일이 요긴하다.

세계적인 감염병의 상황에서 국경이 봉쇄되거나 경계가 강화되는 현상에서 지정학적인 행위자인 국가의 역할을 실감하였다. 여기에다 백신 기술을 둘러싼 국가 권력의 양상이나 이를 통한 지정학적 구조가 드러나기도 했다. 매킨더의 '심장지대'[219]의 일부에 해당하는 우크라이나 전쟁도 러시아의 범슬라브주의가 시험대에 오른 형국이다. 일찍이 타라스 세브첸코(Taras Shevchenko)는 농노에서 해방된 신분으로 우크라이나의 역사와 현실을 노래하였다.[220] 그의 『유랑시집』은 우크라이나 민족의 자유와 해방적 슬라브주의를 내포한다. 이는 러시아 중심의 슬라브주의와 대립하며 스탈린에서 푸틴에 이르기까지 이어지고 최근 전쟁의 폭력으로 나타나고 있다. 1991년에서야 국민국가가 된 우크라이나는 역사적으로 '동슬라브의 종가'였지만 모스크바에서 발흥한 러시아가 지역적 대국이 되면서 그 존재가 희미해졌다가 소비에트 연방의 해체와 더불어 독립하였다.[221] 서방과 동방 사이에 놓인 우크라이나는 범슬라브 패권을 유지하려는 러시아의 장애가 된 한편 서구 유럽의 평화와 안정에 필수 공간이 되었다. 우크라이나 전쟁은 가스와 곡물 등 세계 자원의 위기를 불러오고 세계 경제를 뒤흔드는 양상으로 발전하고 있다. 그 여파가 우리 사회의 밥상에까지 미치고 있으니 지정학적 문제가 강 건너 불은 아니라 하겠다. 러시아 내부의 체체니아(chechnya) 분리 독립 억제도 석유와 연관한다. 자원과 식량은 언제든지 무기화할 수 있으므로 지정학의 핵심에 있다.

대개 지정학적 재현은 문학보다 영화가 주도한 경향이 크다. 대영 제국의 몰락 이후에 그 상실감을 대체하기 위한 시리즈 영화인 007은 거의 지정학적 재현을 담고 있다. 예를 들어 「언리미티드」는 카스피해의 가스전과 유전의 송유관이 유럽과 러시아 어느 권역이 주도하는 라인으로 이어지느냐는 지정학적 관심을 반영한다. 프레드릭 제임슨(Fredric Jameson) 세계체제에서의 영화와 공간을 '지정학적 무의식'이라는 개념으로 분석한다. 공간과 인구학 등이 "계급의 용어들로 지도를 작성하고, 최근의 사건들을 거대한 가공의 내러티브들 속에서 공상하며, 대상-세계에 대한 우리의 소비와 건설을 유토피아적인 바람과 상업적으로 프로그램화된 습관의 수준에서 알레고리화하고 있다"[222]라는 사실에 주목한다. 그는 민족적 알레고리를 넘어서 다양한 행위 주체들의 알레고리의 성운을 난해하게 따라간다.[223] 영화와 달리 지정학과 문학의 관련 양상을 이해하기 위하여 우리는, 구체적인 분석의 틀을 도입할 필요가 있음을 느낀다. 이는 영화가 비교적 구조와 행위의 틀에 쉽게 접합한다면 문학은 예외적인 정치소설을 제외하고 구조와 행위의 틀을 드러내지 않는 경우가 많기 때문이다.

콜린 플린트(Colin Flint) 오늘날의 지정학을 "인문지리학의 하나"(19 쪽)[224]로 간주한다. 지정학이 지리적 관점과 장소의 특성, 공간을 구성하는 정치 관계 등 지리학의 과제를 두루 포함하는 탓이다. 이러한 점에서 지정학은 장소와 공간과 같은 기본적인 개념을 공유한다. 즉 위치(location), 로컬, 장소 감각(sense of place), 공간(space) 등을 들 수 있는데 이는 이미 문학 지리학에서 널리 통용되고 있는 개념들이다. 여기서 특히 그동안 주목하지 않은 위치에 대하여 보충할 필요가 있다. 위치는 "세계에서 한 장소가 맡고 있는 역할"이다. 마땅히 지정학적 함의를 내포한다. 이 점에서 작가가 어떤 위치의 장소를 선택하는가의 문제는 매우 중요하다. 이는 어떤 본질주의를 의미하지 않는다. 유동하는 세계 내 존재의 의미를 구성하는 일과 연관된다. 예를 들어 한국에서 해양문학(maritime literature)이 부산에서 발생하는 요인을 찾는다면 부산이 가지는 해항 도시로서의 위치가 논급된다. 이러한 점에서 위치는 많은 작가의 작품을 이해하는 데 필요한 요건이다. 카프카(Kafka)의 프라하, 오르한 파묵(Orhan Pamuk)의 이스탄불, 에도가와 란포(江戶川亂步)의 도쿄, 찰스 디킨스(Charles Dickens)의 런던, 존 스타인벡(John Steinbeck)의 캘리포니아, 모옌(莫言)의 산둥, 염상섭의 서울, 김정한의 부산 등이 그러하다. 위치적 비평(locational criticism)이라는 개념이 형성될 만치 위치는 지리학, 지정학, 문학에서 차지하는 의미가 크다. 로컬은 이러한 위치가 놓인 거점의 구체적인 양상—특정 장소의 활동, 정치학, 그리고 정체성을 조직해내는 제도, 가족, 학교, 작업장, 종교공동체, 노동조합, 정당, 사병조직, 사친회조직, 스포츠클럽 등 집단의 한 부분—으로 "상호결합하여 특정 장소의 사회적 삶을 형성한다."(25쪽) 이러한 로컬은 로컬 간의 관계와 국가의 개입 나아가서 지역(region)과 세계의 변화와 연동한다. 앞서 언급한 김정한의 「모래톱 이야기」처럼 그 위치에서 여러 벡터에 의하여 억압과 착취, 저항과 투쟁이 전개된다.

염상섭의 「만세전」(1922)을 지정학적 맥락에서 다시 읽어도 좋겠다. 처음 제목이 '묘지'였다고 하나 작가가 '만세전'으로 표제를 수정하여 확정한 대목은 매우 의도적이다. 실제 쓴 때보다 작품의 무대를 당겨 놓은 데는 3.1 운동 이후의 검열 등을 회피하기 위한 수단일 수도 있다. 염상섭의 「만세전」에서 제국과 식민을 오가며 주체와 세계를 인식하는 과정이 중요하다. 소설에서 작가는 부산을 "조선을 축사한 것, 조선을 상징한 것"으로 그 위치를 규정한다. 주인공 '이인화'가 기차와 연락선을 번갈아 가면서 그려내는 도쿄, 고베, 시모노세키, 부산, 김천, 경성은 각기 다른 특성을 내재한 로컬에 관한 의도된 서술에 가깝다. 특히 접경인 시모노세키와 부산, 그리고 이를 이어주는 "관부연락선"은 지정학적 밀도가 높은 장소와 미디어에 속한다. 여기에서 우리는 제국과 식민, 식민지 내부의 로컬들을 세심하게 바라보면서 작가 특유의 위치 감각을 드러내고 있는 사실주의와 만난다. 적어도 염상섭은 1차 대전 이후의 지정학적인 세계개조의 눈으로 식민지 조선을 비판적으로 사유하고 있다. 소설은 주지하듯이 그 첫머리에서 "조선에 '만세'가 일어나던 전해 겨울", "세계대전이 막 끝나고 휴전조약이 성립되어서 세상은 비로소 번해진 듯싶고, 세계개조의 소리가 동양 천지에도 떠들썩한 때"라는 설정으로 시작하여 예의 '무덤' 탈출이라는 주장으로 끝막음한다. 이런 가운데 다음과 같은 내용을 결말에 배치한다.:"우리 문학의 도(徒)는 자유롭고 진실된 생활을 찾아가고, 이것을 세우는 것이 그 본령인가 합니다. 우리의 교유, 우리의 우정이 이것으로 맺어지지 않는다면 거짓말입니다. 이 나라 백성의, 그리고 당신의 동포의, 진실된 생활을 찾아 나가는 자각과 발분을 위하여 싸우는 신념 없이는 우리의 우정도 헛소리입니다." 동경의 여인 '정자'와의 관계를 정리하는 편지의 끝에 등장하는 구절이지만, 요시노 사쿠조(吉野作造) 등의 제국개조론을 염두에 두었다고 생각할 수 있다.[225] 민감한 내용을 사적 편지글로 은폐하면서 개인과 민족의 진실한 변화가 새로운 세계의 기반임을 진술한다. 이러한 점에서 염상섭의 「만세전」은 지정학적 인식 지도를 내포한 소설이다.

비판적 로컬주의와 비판적 지정학

한국문학은 지정학적이다. 중화 체제에 속한 근대 이전은 차치하고서라도 근대 세계에 편입된 일제 식민 시기와 분단체제인 현재에 이르기까지 지정학적 구속성을 벗어난 일이 없다. 따라서 지배적인 지정학의 표상에 부단히 도전해 왔다고 볼 수 있다. 비판적 지정학은 기존의 구조적 인식에 빗금을 내는 다양한 해석과 연관되며 궁극적으로 지정학의 해체(반지정학, 콜린 플린트, 43쪽)를 지향한다. 요컨대 "지정학은 더 이상 그들의 학문적 권위를 활용하여 특정 국가의 정책을 획정하는 특권적 남성 엘리트들의 배타적 유산"(54쪽)이 아니라는 사실이다. 달리 말해서 고전적 지정학과 비판적 지정학은 경쟁의 관계에 있다. 이러한 사정을 콜린 플린트는 다음과 같이 요약하고 있다.: "19세기와 20세기에 걸쳐 지정학은 국가와 정치인들의 전유물이었다. 지정학은 국가의 전략적 행위를 설명하고 예측하는 연구 또는 학문이었다. 국가는 유일한 지정학의 행위자였다. 당시는 우리가 이미 살펴본 바와 같이 '고전적 지정학'의 시기였다. 그러나 지정학에 관한 현대적 이해는 사뭇 다르다. 어떠한 갈등도 장소적 배경과 분리될 수 없다는 폭넓은 관점에서 모든 정치학을 지정학이라고 분류할 수도 있을 것이다."(56쪽) 이러한 지적을 문학비평의 관점에서 수용하면 비판적 지정학과 문학의 접점이 찾아진다.

지정학에서 구조와 행위자는 상호 작용한다. 구조는 행위자를 제약하고 행위자는 가능성을 찾는다. "구조는 허용된 것과 기대되는 것으로 정의된 권력의 표현이다. 행위자는 행위하고자 하는 실체이다."(59쪽) 지정학적 관심을 작품으로 쓰는 작가는 행위자에 속한다. 모든 행위자는 종족, 계급, 젠더 등과 같은 상황 구속적인 입장을 지닌다. 가령 김진명의 『미중전쟁』은 구조와 이를 재해석하려는 행위자로서의 작가의 입장이 잘 드러난 지정학 소설이다. 반면 김훈의 『하얼빈』은 과거 역사 속의 지정학적 사건을 재구성한 '기억의 지정학'[226]이라 할 수 있다. 정찬의 『발 없는 새』에서 만나게 되는 지정학적 사건은 남경학살이다. 그런데 이 소설이 집중하는 플롯은 폭력이다. 중화민국의 수도인 성곽도시 남경을 일본군이 포위하고 그 안에서 인민을 학살하였는데 그 규모가 엄청날뿐더러 아직 진상이 완전하게 규명된 형편이 아니다. 학살과 잔학 행위 가운데 여성에 대한 강간과 윤간과 살해가 매우 심하였다. 이런 가운데 강간으로 태어난 아이도 적지 않았는데 그 운명이 기구하고 비극적이다. 정찬의 『발 없는 새』는 남경학살사건을 거의 증언에 가깝게 서술한 홋타 요시에(堀田 善衛)의 『시간』과 달리 폭력으로 태어난 아이의 일생을 동아시아적 시각으로 접근하였다. 앞으로 있을 보다 세심한 분석을 전제하면서 이 소설을 '정동의 지정학'[227]을 담은 작품으로 보고자 한다. 지정학 행위자로서의 작가라는 관점은 그동안 세계관으로 불린 개념과 그리 거리가 멀지 않다.

비판적 지정학은 앞에서 말한 대로 국가보다 구체적인 장소에서 발원한다. 지리학의 스케일이 중요하게 관여하는 과정인데 그 관계는 중층적, 다면적으로 상호 작용한다. 특히 경계

(boundary), 접경(border), 접경지역(boderland), 변경(frontier) 등의 개념은 로컬, 국가, 지역(region), 세계(global) 등의 지리학의 스케일과 더불어 중요하게 읽힌다. 왜냐하면 이러한 개념 속에 지정학적 관심이 집중되기 때문이다. 이들이 "세계 정치지도의 흔들리는 기반들"이라는 점에서 콜린 플린트는 "경계의 지정학"(217쪽)이라 명명한다. 분단 체제 속에 있는 한국문학은 '경계의 지정학'이 깊은 영향을 끼치는 특수성을 지닌다. 이는 정체성과 이데올로기의 지속적인 대립과 갈등으로 나타나고 있다. 어떤 의미에서 한국문학은 이와 같은 지정학적 현실을 극복해야 하는 과제를 안고 있다. 이와 같은 구심력이 경우에 따라서 한국문학의 지체를 뜻하기도 한다. 진보적인 좌파가 오히려 '민족문학'을 옹호하는 편협을 반복하면서 세계문학의 열린 지평이 졸아든 형국이다. 오히려 로컬의 구체성에 착안하는 방법적 전회가 유익한데, 이를 위하여 오키나와, 타이완, 제주 등의 접경지역을 사유할 수도 있다. 이러한 지점에서 비판적 지정학은 비판적 로컬주의와 만난다.

아리프 딜릭이 말하듯이 '로컬적인 것'은 가능성과 곤경을 동시에 내포한다. 그는 자본주의 이데올로기적 표현이 된 로컬주의로부터 비판적 로컬주의를 구분하는 일이 중요하다고 생각한다. 그의 말대로 "해방의 가능성을 제시할 때조차 로컬주의는 억압과 편협한 지역성을 은폐하는 역할을 할 수도" 있기 때문이다.[228] 가령 김동리의 로컬주의는 반근대주의이다. 이는 근대성에 저항하면서 국수주의를 생산한다. 로컬을 경멸적으로 낙인찍는 일도 문제이지만 그것을 순수한 지대로 경배하는 일도 문제이다. 로컬은 양면성을 지닌다. 대안적 공론장이나 대안적 사회 구성체를 가능하게 하는 한편 파편화나 정치적·문화적 조작을 유발하기도 한다. 특히 로컬을 자본 활동의 대상으로 보는 시각은 비판되어야 한다. 오늘날과 같이 전 지구적 자본주의 시대에 있어서 로컬의 곤경은 세계화에 저항할 때조차 발생하게 된다. 그래서 아리프 딜릭은 로컬의 가능성보다 곤경에 더 주목한다.[229] 하지만 그는 "근대성의 작용을 거친 로컬"을 현재 출발 지점이자 해방의 목표로서 로컬적 차이를 전제하는, 이른바 '차이의 정치학'으로 표현한다. 여기서 여성 운동과 생태 운동이 두각을 보이는바, 로컬적인 속에서 글로벌적인 것을 함께 사유하는 '비판적 로컬주의'의 가능성이 부각한다. 비판적 로컬주의는 글로벌적인 것에 저항하는 로컬을 강조하면서 동시에 과거로부터 물려받은 불평등과 억압을 폐지하기 위한 협상의 장소로 기능하는 변증법적 과정에서 발현한다. 아리프 딜릭은 "로컬은 동일한 시간성 속에 위치하면서 다양한 공간성을 갖는 구조의 정세적 복합 국면의 산물인 한에서만 의미를 갖는다"라고 말함으로써 비판적 지정학과의 접점을 암시하고 있다. 여기서 정세적 상황의 인식과 일상적 실천의 병행이 중요하다.[230]

형성적 서사의 가능성

아리프 딜릭의 비판적 로컬주의는 헨리 지루(Henry A. Giroux)의 '형성적 서사(formative narratives)' 개념을 강조한다. 형성적 서사는 다양성 속의 통일성, 로컬적인 것과 글로벌적인 것을 포용하기 위해 차이화한 공동체와 권력 형태의 국지적이고 특정한 맥락을 주목한다. 이는 단일한 원천을 가진 지배적 서사에 저항하며 차이를 통일성에 대한 대립이 아니라 통일성 내부에서 분석하는 과정을 보인다. 아리프 딜릭은 로컬적 저항은 그 의식과 행동에 있어 횡단 로컬적(translocal)이어야 한다고 한 바 있다. 또한 그는 로컬적인 것이 비판적 개념으로 가능하려면 로컬적인 것의 경계가 열려질(혹은 다공적일) 필요가 있다고 한다. 이러한 그의 입장은 바로 지루가 말하는 형성적 서사에 상응하는 측면이 있다. 이와 같은 형성적 서사가 어떠한 형태의 문학으로 생산되고 있는가의 문제가 과제로 남는다.

문학의 파편화와 사적 소유가 세계의 격변과 대혼란을 은폐하고 있다는 아미타브 고시(Amitav Ghosh)의 지적은 현금의 문학 지형에서 뼈아프다. 자기만의 살아있는 감각이나 온화한 표정이 아니라 "반딧불이의 잔존과 미광"[231]을 살려내려는 안간힘의 시인이 더욱 필요하다. 중심부가 제시하는 모델을 무조건으로 답습하는 '문화적 집단학살'(파졸리니, Pasolini)에 견결하게 저항하면서 형성적 서사를 창안하는 작가의 길이 요망된다. 단지 구조를 확인하거나 도래할 파국을 회피하는 방법이 되지 않아야겠다. 이러한 점에서 우리가 직면한 복합위기는 더 많은 사유를 필요로 한다.

미주

1) 부산학 정립의 과정에 대한 역사적 논의는, 김석준, 「지역학으로서 부산학」, 『전환기 부산사회와 부산학』(부산대출판부, 2005), 323-328쪽. 참조.

2) 김성국, 「지역학으로서의 부산학 연구」, 『부산학 연구의 방향과 과제』(목요학술회, 1993), 김석준, 앞의 논문, 342쪽. 재인용.

3) 김석준, 「부산학의 현황과 과제」, 『한국민족문화』 제16집(부산대 한국민족문화연구소, 2000).

4) 가령 지역의 비평전문계간지 『오늘의 문예비평』이 2000년 벽두부터 최근까지 꾸준하게 지역의 공간을 탐문해온 일과 '공간포럼' 등이 개최된 현상을 들 수 있다.

5) 박재환 외, 『부산인의 신생활풍속』(부산연구원 부산학센터, 2004); 고순희 외, 『부산 도시 이미지』(부산연구원 부산학센터, 2004); 이성훈 외, 『대중문화를 통해 부산 들여다보기』 (부산연구원 부산학연구센터, 2006).

6) 『오늘의 문예비평』의 연속 기획 '부산의 공간학'과 김민수, 「문화주의 도시론으로 본 부산의 공간문화」, 『부산학시론』(부산연구원 부산학연구센터, 2006).

7) 김석준, 「지역학으로서 부산학」, 앞의 책, 347쪽.

8) 지역학과 분과학문의 관계는 쓰보우치 요시히로, 「전문분야와 지역연구」, 야노 토루 편, 부산외대 아시아지역연구소 역, 『지역 연구와 세계단위론』(전예원, 1999), 참조.

9) G. 린치, 『제국의 통로』(정진국 역, 글항아리, 2009), 33-34쪽.

10) 앤서니 킹, 이무용 역, 『도시문화와 세계체제』(시각과 언어, 1999), 참조.

11) 니시자와 야스히코, 최석영 역, 『식민지 건축: 조선 대만 만주에 세워진 건축이 말해주는 것』(마티, 2022), 참조.

12) 다카사키 소지, 이규수 역, 『식민지 조선의 일본인들』(역사비평사, 2007), 참조.

13) 다시로 가즈이(2005), 정성일 역, 『왜관』, 서울: 논형.

14) 여행기는 다양한 형태의 글쓰기이다. 장르를 규정하기보다 여러 자아가 찾아가 머무는 세계들과 맺는 관계에 개입하는 사회적, 정치적, 철학적 힘들의 작용에 대하여 살피게 한다. Casey Blanton(2002), *Travel Writing the self and the world, Routledge.*

15) 괄호 속의 연도는 조선을 여행한 해를 말한다.

16) 퍼시벌 노웰(2001), 조경철 역, 『내 기억 속의 조선, 조선 사람들』, 예담; 샤를 바 라(2001), 성귀수 역, 『조선기행』, 눈빛; 사쿠라이 군노스케(1993), 한상일 역, 「조선시사」, 『서울에 남겨둔 꿈』, 건국대학교출판부; 헤세 바르텍(2012), 정현규 역, 『조선, 1894년 여름』, 책과 함께; 이사벨라 비숍(1994), 이인화 역, 『한국과 그 이웃나라들』, 살림; 카르네프(2003), 김정화 외역, 『내가 본 조선, 조선인』, 가야넷.

17) "접촉지대"와 "제국의 눈"은 루이스 프랫으로부터 가져온 개념이다. 메리 루이스 프랫, 김남혁 역, 『제국의 시선』(현실문화, 2015), 32쪽.

18) 일레인 볼드윈 외, 조애리 외역, 『문화코드』(한길사, 2008). 30쪽.

19) 메리 루이스 프랫, 앞의 책, 24쪽.

20) 최영호 외, 『부관연락선과 부산』(논형, 2007).

21) 퍼시벌 로웰, 앞의 책, 37쪽.

22) 샤를 바라, 앞의 책, 198-201쪽.

23) 사쿠라이 군노스케, 앞의 책, 266-269쪽.

24) 헤세 바르텍, 앞의 책, 17쪽.

25) "최악의 야만국가라는 평판을 받고 있는 이 반도국에 대한 경악과,

일본과 조선 양국 사이에 있었던 참혹한 전쟁들과, 이전 수세기 동안의 유혈 전투 그리고 조선의 통치자가 불과 10여 년 전에 신자들을 학살한 피바다에 대한 상념이 찾아들었다." 헤세 바르텍, 앞의 책, 14쪽.

26) 같은 책, 14쪽.

27) 메리 루이스 프랫은 발견의 수사를 1)풍경의 심미화 2)재현하는 의미의 밀도 3)보는 자와 보이는 자 사이에서 성립하는 지배의 관계로 설명하고 있다. 메리 루이스 프랫, 앞의 책, 454-456쪽.

28) 이사벨라 버드 비숍, 앞의 책, 33쪽. 지명은 현대 표기로 인용자가 고침.

29) 카르네프, 앞의 책, 19쪽.

30) 퍼시벌 로웰, 앞의 책, 37-38쪽.

31) 메리 루이스 프랫, 앞의 책, 456쪽.

32) 샤를 바라, 앞의 책, 200쪽.

33) 사쿠라이 군노스케, 앞의 책, 269쪽.

34) 같은 책, 273-274쪽.

35) 여행과 이해의 문제는 마이클 크로닌, 이효석 역, 『팽창하는 세계』(현암사, 2013), 69쪽.

36) 헤세 바르텍, 앞의 책, 17-19쪽.

37) 퍼시벌 노웰, 앞의 책, 38-39쪽.

38) 샤를 바라, 앞의 책, 200쪽.

39) 퍼시벌 노웰, 앞의 책, 41쪽.

40) 같은 책, 200쪽.

41) 식민도시의 복합성은 달리 이중성 혹은 모순성이라 할 수 있다. 김백영, 「식민지 도시 비교연구를 위한 이론적 고찰」, 『공간 속의 시간』(도시사연구회 편, 심산, 2007), 330쪽.

42) 같은 책, 269-272쪽.

43) 같은 책, 274쪽.

44) 식민도시를 이중도시론으로 보는 시각을 극복하려면 많은 실증이

필요하다. 가령 김종근, 「식민도시 인천의 거주지 분리 담론과 실제」, 『인천학연구』 14집(인천학연구원, 2011)은 인천을 이중도시로 보는 시각을 해체하려 한다. 그런데 이중도시의 상호연관성은 전관거류지 중심 시가지가 외부로 확장되는 과정에서 나타난다. 용미산이 깎이어 북빈이 매축되면서 부산항이 근대화되는 시기에 부산은 '식민화된 사회 내의 도시'라는 의미를 갖게 된다. 전관거류지가 지닌 동질성이 어느 정도 해체되면서 이질적인 혼종화 과정이 전개되는 것이다. 이중도시는 먼저 제국의 눈을 가진 타자의 시각에 의해 규정되고 이후 탈식민주의적 시각에서 다시 반복된다. 그럼에도 한 가지 놓쳐서는 안 되는 것이 불균등 발전의 과정이다. 식민거류민들과 원주민들의 공간과 문화를 이분법적으로 단순화하는 것도 문제지만 그들 사이의 섞임과 혼재만을 부각하는 것도 한계가 있다. 이들 경계영역에서 보이는 불균등 발전을 간과하지 않으면서 문화 혼종화 과정을 서술하는 일이 요긴하다.

45) 사쿠라이 군노스케, 앞의 책, 275쪽.

46) "조선은 유럽 여러 나라들 사이에 끼어 쟁탈의 대상이 되고 있다. 조선은 이미 멸망의 도장이 찍힌 나라가 아닐 수 없다. 다행히 동양에 위치하여 의협심이 강한 일본제국에 의지해 명맥을 유지하고 있으니 참으로 복있는 나라가 아닐 수 없다."는 사쿠라이의 『조선시사』 서문이 말하듯이 그의 시선은 철저하게 일본 제국의 이익에 부합한다. 같은 책, 259쪽.

47) 헤세 바르텍, 앞의 책, 20쪽.

48) 앞의 책, 26쪽.

49) 이사벨라 버드 비숍, 앞의 책, 32쪽.

50) 같은 책, 34쪽.

51) 같은 책, 34-35쪽.

52) "한국인들은 참신한 인상을 주었다. 그들은 중국인과도 일본인과도 닮지 않은 반면에, 그 두 민족보다 훨씬 잘생겼다. 한국인의 체격은 일본인보다 훨씬 좋다." 앞의 책, 35쪽.

53) 같은 책, 35쪽.

54) 카르네프, 앞의 책, 25-26쪽.

55) 같은 책, 26쪽.

56) 같은 책, 28쪽.

57) 같은 책, 28쪽.

58) 같은 책, 20-31쪽, 참조.

59) 사쿠라이 군노스케, 앞의 책, 276쪽.

60) 번역지대의 개념은 마이클 크로닌, 앞의 책, 36-46쪽. 참조.

61) 헤세 바르텍, 앞의 책, 29쪽.

62) 메리 루이스 프랫, 앞의 책, 453쪽.

63) 헤세 바르텍, 앞의 책, 31쪽.

64) 내지여행과 갈등의 문제는 마이클 크로닌, 앞의 책, 71쪽, 참조.

65) 헤세 바르텍이 "도시 저편에 자리 잡은 너른 강폭의 낙동강을 보았다"고 하였는데 그가 본 것이 낙동강인지 아니면 수영강인지 확실하지 않다. "지푸라기 돗자리로 만든 돛을 장착한 훌륭한 정크선들이 강 위로 미끄러지듯 내려오고 있었다. 강변 양옆은 잘 경작된 듯 보였고, 이곳과 대도시 동래가 어울린 모습은 마치 이웃나라 일본의 여러 지역처럼 평화로웠다."라고 진술하는 데 이르러 수영강일 가능성을 높인다.

66) 부산-동래-양산-울산-경주-영일-흥해-영천-풍기-단양-제천-충주-여주-양평-서울-제물포-수원-당진-천안-공주-은진-전주-순창-담양-광주-나주-무안-목포-영암-강진-장흥-보성-순천-광양-하동-사천-고성-마산-창원-김해-부산이 키르네프의 경로. 카르네프 외, 앞의 책, 12쪽.

67) 같은 책, 38-43쪽.

68) M. L. 프랫, 『제국의 시선』(김남혁 역, 2015), 32-35 쪽.

69) P. Gilroy, *The Black Atlatic-Modernity and Double Consciousness* (Verso, 1996), p. 4.

70) 선박의 크로노토프는 P. 길로이가 바흐친을 원용한 개념이다. Ibid, p. 17.

71) 가토 쓰요시, 「민족지와 지역연구—타인에 대한 시선」, 『지역연구의 방법』(야노 토루 편, 아시아지역경제연구회 역, 전예원, 1997), 132-135쪽.

72) H. N. 알렌, 『알렌의 일기』(김원모 역, 단국대학교출판부, 2008), 22쪽.

73) 같은 책, 23쪽.

74) 동방협회 편, 『조선휘보』 1893년 11월. 김재승 외, 『근대 부산해관(1883-1905)과 고빙 서양인해관원에 관한 연구』(전망, 2006), 68쪽, 재인용.

75) E. von 헤세-바르텍, 『조선, 1894년 여름』(정현규 역, 책과함께, 2012), 13쪽.

76) M. L. 프랫, 앞의 책, 455-456쪽.

77) I. B. 비숍, 『한국과 그 이웃나라들』(이인화 역, 살림, 1994), 31쪽.

78) 홍영진, 「부관연락선과 부산부 일본인」, 『부관연락선과 부산』(최영호 외, 논형, 2007), 16-17쪽.

79) G. 린치, 『제국의 통로』(정진국 역, 글항아리, 2009), 33-34쪽.

80) W. 아손 크렙스트, 『스웨덴 기자 아손, 100년 전 한국을 걷다』(김상열 역, 책과 함께, 2010), 20쪽.

81) L. O. A. 에카르트, 『조선, 지극히 아름다운 나라』(살림, 이기숙 역, 2010), 33-37쪽.

82) 기무라 겐지, 「관부연락선이 수송사에서 차지하는 위치」, 『한국민족문화』 28집(부산대 한국민족문화연구소, 2006), 167쪽.

83) E. von 헤세-바르텍, 앞의 책, 10-11쪽.

84) 홍영진, 앞의 논문, 31쪽.

85) L. H. 류, 『충돌하는 제국』(차태근 역, 글항아리, 2016), 45-47 쪽.

86) 다카하마 교시, 앞의 책, 17쪽.

87) 같은 책, pp. 18-19.

88) 류교열, 「부관연락선과 도항증명서 제도」, 최영호 외, 앞의 책, 90쪽.

89) 같은 글, 92쪽.

90) 김경원 편, 『만세전』(사피엔스, 2012), 93쪽. 이하 인용 쪽은 본문 괄호에 기재한다.

91) 홍연진, 앞의 논문, 31쪽.

92) 4장의 일부는 본 저서의 완성된 체제를 위하여 필자의 『해양풍경』(산지니, 2013)에서 가져왔다.

93) 인하대 한국학연구소편, 『동아시아, 개항을 보는 제3의 눈』(인하대학교출판부, 2010), 10쪽.

94) 하네다 마사시는 17세기-19세기에 이르는 아시아 해항도시의 문화교섭 비교연구의 방법과 체계를 여섯 가지로 제시한 바 있다. 1) 해항도시 내 '동인도회사'의 공장과 시장 그리고 건축형태와 소유주와 위치 등을 비교하는 것 2) 해항도시 내의 유럽인들과 로컬 인민들 간의 커뮤니케이션에 대한 비교 3) 교역이 이루어지는 방식에 대한 비교 4) 유럽인들의 지배하에 있는 로컬 인민들과 유럽인의 이익을 대변하는 유럽회사 사이에 일어나는 사건이나 갈등을 해결하는 법적인 장치 비교 5) 유럽인 남성과 로컬 여성, 그리고 그 사이에 태어난 혼혈 어린이들에 대한 것 6) 해항도시 내에서 전개되는 일상생활-의복, 음식, 기술, 예술과 관념 등등에 대한 수용과 거부에 대한 비교. Haneda Masashi,"Framework and Methods of Comparative Studies on Asian Poret Cities in the Seventeenth and Eighteenth Centuries", *Asian Port Cities 1600-1800*(Haneda Masashi, ed., NUS press, 2009), pp. 7-11.

95) 식민도시의 복합성은 달리 이중성 혹은 모순성이라 할 수 있을 것인데 김백영은 이를 다음과 같이 설명한다.; "식민지 도시공간은 문명의 위광을 과시하는 제국의 스펙터클이 상연되는 극장이자, 인종차별적 양극화의 처절한 드라마가 양산되는 비극적 삶의 무대이기도 한 것이다. 따라서 식민지 도시의 '진실'에 접근하려면 그 모순성과 이중성에 대한 주의 깊은 이해가 선행해야 한다." 김백영, 「식민지 도시 비교연구를 위한 이론적 고찰」, 『공간 속의 시간』(도시사연구회 편, 심산, 2007), 330쪽.

96) W. Kokot, "Port Cities as Areas of Transition—Comparative Ethnographic Research", *Port Cities as Areas of Transition*(W. Kokot et. al. ed., Transcript, 2008), pp.16-17.

97) 김승, 「일제강점기 해항도시 부산의 형성과 발전」, 『동아시아, 개항을 보는 제3의 눈』(인하대 한국학연구소 편, 인하대학교출판부, 2009), p.66.

98) 사쿠라이 군노스케, 한상일 역, 『서울에 남겨둔 꿈』(건국대 출판부, 1993), 269-272쪽.

99) 식민도시를 이중도시론으로 보는 시각을 극복하려면 많은 실증이 필요하다. 가령 김종근, 「식민도시 인천의 거주지 분리 담론과 실제」, 『인천학연구』14집(인천학연구원, 2011)은 인천을 이중도시로 보는 시각을 해체하려 한다.

100) 조지 린치, 정진국 역, 『제국의 통로』(글항아리, 2009), 40-41 쪽.

101) 부산→제물포→서울→여순과 대련→북경→천진→산해관→우장→영구→봉천→하얼빈→몽골→러시아의 이르쿠츠크→바이칼 호→톰스크→크라스노야르스크→모스크바에 이르는 여정.

102) 야마무로 신이치, 정재정 역, 『러일전쟁의 세기』(소화, 2010), 63-66쪽.

103) 같은 책, 67-68쪽.

104) 조갑상, 『한국소설에 나타난 부산의 의미』(경성대출판부, 2000), ⅰ쪽.

105) 염상섭, 『염상섭』(최원식 외편, 창비, 2005), 112쪽.

106) 이인직, 『혈의 누』(권영민 편, 뿔, 2008), 37쪽.

107) 1882년 수신사 박영효, 서광범 일행이 일본으로 가는 뱃길에서 국기인 태극기를 고안한 것도 인천을 기항지로 삼아 나아간 행로에서였고, 1884년 갑신정변에 실패한 김옥균이 일본으로 망명한 것도 인천을 통해서였다. 그리고 유길준의 '서유견문'의 출발도 인천이다. 이희환, 『문학으로 인천을 읽다』(작가들, 2010), 47-48쪽.

108) 조갑상, 앞의 책, 3쪽.

109) 오미일, 「개항(장)과 이주상인」, 『정소성의 형성과 재현』(부산대 한

국민족문화연구소 편, 혜안, 2010), 53쪽.

110) 이러한 요인들에 대한 것은 오미일, 앞의 논문, 61-65쪽.

111) 다카사키 소지, 이규수 역, 『식민지조선의 일본인들』(역사와비평사, 2006), 42쪽.

112) 같은 책, 43쪽.

113) 이인직, 83-84쪽.

114) 개항장 거류지무역은 종래 왜관에서 동래상인들에 의해 전개되었던 대일무역과는 전혀 다른 새로운 거래형태였다. 부산항의 이주상인들은 자본주의 상품경제란 새로운 경제상황에서 새로운 상업질서를 만들어나가고 있었다. 오미일, 앞의 글, 65쪽.

115) 이리하여 기계문명은 제2의 자연이 된다. 이승원, 『소리가 만들어낸 근대의 풍경』(살림, 2005), 17쪽.

116) 토포스와 토포스적 의식에 대한 것은 장인성, 『장소의 국제정치사상』(서울대출판부, 2002), 57-72쪽.

117) 오미일, 앞의 글, 94쪽.

118) 히라노 겐이치로, 장인성 외역, 『국제문화론』(풀빛, 2004), 94-101쪽.

119) 이인직, 『귀의 성』(권영민 편, 뿔, 2008), 207-208쪽.

120) 같은 책, 246쪽.

121) 1894년 9,354명이던 조선 내 일본인은 청일전쟁 이후 1895년 말에는 1만 2,303명에 이르게 된다. 이후 1900년 말에 15,829명이던 것이 1905년 말에는 42,460명으로 증가하고 이민 붐이 일게 된다. 이러한 이민 붐이 이는 시기와 관부연락선 취항이 일치한다. 다카사키 소지, 앞의 책, 56쪽.

122) 오미일, 앞의 글, 61쪽.

123) 하시야 히로시, 김제정 역, 『일본제국주의, 식민지 도시를 건설하다』(모티브. 2005), 22-23쪽.

124) 앤소니 킹, 이무용 역, 『도시문화와 세계체제』(시각과 언어, 1999), 53-84쪽.

125) 이해조, 「비파성」, 『한국신소설전집』3(을유문화사, 1968), 413쪽.

126) 소설 말미에 만주를 배치한 것은 당시 만주 경영에 대한 제국의 관심에 상응하는 바 있다.

127) 최찬식, 『추월색』(권영민 편, 뿔, 2008), 33쪽.

128) 하시야 히로시, 앞의 책, p. 88. 조선에서는 이미 합병 전인 1900년에 부산, 1902년에 인천, 1905년에 서울의 일본인 거류지에 유곽이 만들어졌다. 유곽은 때에 따라 이전하면서 경성의 신정, 부산의 녹정, 인천의 부도정 등의 유곽가를 형성해 갔다. 하시야 히로시, 같은 책, 103쪽.

129) 이러한 관부연락선을 이용한 선객은 1905년 35,000여명 정도이고 1906년 95,000명, 1907년 112,000명, 1908년 116,000명, 1909년 120,466명, 1910년 148,254명, 1911년 175,502명, 1912년 200,674명으로 합병 이후 매년 15-18% 증가한다. 이러한 가운데 조선인의 도항도 증가하는데 관부연락선 취항 전 1904년 233명에 불과하던 것이 1905년 303명, 1908년 459명, 1909년 790명, 1911년 2,527명, 1912년 3,171명으로 크게 증가하였다. 합병전인 1909년까지 조선인 승객은 대부분 상인이나 도일 유학생이었으니 대륙으로 정책적으로 이주하거나 진출하려는 일본인의 수가 대부분을 차지하고 있음을 알 수 있다. 김재승, 「관부연락선 40년의 현해탄항로」, 『시민시대』 2005년 9월, 10월호.

130) 이하 「만세전」 인용은 본문의 괄호에 그 쪽수로 표시한다.

131) 염상섭이 요시노 사쿠조(吉野作造)의 제국개조론을 염두에 두었는지에 대한 영향관계는 보다 엄밀하게 고찰되어야 할 과제이다. 그럼에도 그는 당시의 개조론을 이 작품을 통하여 의도하였다고 판단된다. 요시노 사쿠조의 제국개조론에 대한 것은 요네타니 마사후미, 조은미 역, 『아시아/일본 사이에서 근대의 폭력을 생각한다』(그린비, 2010), 113-132쪽.

132) 조선인의 이용 통계는 1917년 도항 14,012명 귀국 3,927명, 1918년 도항 17,910명 귀국 9,305명, 1919년 도항 20,968명 귀국 12,947명 1920년 도항 27,497명 귀국 20,947명으로 조선인의 이

용수가 점차 늘어나고 있다. 김재승, 앞의 글, 76-77쪽.

133) 우선 부산이란 데로만 보아도, 부산이라 하면 조선의 항구로 첫손꼽을 데요 조선의 중요한 첫 문호라는 것은 소학교에 한 달만 다녀도 알 것이다. 그러니만큼 부산만 와봐도 조선을 알 만하다. 조선을 축사(縮寫)한 것, 조선을 상징한 것이 부산이다. 외국의 유람객이 조선을 보고자거든 우선 부산에만 끌고 가서 구경을 시켜주면 그만일 것이다. 나는 이번에 비로소 부산의 거리를 들어가 보고 새삼스럽게 놀랐고 조선의 현실을 본 듯싶었다. 112쪽.

134) 김승, 앞의 글, 68-76쪽.

135) 1910년 일본인 21,928명 조선인 20,990명이던 것이 1920년 일본인 33,085명 조선인 40,532명으로 증가한데서 알 수 있다. 김승, 앞의 글, 77쪽.

136) 이진경, 『근대적 시.공간의 탄생』(그린비, 2010), 161-162쪽.

137) 세계체계의 변동과 이와 연동된 도시 문화의 혼종화 과정에 대한 것은 네스토르 가르시아 칸클리니, 이성훈 역, 『혼종문화』(그린비, 2011), 11-41쪽.

138) 이혜령, 『한국소설과 골상학적 타자들』(소명, 2007), 127쪽.

139) 마르트 로베르, 김치수 외역, 『기원의 소설, 소설의 기원』(문학과지성사, 1999), 16쪽.

140) 古川達郎, 『日本鐵道連絡船』(海文堂, 1976), 8면.

141) 백영서 외, 『동아시아의 지역질서』(창비, 2005), 참조.

142) 다카사키 소지, 앞의 책, 참조.

143) 다카사키 소지, 같은 책, 98쪽.

144) 日本廣島鐵道管理局, 『關釜連絡船史』, 손태현, 『한국해운사』(아성출판사, 1982), 360-361쪽.

145) 金贊汀, 『關釜連絡船』(조일신문사, 1988), 173쪽.

146) 오세영, 「<후반기> 동인의 시사적 위치」, 『20세기한국시연구』(새문사, 1989).

147) 김춘수, 「후반기동인회의 의의」, 『의미와 무의미』(문학과지성사,

1976).

148) 조향, 「시의 발생학」, 『조향전집』2(열음사, 1994), 201쪽.

149) 김윤식, 「1950년대 한국문예비평의 세 가지 양상」, 『한국문학의 근대성 비판』(문예출판사, 1993), 251쪽.

150) 정철훈, 「소월의 사인을 둘러싼 이설」, 『문학아 밖에 나가서 다시 얼어 오렴아』 (삼인, 2018).

151) 이영준, 「전쟁과 시인의 진실」(『세계의 문학』 2009년 가을호), 박태일, 「김수영과 부산 거제리 포로수용소」(『근대서지』 2010년 2호), 이영준, 「꽃의 시학-김수영 시에 나타난 꽃 이미지와 언어의 주권」 (『국제어문』 2015년 제64집). 2018년 김수영 작고 50주년을 맞았다. 전집이 다시 발간되고 김수영을 재론하는 장이 여럿 열렸다. (이영준 엮음, 『김수영전집』 민음사, 2018; 황규관, 「김수영의 시세계」, 『창작과비평』 2018년 여름; 「특별기획 김수영 50주기」, 『문학동네』 2018년 여름호; '김수영연구회'의 활동 등) 포로수용소와 관련한 논의는 2009년 이영준이 김수영의 산문 「나는 이렇게 석방되었다」(『희망』 1953년 8월호: B)을 찾고 2010년 박태일이 김수영의 산문 「시인이 겪은 포로생활」(『해군』 1953년 6월호: A)를 발굴하면서 새로운 전기를 맞았다. 나는 오랫 동안 최하림의 『김수영 평전』을 신뢰하였고 이에 대한 일단의 수정 의견을 제출한 바 있다.(구모룡, 「자유라는 시적 원형-김수영과 거제포로수용소 체험」(『감성과 윤리』, 산지니, 2009).

152) 김성칠, 『역사 앞에서』(창작과비평사, 1993), 59쪽과 251쪽, 참조.

153) 김성칠, 같은 책, 105 쪽과 140쪽, 참조.

154) 도미야로 이치로, 『전장의 기억』(이산, 2002), 29-40쪽.

155) http://pow.gooje.go.kr/sub3, 참조.

156) 김명인, 『김수영, 근대를 향한 모험』, 소명출판, p. 68.

157) 2009년 이영준이 김수영의 산문 「나는 이렇게 석방되었다」(『희망』 1953년 8월호: B)을 찾고 2010년 박태일이 김수영의 산문 「시인이 겪은 포로생활」(『해군』 1953년 6월호: A)를 발굴하였다.

158) 박도, 『약속』(눈빛, 2015), 164-197쪽.

159) 현재 접할 수 있는 『집단』과 『신계단』어느 목차에도 「구제사업」은 등장하지 않는다. 『신계단』창간호가 1932년 10월이고 이후 1933년 초까지 발간된 이 잡지에서 제목을 확인할 수 없다는 점에서 이 작품이 투고된 잡지가 아직 확인되지 않은 1932년 1월 『집단』창간호가 아닌가 한다.

160) 이순욱은 요산의 시 30편을 조사하였다. 이 가운데 23편이 동경 유학시절에 쓴 것으로 1929년 6편, 1930년 15편, 1931년 2편이다. 이순욱, 「습작기 요산 김정한의 시연구」, 『지역문학연구』제9호(경남.부산지역문학회, 2004), 46-47쪽.

161) 하정일은 「인가지」를 순응과 일탈의 경계선에 놓여 있는 혼종성을 지닐 뿐 아니라 그 맥락이 만드는 효과가 일탈을 지향하는 작품이라 해석하고 있다. 하정일, 「일제말기 김정한 문학과 탈식민 저항의 세 유형」, 『탈식민의 미학』(소명, 2008), 388-389쪽.

162) 당시 면포조합은 도청 상공과의 귀퉁이를 빌린 민간물자 통제 단체였고 조합의 상무는 소설가 한무숙씨의 부친이었다. 조갑상, 「시대의 질곡과 한 인간의 명징함」『김정한』(강진호 편, 새미, 2002), 19쪽.

163) 강대홍에 대한 것은 강만길, 성대경 편, 『한국사회주의인명사전』(창작과비평사, 1996), 참조.

164) 박철규, 「미군정기 부산지역의 대중운동」, 『한국근현대지역운동사』(역사문제연구소, 1993), 320쪽.

165) 부산민주운동사편찬위원회, 『부산민주운동사』(부산민주운동사편찬위원회, 1998).

166) 최원식, 「90년대에 다시 읽는 요산」, 『문학의 귀환』(창비, 2001), 228쪽.

167) 요산은 「수라도」와 관련하여 다음과 같은 창작의 방법을 말한 바 있다. "이 작품도 대부분의 나의 작품과 다름없이 배경도 농촌이고 도 독자도 농촌 출신의 청년을 상대로 하였다. 그래서 나는 이러한 작품들에 있어서는 기교—기발한 구성이라든가 소위 재치있는 표현 같은 건 처음부터 안중에 두지 않았다. 그저 농촌 출신의 사람이

쉬 이해할 수 있고 그들의 과거를 돌아볼 수 있는 소설을 쓰고자 노력했다. 그들은 외양과 기교보다 항상 소박한 것을 좋아하는 성벽을 가졌기 때문이다." 「수라도—역사와 사회의식의 주력」, 『월간문학』 1970년 8월호.

168) 최원식, 「지방을 보는 눈」, 『황해에 부는 바람』(다인아트, 2000), p. 35.

169) 구모룡, 『해양문학이란 무엇인가』(전망, 2005).

170) D. 아도르노.M. 호르크하이머(김유동 역), 『계몽의 변증법』(문예출판사, 1995).

171) 김성식, 「후기」, 『이 세상 가장 높은 곳에 바다가 있네』(찬섬, 1995), 153쪽.

172) 천금성, 「작가의 말」, 『은빛 갈매기』(고려원, 1979).

173) 한기욱, 「바다·고래·근대인—해양문학으로서의 『모비딕』」, 『인문사회과학논총』 1998년 5권 1호. 59-76쪽.

174) J. Peck, Maritime Fiction(Palgrave, 2001)

175) Brian Southham, Jane Austen and the Navy(National Maritime Meseum, 2005)

176) 구모룡, 「해양문학론서설」, 『해양문화연구』 창간호, 1994년 2월.

177) 하마시타 다케시(하세봉 外역), 『아시아 네트워크 도시 홍콩』(신서원, 1997), 19쪽.

178) 김철수, 『행복을 꿈꾸고서』(아동문예, 1989). 저자 약력과 후기 참고. 이 약력에 의하면《신천지》에도 작품을 발표한 것으로 기재되어 있으나 1921년 7월 창간되어 1923년 8월 종간된 이 잡지에 김철수의 작품은 보이지 않는다. 아울러 납북/월북의 문제는 재고의 여지가 있다. 김성식이 작성한 것으로 보이는 《지평의 문학》 1993년 하반기호의 연보에 의하면 "부친 김철수는 월북작가"라고 소개하고 있다.

179) 김정한, 「저항과 설움을 심어주고 지금은 먼곳에」, 김철수, 앞의 책의 머리글.

180) 김용직, 『한국현대경향시 형성/전개』(국학자료원, 2002), 493쪽.

181) 권영민, 『한국문인대사전』(아세아문화사, 1990), 314쪽.

182) 원종찬, 『아동문학과 비평정신』(창작과비평사, 2001), 122-124쪽.

183) 김철수의 수필 「꿈」 첫머리 "심십대 반생에 나는…"(『토끼와 시계와 회심곡』(서울출판사, 1946), 참조. 이에 따르면 1946년 당시 김철수는 갓 30대를 넘긴 나이라 할 수 있다.

184) "북녘에 노닐던 옛날도 생각나 산들도 바다들도 그대로 그립거니와 벗 또한 애뜻이 그리워진다."(「회심곡」에서)라는 구절을 근거로 들 수 있다.

185) 「꿈」, 『토끼와 시계와 회심곡』, p. 25. 이러한 잡지들이 20년대말과 30년대 초에 발간된 것이라는 점에 비춰 1918년 출생설이 조금 더 앞으로 당겨질 수도 있을 법하다. 1914년생은 어떨까? 그러면 1904는 1914의 오기일 수도 있을 것이고, 1925년 혼인 연도는 1935로 조정될 수 있을 것이다. 실제 멸실에 가까운 호적을 재제한 것이므로 어떤 상황에 따른 가족의 의도적 오류 가능성도 있을 수 있다.

186) 「수박과 女人」, 앞의 책, 24쪽.

187) 「회심곡」, 같은 책, 14쪽.

188) 김민식, 「아버님의 동시, 동호를 묶으면서」, 김철수, 앞의 책, 후기에서.

189) 김성식, 「바다와 나」(미발표 에세이).

190) 한국해양대학교 부속 해양박물관 내 김성식 자료 참조.

191) 참고로 김성식의 평생 문학적 동반자가 된 친지는 金昭影이다. 사촌형이 아닌가 하는데 여러 편의 편지를 통해 김성식을 격려하고 있다. 특히 한국문학의 전망이 좁음을 비판하고 민족과 세계를 향할 것을 요구한다. 김성식이 자신의 호를 海影 이라 한 것도 김소영과 연관이 없진 않을 것이라 본다. 이러한 김소영은 본명이 김면식으로 1922년 함남 이원 출생이다. 일본 입명관 대학 문학부를 졸업하고 1950년 1.4후퇴 때 월남한 후 『새로운 언어』, 『조국』, 『나는 갱부의 아들』, 『어머니』 등을 상재한 시인이다. 특히 『조국』, 『나는 갱부의 아들』, 『어머니』 등은 장시로 사실적인 면과 자전적인 면이 농후하다. 『국어국문학자료사전』(한국사전연구사,1994), p.527. 昭

影의 장시가 海影의 장시에 미친 영향관계는 없을까? 이에 대한 고찰이 필요하다.

192) 참고로 <사고>에 제시된 부문과 상금은 다음과 같다. 시-1만원, 소설-3만원, 희곡-3만원, 동극대본-2만원.

193) 원고 말미의 후기를 보면 월간 《해기》에 연재한 것으로 되어 있다. 이 원고와 《선상데카메론》이 관계는 추후 엄밀하게 확인되어야 한다.

194) 기왕에 김철 시인이 번역한 「청진항」과 박향선이라는 분이 번역한 「미쓰 슈텐」이 있다.

195) 스티븐 솔로몬, 주경철, 안민석 역, 『물의 세계사』(민음사, 2013), p. 9.

196) 김상화, 『낙동강을 등에 업고 태평양을 품는다』(한국해양대 국제해양문제연구소, 2011).

197) 같은 책, 229-230쪽.

198) 장병극, 「기차에 품은 근대화의 꿈... '조선 철도왕' 박기종 첫 민간 철도회사 설립」, 『한국일보』 2016년 6월 5일.

199) 박창희, 『을숙도, 거대한 상실』(페이퍼로드, 2009); 강병국, 『낙동강 하구』(지성사, 2008), 참조.

200) 박창희, 『나루를 찾아서』, 서해문집, 2006, 37쪽.

201) 마이클 크로닌, 『팽창하는 세계』(이효석 역, 현암사, 2013), 21-22쪽.

202) 콜린 플린트, 『지정학이란 무엇인가』(한국지정학연구회 역, 길, 2007), 25 쪽.

203) 형성적 서사는 교육학자인 헨리 지루의 개념을 아리프 딜릭이 가져온 바 있다. 이를 다시 차용한다. 아리프 딜릭, 「로컬적인 것 속의 글로벌적인 것」, 『글로벌/로컬』(롭 윌슨·위말 디 나야케 편, 김용규 역, 에코리브르, 2019), 67쪽.

204) 조갑상, 『테하차피의 달』(산지니, 2009).

205) 전봉관의 『경성기담』에서 「부산 마리아 참살 사건」으로 정리한 바 있다. 1931년 8월 1일 조선인 하녀 마리아 변흥례가 초량정 철도국 관사 15호 다카하시의 집에서 변사체로 발견되어 8월 29일 다카하시 부인이 검거되었으나 12월 14일 무죄 방면된 사건으로 1933년

2월 17일 이노우에 슈이치로가 검거되어 그가 범행을 자백함으로써 1934년 이노우에에게 무기징역이 선고되고 다카하시 부인이 주범임이 명시되었으나 1934년 증거불충분으로 모두 무죄가 되었다.

206) 콜린 플린트, 같은 책, 같은 쪽.

207) 반수연, 『통영』(강, 2021).

208) 김영하, 『검은 꽃』(문학동네, 2003).

209) 안형주, 『1902, 조선인 하와이 이민선을 타다』(푸른역사, 2013).

210) 이민진, 『파친코』(문학사상, 2018).

211) 아리프 딜릭, 앞의 글.

212) 이상섭, 『그곳에는 눈물들이 모인다』(창비, 2006).

213) 김중미, 『곁에 있다는 것』(창비, 2021).

214) 앙리 르페브르, 『공간의 생산』(양영란 역, 에코리브르, 2011).

215) 이인휘, 『부론강』(목선재, 2020).

216) 롭 윌슨·위말 디 나야케, 「서문:글로벌/로컬 추적하기」, 『글로벌/로컬』, 13쪽.

217) 아리프 딜릭, 앞의 글, 57-67쪽.

218) 박솔뫼, 『미리 산책 연습』(문학동네, 2021).

219) 해퍼드 존 매킨더, 『심장지대』(임정관·최용환 역, 글항아리, 2022).

220) 타라스 셰브첸코, 『유랑시인』(한정숙 역, 한길사, 2005).

221) 구로카와 유지, 『유럽 최후의 대국, 우크라이나의 역사』(안선주 역, 글항아리, 2022).

222) 프레드릭 제임슨, 『지정학적 미학』(조성훈 역, 현대미학사 2007), 24쪽.

223) "따라서 공간, 재현 가능성, 알레고리와 같은 것들은 이론적이고 분석적인 도구들이다. 이 도구들은 2차 대전 후 서서히 자리를 잡아가면서 산발적인 격변들—60년대 말, 제3세계의 부채 증가, 일본의 출현 그리고 뒤이어 그 경쟁자로서 곧 단일화한 유럽, 동유럽 정당국가의 붕괴, 그리고 마지막엔 세계의 경찰이라는 사명감으로 거듭 태어난 미국의 재탈환—속에서 드러나고 있는, 그리고 이제는

아무렇지도 않게 포스트모더니티 혹은 제3의('후기') 자본주의라고 불리는 새로운 세계체제로부터 영화적 내러티브의 다양성을 검토하기 위해 동원될 것이다." 같은 책, 27쪽.

224) 콜린 플린트, 앞의 책, 19쪽. 이하 콜린 플린트의 책 인용은 본문의 괄호 속에 표시함.

225) 요네타니 마사후미, 『아시아/일본 사이에서 근대의 폭력을 생각한다』(조은미 역, 2020), 113-139쪽.

226) 다카하시 데쓰야, 『기억의 에티카』(고은미 역, 소명출판, 2021), 126쪽.

227) 도미니크 모이시는 '감정의 지정학'(Geopolitics of Emotion)이라는 쓰고 있다. 희망, 굴욕, 두려움을 각각 아시아, 이슬람, 서양에 대응시킨다. 멀리 스피노자의 정동에 연원하고 있다는 점에서 달리 정동(affect)의 지정학으로 재해석할 필요가 있겠다. 도미니크 모이시, 『감정의 지정학』(유경희 역, 랜덤하우스, 2010).

228) 아리프 딜릭, 앞의 글, 39쪽.

229) "전 지구적 자본주의의 시각에서 볼 때, 로컬적인 것은 해방의 장소가 아니라 조작의 장소이다. 달리 말하면, 그 주민이 자신으로부터 해방되어(자신의 정체성을 박탈당하고) 자본의 글로벌 문화 속으로 동질화되어가는(그에 따라 자신의 정체성이 재구성되는) 장소인 것이다. 아이러니한 것은 전 지구적 자본주의가 사람들로 하여금 자신의 문화를 소비하게 함으로써 글로벌적 차원에서 이들을 동질화할 때조차도 로컬적인 것에 대한 자각을 고양시키고, 이것을 또한 자본에 대한 저항의 장으로 만든다는 점이다." 같은 글, 57쪽.

230) 같은 글, 58-67쪽.

231) 조르주 디디-위베르만, 『반딧불의 잔존』(김홍기 역, 길, 2012).

참고문헌

A. 킹, 이무용 역, 『도시문화와 세계체제』, 시각과 언어, 1999.

C. Flint & P. Taylor, Politica Geography, Pearson Education Limited, 2007.

C. 플린트, 한국지정학연구회 역, 『지정학이란 무엇인가』, 길, 2007.

D. 아도르노·M. 호르크하이머, 김유동 역, 『계몽의 변증법』, 문예출판사, 1995.

F. 제임슨, 조성훈 역, 제임슨, 『지정학적 미학』, 현대미학사, 2007.

H. Lefebure, The Production of Space, Blackwell, 1991.

H. Lefebure, Writings on Cities, Blackwell, 1996.

H. Masashi ed., Asian Port Cities 1600-1800, Kyoto Univ. Press, 2009.

H. 바바, 나병철 역, 『문화의 위치』, 소명출판, 2002.

Haneda Masashi ed., Asian Port Cities 1600-1800, NUS press, 2009.

I. 월러스틴, 김시완 역, 『지역정치와 지역문화』, 백의, 1995.

J. 아리기 외, 최홍주 역, 『체계론으로 보는 세계사』, 모피브, 2008.

J. 아리기, 강진아 역, 『베이징의 아담 스미스』, 길, 2009.

J. 아리기, 백승욱 역, 『장기 20세기』, 그린비, 2008.

J. 자일스 외, 『문화연습』, 장성희 역, 동문선, 2003.

J. 제이콥스, 서은경 역, 『도시와 국가의 부』, 나남, 2004.

M. 피터 스미스, 남영호 외 역, 『초국적 도시이론』, 한울, 2010.

M. Abrahamson, Global Cities, Oxford Unv. Press, 2004.

M. Featherstone & S lash ed., Spaces of Culture, SAGE., 1999.

M. L. Pratt, Imperial Eyes-Trvel Writing and Transculturation, Routledge, 1992.

M. Mark Amen et al. ed., Relocating Global Cities, Rowman & Littlefield Publishers, INC., 2006.

N. 가르시아 칸클리니, 이성훈 역, 『혼종문화』, 그린비, 2011

R. 그로스버그 외, 이기우 편역, 『문화연구』, 한국문화사, 1998.

R. 플로리다, 이원호 외역, 『도시와 창조계급』, 푸른길, 2008.

T. Cresswell, Place-A Short Introduction, Blackwell, 2004.

W. Kokot et al. ed., Port Cities as Areas of Transition, Transcript, 2008.

고순희 외, 『부산 도시 이미지』, 부산발전연구원 부산학센터, 2004.

구모룡 외, 『마리타임 부산』, 부산발전연구원, 2009.

구모룡, 『해양풍경』, 산지니, 2013.

김대환, 「박정희정권의 경제개발 : 신화와 현실」, 『역사비평』, 1993년 겨울호.

김동철, 「동래은행의 설립과 경영」, ≪지역과 역사≫ 제9호, 2001.

김민수, 「문화주의도시론으로 본 부산의 공간문화」, 『부산학시론』, 부산발전연구원부산학연구센터, 2006.

김백영외, 『공간 속의 시간』, 심산, 2007.

김석준, 「부산학의 현황과 과제」, 『한국민족문화』제16집, 부산대 한국민족문화연구소, 2000.

김석준, 『전환기 부산사회와 부산학』, 부산대출판부, 2005.

김성국, 「지역학으로서의 부산학 연구」, 『부산학 연구의 방향과 과제』, 목요학술회, 1993.

김승, 「일제강점기 해항도시부산의 형성과 발전」, 『동아시아, 개항을 보는 제3의 눈』, 인하대 한국학연구소 편, 인하대학교출판부, 2009.

김예림, 「현해탄의 정동: 국가라는 '슬픔'의 체제와 밀항」, 『석당논총』49집, 2011.

김용규, 「세계체제하의 비평적 모색들」, ≪비평과 이론≫ 2001년 봄·여름호.

김재승, 「관부연락선 40년의 현해탄항로」, 『시민시대』 2005년 9월, 10월호.

김정동, 「부산, 왜관의 근대성에 대하여」, 『건축·도시환경연구』 제6집

1998년 12월.
김종근, 「식민도시 인천의 거주지 분리 담론과 실제」, 『인천학연구』14집, 인천학연구원, 2011.
다시로 가즈이, 정성일 역, 『왜관』, 논형, 2005.
다카사키 소지, 이규수 역, 『식민지 조선의 일본인들』, 역사비평사, 2007.
데이비드 하비, 구동회·박영민 역, 『포스트모더니티의 조건』, 한울, 1996.
롭 윌슨·위말 디 나야케 편, 김용규 역, 『글로벌/로컬』, 에코리브르, 2019.
박영구, 『현대 부산의 제조업: 1945-2000 통계와 발전』, 부산발전연구원, 2005.
박원표, 『개항구십년』, 태화출판사, 1966.
박재환 외, 『부산인의 신생활풍속』, 부산발전연구원 부산학센터, 2004.
배미애, 「부산시 거주공간의 분화의 시대사적 함의」, 『한국지역지리학회지』 제 13권 5호, 2007.
백영서 외, 『동아시아의 지역질서』, 창비, 2005.
볼프강 쉬벨부쉬(1999), 박진희 역, 『철도 여행의 역사』, 궁리.
봉일범, 『누적도시』, 시공문화사, 2005.
사사키 마사유키, 정원창 역, 『창조하는 도시』, 소화, 2004.
사쿠라이 군노스케, 한상일 역, 『서울에 남겨둔 꿈』, 건국대 출판부, 1993.
손정목, 『일제강점기 도시화과정 연구』, 일지사, 1996.
손태현, 『한국해운사』, 아성출판사, 1982.
신기욱·마이클 로빈슨 편, 도면회 역, 『한국의 식민지 근대성』, 삼인, 2006.
신종대, 「해방 직후 부산·경남지방의 변혁운동」, 『한국근현대지역운동사』1, 여강, 1993.
야노 토루 편, 부산외대 아시아지역연구소 역, 『지역연구와 세계단위론』, 전예원, 1999.
야마무로 신이치, 정재정 역, 『러일전쟁의 세기』, 소화, 2010.
양흥숙, 『조선후기 동래지역과 지역민동향: 왜관교류를 중심으로』, 부산대박사논문, 2009.
오미일, 「개항(장)과 이주상인」, 『정소성의 형성과 재현』, 부산대 한국민족문화연구소 편, 혜안, 2010.
요네타니 마사후미, 조은미 역, 『아시아/일본』, 그린비, 2010.
요시미 순야, 송태욱 역, 『소리의 자본주의』, 이매진, 2005.
유모토 고이치, 수유+너머 동아시아근대세미나팀 역, 『일본근대의 풍경』, 그린비, 2004.
이노우에 유이치, 석화정 외역, 『동아시아 철도 국제관계사』, 지식산업사, 2005.
이무용, 『공간의 문화정치학』, 논형, 2005.
이성훈 외, 『대중문화를 통해 부산 들여다보기』, 부산발전연구원 부산학연구센터, 2006.
이수훈, 『세계체제, 동북아, 한반도』, 아르케, 2004.
이승원(2005), 『소리가 만들어낸 근대의 풍경』, 살림.
이진경, 『근대적 시·공간의 탄생』, 그린비, 2010.
이혜령, 『한국소설과 골상학적 타자들』, 소명, 2007.
이효덕, 박성관 역, 『표상공간의 근대』, 소명, 2002.
이희환, 『문학으로 인천을 읽다』, 작가들, 2010.
인하대 한국학연구소 편, 『동아시아, 개항을 보는 제3의 눈』. 인하대출판부, 2010.
장상환, 「해방직후 진주지역의 정치변동」, ≪경남사학≫7, 경남사학회, 1995.
장인성, 『장소의 국제정치사상』, 서울대출판부, 2002.
전경수, 『지역연구, 어떻게 하나』. 서울대 출판부, 1999.
조갑상, 『한국소설에 나타난 부산의 의미』, 경성대출판부, 2000.
조지 린치, 정진국 역, 『제국의 통로』, 글항아리, 2009.

존 레니에 쇼트, 이현욱·이부귀 역, 『문화와 권력으로 본 도시탐구』, 한울, 2001.

존 쇼트, 백영기 역, 『인간의 도시』, 한울, 2000.

최영호 외, 『부관연락선과 부산』, 논형, 2007.

하시야 히로시, 김제정 역, 『일본제국주의, 식민지 도시를 건설하다』, 모티브, 2005.

홍순권 외, 『부산의 도시 형성과 일본인들』, 선인, 2008.

홍순권 외, 『일제강점하 부산의 지역개발과 도시문화』, 선인, 2009.

히라노 겐이치로, 장인성 외역, 『국제문화론』, 풀빛, 2004.

찾아보기

ㅊ

ㅋ

ㅌ

ㅍ

ㅎ

우리시대 질문총서 18

문학 속의 부산
부산학과 부산지역 문학

초판 인쇄 2023년 2월 6일
초판 발행 2023년 2월 13일

저자 구모룡
기획 우리시대 질문총서 제작위원회
간사 장윤서 · 한주연
교정·교열 정연숙
디자인·편집 배영미
발행인 차정인
펴낸곳 부산대학교출판문화원

출판등록 제1983-000001호 1983.11.10.
부산광역시 금정구 부산대학로 63번길 2 (우편번호46241)
대표전화 051-510-1932 팩시밀리 051-512-7812
www.press.pusan.ac.kr

ISBN 978 - 89 - 7316 - 769 - 2 (04800)
978 - 89 - 7316 - 650 - 3 (세트)

※ 이 총서는 부산대학교 국립대학육성사업(REN)의 지원으로 제작되었습니다.

ㅎ

우리시대 질문총서 18

문학 속의 부산
부산학과 부산지역 문학

초판 인쇄 2023년 2월 6일
초판 발행 2023년 2월 13일

저자 구모룡
기획 우리시대 질문총서 제작위원회
간사 장윤서 · 한주연
교정·교열 정연숙
디자인·편집 배영미
발행인 차정인
펴낸곳 부산대학교출판문화원

출판등록 제1983-000001호 1983.11.10.
부산광역시 금정구 부산대학로 63번길 2 (우편번호46241)
대표전화 051-510-1932 팩시밀리 051-512-7812
www.press.pusan.ac.kr

ISBN 978 - 89 - 7316 - 769 - 2 (04800)
978 - 89 - 7316 - 650 - 3 (세트)

※ 이 총서는 부산대학교 국립대학육성사업(REN)의 지원으로 제작되었습니다.